함께,
히말라야

설악아씨의 **히말라야 횡단 트레킹**

칸첸중가·마칼루·에베레스트 지역

함께,
히말라야

글·사진 문승영

GREAT HIMALAYA TRAIL

푸른향기
Pfunhyanh Publishing Co.

히말라야에는 '산'만 있는 것이 아니었다

　20대 후반. 친구를 따라 오른 태백산에서 산의 매력에 흠뻑 빠진 나는 매주 산을 찾았다. 설악산을 시작으로 백두대간에 이르기까지 크고 작은 산들을 오르는 데 시간을 아끼지 않았다. 산에 올라 별을 보며 잠드는 낭만을 즐겼고, 산우들과 함께 뜨끈한 어묵탕에 소주를 먹고 싶다는 핑계로 혹한의 추위 속에 산을 오르기도 했다.

　산에 온몸을 내던진 나의 관심은 자연스레 히말라야로 이어졌다.

　'세계의 지붕' 히말라야!

　이제는 산악인이 아니더라도 낯설지 않은 이름이다. 히말라야산맥에 위치한 네팔은 세계 최고봉 에베레스트를 포함하여 8천 미터가 넘는 고봉

여덟 개가 자리 잡고 있는 산악 국가이다. 하늘 위에 떠있는 히말라야 영봉의 신비감과 함께 매혹적인 문화가 넘쳐나는 네팔은 내게 동경의 대상이었다.

자유분방하고 활달한 성격으로 거침이 없었던 나는 조금의 두려움이나 망설임도 없이 히말라야로 떠났다. 그리고 혼자서 가이드와 포터 한 명만을 데리고 히말라야를 걷기 시작했다. 일 년에 세 차례 히말라야를 찾은 적도 있었다.

히말라야는 내 마음을 송두리째 빼앗았다. 그러나 설산에 대한 동경으로 찾은 히말라야에는 '산'만 있는 것이 아니었다. 눈이 시리도록 푸른 하늘로 솟아오른 은빛 설산과 함께 어울려 살아가는 '사람들'이 있었다. 맑고 순수한 영혼을 가진, 보석처럼 빛나는 그들에게 깊이 매료되었다.

이때부터 산을 바라보는 시선은 물론 삶의 방향까지 바뀌었다. 성취의 대상이었던 산은 사람들과 나를 이어주는 고리이자, 세상을 보는 창이 되었다. 조금 더 거창하게 말하자면 히말라야는 내 영혼을 비추는 거울이었다.

한창 히말라야를 쏘다니고 있을 때 히말라야 횡단 트레일(Great Himalaya Trail, GHT)을 알게 되었다. 히말라야산맥을 따라 네팔 히말라야를 횡단하는 트레킹 루트였다. 지도를 본 순간 내 심장은 미쳐 날뛰었다. 하지만 그때까지만 해도 내가 그 길을 걸을 수 있을 거라고는 생각지 않았다. 그저 마음속에 품고 있는 꿈에 불과했다.

그러나 그 길을 걸어야 하는 운명이었을까?

히말라야를 횡단하겠다는 나의 꿈은 신혼여행으로 현실화되었다.

산을 좋아하는 여자에게 결혼은 산과의 이별을 뜻하기도 한다. 일에 쫓기고, 가정을 돌보고, 자녀를 양육하느라 환승이별을 하는 것이다. 나 역시 결혼과 동시에 자유로운 청춘의 시간이 끝날지도 모른다고 생각했다. 그 불안에 대한 반항으로 히말라야 횡단을 선택했다. 예비남편에게 히말라야에 대한 나의 열정을 신성불가침의 영역으로 못 박아야겠다는 생각이 있었다. 한편으로는 삶의 동반자와 함께 히말라야의 사람들을 만나며 잊지 못할 추억을 만들고 싶었다. 그곳에서의 시간은 소중한 경험이 될 것이라 믿어 의심치 않았다. 또한 살아가는 동안 우리에게 희망과 용기를 줄 수 있는 삶의 원동력이 될 것이 분명했다.

하지만 떠나는 시기가 문제였다. 결혼식은 6월인데, 그때가 되면 히말라야는 몬순기로 접어들어 트레킹을 하기에 적절하지 않은 시기이다. 신혼여행을 앞당겨 봄에 떠나기로 했다. 결혼식에 앞서 떠난 프리 허니문(Pre-honeymoon)이었다. 나의 히말라야 횡단의 첫 여정은 이렇게 시작되었다.

이 책은 2014년, 약 1,700km의 히말라야 횡단 트레일 하이 루트 중 칸첸중가-마칼루-에베레스트 지역(약 450km)을 한국인 최초로 연속 횡단한 기록이다.

함께 걷는 사람들

 문승영 | 설악아씨, 히말라야에 빠진 여자.

 가네쉬 | 포터. 설악아씨의 부주의로 인해 힘겨운 트레킹을 하면서도 묵묵히 자신의 일에 최선을 다하다.

 타오 | 설악아씨의 예비남편. 히말라야를 은퇴하고 싶은 남자.

 인드라 | 포터. 나이에 따른 서열에 집착하며, 설악아씨의 조언을 무시하다 화를 당하다.

 쭈레 | 가이드. 유쾌하고 인간적이면서도 능구렁이처럼 노련하다.

 딥 | 포터. 농부에서 포터로 나선 첫 트레킹에서 극한을 경험하다.

 마카르 | 베테랑 요리사. 아버지처럼 자상하지만 가이드 쭈레와는 앙숙이다.

 바르카스 | 포터. 조용한 성격이지만, 발가락 하나로 설악아씨의 심장을 내려앉게 하다.

 크리슈나 | 보조 가이드. 책임감이 강하지만 설악아씨에게 배신감을 느끼게 하다.

 람 | 키친 보이. 팀의 막내로 설악아씨의 사랑을 독차지하다.

 띠르떼 | 포터. 마카르와 단짝으로 나이와는 다르게 수줍음이 많고, 아내에게 애정 어린 불만이 있다.

 라메쉬 | 포터. 꽁지머리를 하고 음악과 선크림을 무척이나 좋아하는 청년이다.

검은 신, 마칼루 지역

깊은 산중에서 게걸음으로

하늘 바다, 에베레스트 지역

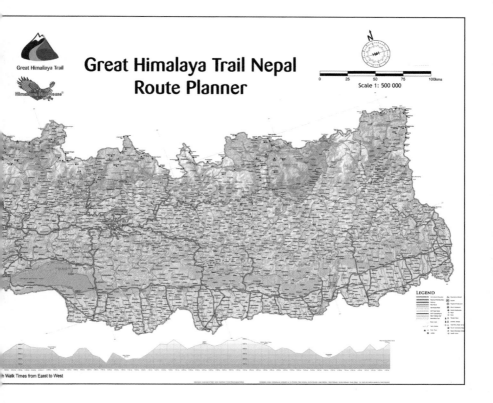

Great Himalaya Trail

Great Himalaya Trail Nepal
Route Planner

Scale 1: 500 000

LEGEND

Walk Times from East to West

(High Route)를 의미한다.

　네팔 히말라야의 GHT는 새롭게 개발된 것이 아닌 기존의 트랙을 서로 연결한 것이다. 따라서 GHT는 연속적으로 또는 구간별로 분리해서 걸을 수 있다. 이 트랙들은 트레킹을 목적으로 개발된 것이 아닌 고대에서부터 이어진 히말라야의 소금 무역을 위한 야크 카라반이나 순례길로 현지인들의 삶이 녹아있는 길이다. 그러나 마칼루와 에베레스트의 연결 구간인 3콜(3cols)과 랑탕-헬람부의 연결 구간인 틸만 패스(Tilman Pass)처럼 탐험가들에 의해 개척된 길도 일부 포함되어 있다.

| GHT 하이 루트(Great Himalaya Trail High Route)

약 1,700km의 하이 루트는 높고 험한 고개가 많아 '극한의 루트(Extreme Route)'로 불린다. 루트 상에는 5,000m가 넘는 20여 개의 고개와 기술적인 등반을 필요로 하는 6,100m가 넘는 고개 두 개가 있다. 이를 통과하기 위해서는 강한 체력과 고산 등반 및 산악 구조 기술, 혹한에 대비한 철저한 준비가 필요하다. 그리고 일반적인 트레킹 코스와 동떨어져 야생의 지대를 지나야 하는 곳도 있어 노련한 산악 가이드가 필요하고, 반드시 캠핑을 해야 하는 곳도 많이 있다.

하이 루트를 한 번에 완주하기 위해서는 대략 150일 정도가 소요되는데, 날씨와 시간, 체력과 같은 제한이 있는 경우 편의에 따라 구간을 나눠 걸을 수 있다.

| 문화 경로(Culture Route=Low Route)

약 1,500km의 문화 경로(Culture Route=Low Route)는 네팔의 다양한 민족과 문화를 접할 수 있다. 평균 고도 2,000m의 중산간 지대를 지나는 이 루트는 네팔 동부의 치야 반장(Chiya Bhanjyang)에서 시작해서 서부의 다르출라(Darchula)에서 끝이 난다. 하지만 최근 도로의 발달로 트레킹의 의미가 퇴색된 곳이 많아 2017년 발행된 GHT 지도에서 문화 경로는 사라졌다.

┃ 두 개의 경로, 그러나 위대한 하나의 길

푸른 계곡에서부터 고지대의 황량한 설산의 풍경을 가로지르는 GHT는 지구상에서 가장 높고 험난한 트레일이다. 이것은 독특하고 놀라운 경험과 함께 아름다운 히말라야의 대자연과 교감할 수 있다는 것을 의미한다. 이를 통해 트레커는 자신의 한계에 도전할 수 있으며 히말라야의 다양한 문화를 체험할 수 있다.

GHT를 걷는 대부분의 트레커는 하이 루트를 통해 히말라야 횡단을 시도한다. 하지만 하이 루트의 높고 험난한 고개를 넘어야 하는 기술적인 문제와 날씨, 체력과 비용 등을 이유로 일부 구간에서 로우 루트로 우회하여 걷기도 한다. 그러나 GHT는 그 어느 길로 가더라도 놀랍고 위대한 경험을 안겨 준다. 트레킹을 즐기는 모험가들은 히말라야산맥을 관통하는 가장 극적이고, 모험적인 루트인 GHT를 '최고이자 최후의 트레킹', 이른바 '트레킹의 꽃'이라고 부른다.

긴 여정의
시작

1. 이 세상의 모든 길을 함께 걷자

2013년 여름, 한창 히말라야에 빠져 있을 때 파키스탄 카라코람 트레킹 원정 대원을 모집한다는 소식을 접했다. 카라코람은 세계 2위 봉 K2를 비롯해 해발고도 8천 미터 이상의 고봉 5개가 있는 곳으로 웅장하고 수려한 산악 풍경으로 정평이 나 있다. 하지만 파키스탄은 잦은 내전과 테러로 여성 혼자서는 쉽게 트레킹을 갈 수 없는 곳이었다. 카라코람에 갈 수 있는 절호의 기회였기에 망설임 없이 지원을 했다.

원정대의 발대식에서 그를 만났다. 훤칠한 키에 깔끔한 이미지의 그는 준수한 외모를 가졌다. 매우 예의 바르고 잘 정돈된 느낌이었다. 그러나 나는 그와의 첫 대화에서 우리는 절대로 한데 어울릴 수 없는 사이라고 생각했다.

"타오 님, 한 잔 받으세요."

"저는 술 안 마시는데요."

그의 닉네임을 부르며 친근함을 표시하는 내게 그는 퉁명스럽게 대답했다. 술병을 들고 있던 손이 부끄러웠다. 나는 '뭐 이런 고루한 인간이 다 있어!'라고 생각하고는 그와 더 이상 말을 섞지 않았다.

그는 정적인 사람이었다. 일주일에 다섯 권의 책을 읽을 정도로 독서광이었고, 혼자만의 시간을 즐겼다. 그런 그가 산을 좋아한다는 것은 정말 의외였다. 반면 나는 외향적인 성격으로 친구 사귀는 것을 좋아해 주변에 사람들이 많았다. 또한 모험심이 많아 산악회를 비롯해 사회활동에 적극적이었다. 흥이 많다 보니 술을 마시는 것도 좋아했다.

발대식이 있던 날 나는 다른 원정 대원들과 함께 술에 잔뜩 취해 망가질 대로 망가졌다. 술을 마시지 않아 유일하게 맨 정신이었던 그가 술에 취한 나를 업어 텐트로 데려다주었다. 그는 만취해 코까지 골며 잠든 나를 보며 '세상에 이런 여자도 있구나!'라고 생각했다고 한다. 그 역시 우리는 서로가 절대 만날 수 없는 평행선을 달리고 있는 사람들이라고 생각했던 것이다.

그때는 몰랐다. 그 평행선 끝에 '산'이 있다는 것을. 마흔 중반을 향해 달려가는 그도, 삼십대 중반이 넘은 나도 '산'이라고 하면 통장잔고나 노후대책 같은 건 신경 쓰지 않을 만큼, 그야말로 '대책 없는 철부지'라는 공통분모가 있다는 것을 미처 생각지 못했다.

카라코람에서 그는 나에게 적극적인 애정 공세를 퍼부었다. 그가 무엇을 계기로 나에게 호감을 갖게 됐는지, 나는 지금까지도 알지 못한다. 하지만 그는 나를 지켜준다는 명목으로 한밤중에 화장실에 가는 나를 따라올 정도로 한시도 내 곁을 떠나지 않았다. 부담스럽고 귀찮았다. 극과 극의 성향을 가진 그와 잘 지낼 자신이 없었다. 그의 호의에 핀잔과 짜증으로 일관했다. 하지만 나의 갖은 구박에도 그는 나를 살뜰히 보살폈다. 결국 나는 마음의 문을 열기 시작했고, 그것은 얼마 지나지 않아 사랑으로 발전되었다.

"앞으로 이 세상의 모든 길을 함께 걷자."

그가 프러포즈를 했다. 산에서 만난 인연으로 사랑을 키운 우리는 서로의 옆자리를 지키기로 맹세했다. 그것은 삶의 동반자를 넘어 평생의 산우를 만나게 된 일이기도 했다.

2. 극한의 허니문

"신혼여행은 어디로 갈까?"

타오가 기대에 가득 찬 표정을 지으며 묻는다.

"당연히 히말라야로 가야지!"

"히말라야? 어디?"

"GHT!"

나는 주저 없이 나의 버킷리스트 중 하나였던 '히말라야 횡단 트레일'을
꼽았다.

"진심이야?"

"응!"

그는 너무 놀란 나머지 한동안 벌린 입을 다물지 못하더니 곧 묘한 웃음
을 짓는다.

대부분의 신혼부부는 신혼여행지로 열대의 휴양지를 선택해 호화롭고
편안한 휴식을 취하고자 한다. 하지만 애당초 그것은 나의 선택에서 한참
이나 벗어난 곳이었다. 아무리 산을 좋아한다고 해도 신혼여행으로 히말
라야를 횡단하자고 제안한 나는 미친 것이 분명했다. 그건 그도 마찬가지
였다. 그 역시 여러 차례의 히말라야 트레킹 경험이 있기에 그 길을 걷고

싶다는 환상을 가지고 있었던 것이다.

고생스러운 허니문이 될 게 불 보듯 뻔했다. 그러나 우리는 저항할 수 없는 힘에 이끌리듯 결국 히말라야를 선택했다. 그것은 산에서 만나 사랑을 키운 우리에게는 숙명이었다.

신혼여행지로 약 1,700km에 이르는 히말라야 횡단 트레일(GHT) 중 동부 네팔 구간을 선택했다. 칸첸중가를 시작으로 마칼루를 지나 에베레스트 지역까지 산소가 평지의 절반밖에 되지 않는 해발고도 5~6천 미터의 산길 약 450km를 걸어야 하는 대장정이었다. 워낙 험한 길이라 부지런히 걸어도 40일이 걸리는 거리였다.

또한 이 구간은 GHT의 하이 루트 중 가장 어렵고 위험한 곳으로, 네팔의 트레킹 난이도 중 최상급으로 분류되는 구간이다. 특히 마칼루 산군과 에베레스트 산군을 이어주는 6,100m가 넘는 고개인 이스트 콜(East Col, 6,180m)과 웨스트 콜(West Col, 6,190m)은 전문적인 등반 장비가 필요하다. 그뿐만 아니라 민가가 없는 5,000m 이상의 고지대에서 많은 날을 보내야 하기에 고산증도 조심해야 한다.

우리는 이 거대한 트레킹에 필요한 정보를 수집하고, 장비를 준비하며 바쁜 나날을 보냈다. 혼수와 예단, 결혼식 준비 등으로 분주하게 시간을 보내는 것 대신에 말이다.

앞서 히말라야 횡단을 한 사람들의 기록을 찾아 모으기 시작했다. 하지만 국내는 물론 해외에도 관련 자료가 많지 않아 준비가 수월치 않았다. 아직 국내에는 히말라야를 횡단한 사람이 없었다. 게다가 우리가 가게 될 칸첸중가, 마칼루, 에베레스트 구간을 연이어 횡단한 사람도 전무한 터라 그곳에 관한 정보를 얻기가 어려웠다. 그것은 각각의 산군을 연결하는 곳이 워낙 오지인데다 개발된 지 얼마 안 된 트레일이라 트레커의 발길이 닿기 어려운 곳이기 때문이었다.

그때 다음 인터넷 카페 '네팔 히말라야 트레킹'의 카페지기인 티스코 님께서 손을 내밀어 주셨다. 티스코 님은 히말라야에 대한 해박한 지식을 바탕으로 히말라야를 찾는 사람들에게 살아있는 정보를 전달해 주시는 분이다. 또한 산에 대한 열정도 대단하여 기회가 닿을 때마다 6~7천 미터의 여러 봉우리를 등반한 경험이 있는 베테랑임에도 불구하고 자신을 '왕초보'라고 지칭하며 겸손함을 잃지 않으신다.

내가 GHT를 걷겠다고 하자 티스코 님은 해외 사이트에 올라온 정보를 수집해 가상 후기를 작성해 주셨다. 이것은 트레킹 내내 우리에게 소중한 길잡이가 되었다. 또한 행여 잊어버린 준비물은 없는지, 트레킹 에이전시와의 계약에는 문제가 없는지 다시 한 번 체크를 해주는 건 물론이고 히말라야의 날씨 정보까지 확인해 주셨다. 미지의 땅으로 향하는 우리의 여정이 무사 무탈하길 바라는 마음이 고스란히 느껴져 가슴이 뭉클했다.

히말라야로 신혼여행을 간다고 하자 친구들은 나를 미쳤다고 했다. 그러면서도 그들은 결혼선물로 야한 속옷이 아닌 등산 장비를 준비한 건 처음이라며 트레킹에 필요한 물품과 에너지 겔을 보내왔다.

함께 트레킹을 떠나는 마음으로 큰 도움을 주신 티스코 님과 친구들의 열렬한 응원에 자신감을 얻은 우리는 효율적인 트레킹을 위해 역할을 분담했다. 그것은 새로운 출발을 앞두고 있는 우리 부부의 인생계획보다 더 철저하고 신중하게 진행되었다.

타오는 사진촬영을 비롯해 일정을 기록하는 역할을 맡았다. 나는 정보 수집 및 장비 점검과 현지 트레킹 에이전시 섭외에 나섰다. 같은 일정을 문의했는데도 제시하는 서비스와 그에 따른 금액은 천차만별이었다. 내가 요구하는 조건에 부합하는 합리적인 가격을 제시한 에이전시를 선택했다.

에이전시가 정해지자 더 바빠졌다. 거의 매일 네팔의 셰르파 친구에게 연락해 현지 상황을 파악하고, 루트에 대한 정보를 물었다. 성가신 일이었지만 타오와 역할을 분담하여 일을 진행하니 홀로 떠날 때보다는 훨씬 수월했다.

나는 히말라야의 품속에 안겨 있을 때 세상 무엇과도 바꿀 수 없는 행복을 느낀다. 하지만 집을 나서기 전 계획을 세우고 필요한 물품을 준비하는 시간 역시 즐거움으로 가득하다. 설렘과 기대로 분주하게 보낸 날들이 지나고, 출발일이 다가왔다.

3. 첫 출발

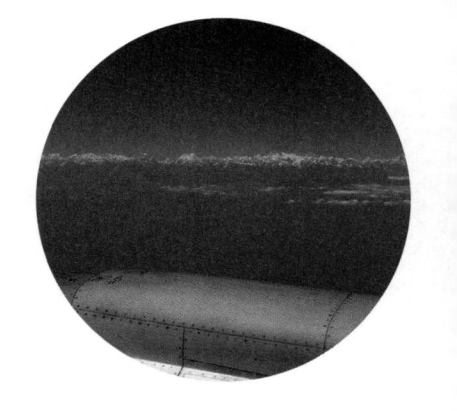

| 숨 막히는 파라다이스

2014년 3월 16일. 어느덧 비행기는 네팔 카트만두(Kathmandu) 상공을 날고 있다.

구불구불한 실처럼 걸쳐진 산길과 유연한 곡선을 그리며 계곡을 휘감은 강, 산꼭대기까지 이어진 다랑이논과 성냥갑처럼 작은 집, 사방이 산으로 둘러싸여 마치 중세시대의 요새를 떠올리게 하는 카트만두는 가슴 뛰는 풍경을 선사한다.

시골의 버스터미널을 연상시키는 열악한 시설의 트리부반 국제공항은 여전하다. 서둘러 비행기에서 내려 줄을 섰지만, 워낙 일처리가 느린데다 이미 대기하고 있는 사람들까지 있어 비자 발급에 한 시간이 소요되었다. 공항 밖으로 나오니 나의 친구 니마 셰르파와 가이드 쭈레 따망이 손을 흔든다.

"나마스떼! 어서 와요, 설악아씨!"

니마가 금송화를 엮은 환영 목걸이를 걸어주며 반겨준다. 그와는 2011년 에베레스트 트레킹을 함께한 인연으로 여러 차례 트레킹을 함께 했다. 베테랑 가이드인 그는 홀로 네팔을 찾은 나를 위해 헌신적으로 가이드를 해주었고, 우리는 진한 우정을 쌓았다. 그는 예약 손님이 있어 우리와 동행하지 못하게 됐지만, 이번 트레킹에 필요한 정보를 전해주는 것은 물론이고 현지 에이전시와 계약사항을 조율하는 데 큰 도움을 주었다.

가이드 쭈레 따망은 시골길에서 만날 수 있는 아저씨처럼 푸근한 인상이다. 검게 그을린 피부와 함께 중년의 후덕함을 보여주듯 아래로 불룩하게 처진 배, 수수한 옷차림은 그가 아주 소박한 사람이라는 것을 보여주기 충분하다. 특히 미간에 볼록 튀어나온 점은 그를 더 친근하게 느껴지게 한다.

호텔로 향하는 차 안에서 나는 니마와 수다를 떨기에 바쁘다. 그러면서도 눈은 비포장도로가 만들어내는 뿌연 먼지 사이로 보이는 거리 풍경을 놓치지 않는다. 낡은 목조 건물 사이로 거미줄처럼 얽힌 전선과 그 사이를 용케도 날아다니는 비둘기 떼, 오래된 자동차에서 뿜어져 나오는 매연에 마스크를 쓰고 운전하는 오토바이 군단들, 좁은 골목길을 곡예하듯 아슬 아슬하게 빠져나가는 택시, 거리를 점령한 매연과 먼지가 뒤섞여 풍겨오는 진한 향내.

처음 네팔에 온 사람들은 이 숨 막히는 광경에 미간을 찌푸리지만 내게는 그립고 아득했던 풍경이다. 가만히 들여다보면 사방에서 울려대는 자동차 경적은 혼잡한 도로 위에서의 사고를 막기 위한 배려의 신호이다. 간간이 보이는 힌두 사원과 불교 건축물 사이로 들어선 현대식 빌딩은 묘하게도 주변과 잘 어우러져 있다. 전통 복장과 현대식 복장을 입은 사람들로 붐비는 거리는 활기가 넘친다. 그렇게 나름의 질서가 존재하며 중세와 현세가 공존하는 카트만두를 달리다 보면 마치 고향에 온 것 같은 착각이 들 정도로 마음이 편안해진다.

| 히말라야에 빠진 여자

카트만두에서 가장 번화한 타멜 거리에 도착한 우리는 호텔에 짐을 내려
놓기가 무섭게 트레킹 에이전시로 향한다. 이번 트레킹을 진행해 줄 에이
전시는 2012년 나의 마칼루 트레킹과 메라 피크 등반을 진행했던 곳이다.
당시 에이전시 대표는 내가 메라 피크 등반을 겸한 마칼루 트레킹을 떠났
을 당시 나에 대한 걱정이 이만저만이 아니었다. 그는 나를 히말라야의 위
험에 대해서는 아무것도 모른 채 그저 낭만적인 소풍 길을 꿈꾸는 철없는
여자로 생각했다. 때문에 출발 전날까지도 다른 곳으로 가는 것이 어떻겠
냐고 나를 설득했지만, 꼭 그곳에 가야겠다고 하는 나의 의지를 꺾을 수는
없었다.

"일주일도 안 돼서 돌아오실 줄 알았는데 그 길을 끝까지 걸으시다니 정말 대단하세요!"

40일 뒤, 내가 초췌한 몰골로 나타날 거라는 예상을 뒤엎고 멀쩡한 모습으로 나타나자 그는 계면쩍게 웃으며 놀라움을 금치 못했다. 그리고는 내가 되돌아 올 것을 대비해 환불까지 생각하고 있었다고 덧붙였다.

트레킹에 필요한 입산 허가증과 보험 등 관련 서류들을 검토하기 시작했다. 보존구역인 칸첸중가와 국립공원인 마칼루-바룬, 에베레스트를 지나는 일정이기에 확인해야 하는 서류가 한두 개가 아니다. 만일 어느 것 하나라도 빠뜨리고 간다면 트레킹 도중에 큰 낭패를 볼 수 있기에 신경이 곤두선다.

호텔로 돌아온 나는 장시간 비행기를 타고 이동하느라 지친 몸을 뉠 시간도 없이 트레킹에 필요한 장비를 다시 한 번 점검한다. 나는 과하다 싶을 정도로 완벽을 추구하는 꼼꼼한 성격을 가졌다. 게다가 네팔에 오기 한 달 전부터 짐을 싸기 시작했으니 빠진 것이 있을 리가 만무했지만 그래도 일일이 확인을 해야 맘이 놓이니 어쩔 수 없다. 정리를 마치고 호텔 방 한편을 차지하고 있는 커다란 가방들을 보니 비로소 우리의 여정이 시작되었음이 실감난다.

| 네팔리 타임, 그리고 적당한 거짓말

다음날 타오의 등반 장비를 대여하러 가기 위해 니마와 가이드 쭈레를 만나기로 했다. 하지만 네팔리 타임에 익숙한 니마는 약속 시간보다 한 시

간이나 늦게 나타났다.

과거 우리나라에 약속 시간을 잘 지키지 않던 한국인들의 생활 습관을 빗댄 코리안 타임이 있었다면 네팔에는 '천천히'를 가리키는 네팔리 타임이 있다. '빨리빨리'가 몸에 밴 우리에게 네팔리 타임은 복장이 터지는 일이다. 하지만 천천히 여유 있게 움직여야 하는 고산 트레킹에서는 반드시 네팔리 타임이 필요하니 미리 적응을 해두는 것도 나쁘지 않다.

미로처럼 뻗은 타멜의 골목길을 지나 등산용품점을 찾아갔다. 상점 입구는 발 디딜 틈도 없이 등산 장비가 빼곡하다. 주인의 안내에 따라 어둡고 먼지가 가득 쌓인 계단을 올라가니 한쪽 방은 침낭과 보온 재킷이 어지럽게 널려있고, 다른 방은 천장 가득 이중화가 쌓여 있다. 점원은 사이즈별로 정리가 되어있지 않은 이중화 사이에서 타오의 발 사이즈에 맞는 것을 골

라내느라 애를 먹는다.

이곳의 이중화는 한눈에 봐도 구닥다리다. 오래된 디자인은 둘째 치더라도 지저분한 흠집과 모래를 넣은 것처럼 무거운 신발은 영 마음에 들지 않는다. 하지만 히말라야의 강추위로부터 타오의 발을 지켜주기에는 큰 문제가 없을 것 같아 그냥 이곳에서 빌리기로 한다. 그런데 대여 비용을 지불하려고 하니 니마가 대여 기간을 40일이 아닌 36일로 적고 있다.

"총 40일인데, 왜 36일로 쓰는 거야?"

"일단 이렇게 적고, 나중에 반납할 때 날씨 때문에 비행기가 못 떠서 카트만두에 늦게 돌아왔다고 둘러대면 돼."

니마가 주인 몰래 눈을 찡긋하며 작은 목소리로 속삭인다. 여러모로 수단이 좋은 친구다.

이후 우리는 네팔에서 맛이 좋기로 소문난 한식당에 들러 삼겹살로 푸짐한 점심을 즐긴다. 내일부터는 서양식 위주의 식사를 해야 하고, 먹을 것이 부족한 산중에서는 단백질을 보충하기 어려우니 트레킹에 앞선 최후의 만찬인 셈이다. 또한 오랜만에 만난 니마와의 재회를 기념하고, 앞으로 40일간 우리의 가이드가 되어줄 쭈레와 친목을 다지는 자리이기도 하다.

혼자 한식당에 와서 삼겹살을 구워 먹는 사진을 자신의 SNS에 올릴 만큼 삼겹살을 좋아하는 니마는 이곳에서의 식사가 전혀 어색함이 없다. 하지만 쭈레에게는 젓가락질도, 구워 먹는 삼겹살도, 모든 것이 어색한 모양이다. 그러나 그것도 잠시. 삼겹살이 입맛에 꽤 맞았는지 연신 엄지손가락을 치켜세운다. 자신의 감정에 솔직한 그를 보니 왠지 그와 나는 잘 통할 것 같다.

쭈레는 나를 손아래 여자를 일컫는 "버이니"로, 나는 그를 손위 남자를 뜻하는 "다이"로 불렸다. 네팔에서 손위 여자는 디디, 손아래 남자는 바이라고 부르는데 쭈레는 자신보다 나이가 어린 타오를 "김 썰(Sir)"로 불렸다.

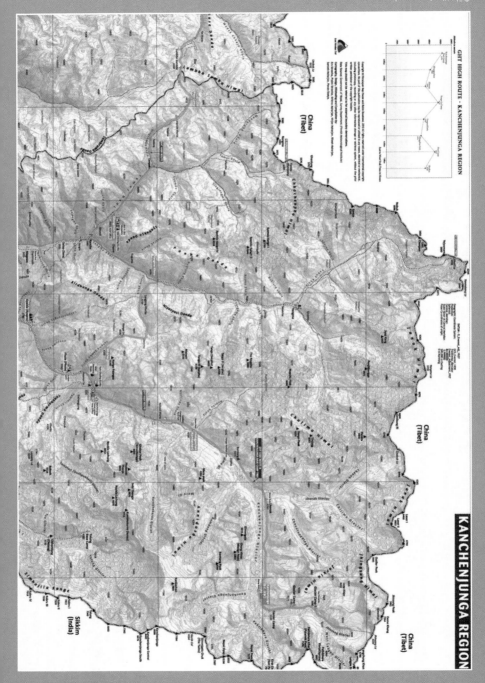

GHT HIGH ROUTE - KANCHENJUNGA REGION

KANCHENJUNGA REGION

China
(Tibet)

China
(Tibet)

China
(Tibet)

Sikkim
(India)

산들의 왕,
칸첸중가 지역

1일차. 카트만두 - 수케타르 - 타플레중 - 앙데와

[이동거리: 10km / 고도 870m↓]

| 축제와 함께 시작된 히말라야 횡단

　새벽녘 한적한 도로 위를 달려 국내선 공항에 도착했다. 이른 아침이지만 공항 내부는 많은 사람들로 북적인다. 네팔의 국내선 비행기 대부분은 조종사가 지형을 보고 조종하는 시계 비행 방식이다. 따라서 기상 상태에 따라 이륙 유무가 결정되는데, 안개가 끼지 않은 이른 아침에 출발하는 비행기가 이륙 확률이 높다.

　오전 8시. 탑승 정원이 스무 명이 채 되지 않는 경비행기는 수케타르를 향해 이륙한다. 승객들 중 트레킹 손님은 우리뿐이고 대부분 현지인들이다. 네팔에서는 노후 기종과 정비 불량으로 인해 비행기 사고가 잦아 매년 많은 인명 피해가 발생한다. 얼마 전에는 이륙하는 비행기의 프로펠러에 새가 끼여 탑승자 전원이 사망하는 추락사고가 있었다. 때문에 아찔한 이륙을 시작으로 목적지에 도착할 때까지 오금이 저리는 긴장감 속에 짜릿한 시간을 보내야 한다.

　비행기는 어느덧 설산과 어깨를 나란히 하며 날고 있다. 비행 초반에는 많은 구름으로 설산이 보이지 않더니 곧 저 멀리 롤왈링 지역부터 우리가

가게 될 에베레스트가 있는 솔루 쿰부 지역, 특히 마칼루와 칸첸중가는 손에 잡힐 듯 가까이 보인다. 사진 찍는 것을 좋아하는 타오는 쉴 새 없이 카메라 셔터를 누르며 연방 감탄사를 질러댄다. 하지만 나는 눈으로 봐도 상당한 거리를 과연 우리가 잘 헤쳐 나갈 수 있을지 걱정이 앞선다.

이륙한 지 40분 후 비행기는 오색 룽다가 휘날리는 수케타르(Suketar, 2,420m)에 멋지게 내려앉는다. 비포장 활주로에 흙먼지를 일으키며 미끄러지듯 착륙하는 비행기는 마치 영화 속의 한 장면을 연상시킨다. 비행기에서 내려 뒤를 돌아보니 저 멀리 세계 제3위 봉 칸첸중가(Kanchenjunga, 8,586m)가 우리를 반긴다. 네팔과 인도의 국경에 위치한 칸첸중가는 이 지역에 사는 림부족 언어로 '우리가 인사를 전하는 산'이라는 뜻인 세와룽마(Sewalungma)로 불린다. 티베트어로 '큰 눈(雪)으로 이루어진 다섯 개의 보고(寶庫)'를 뜻하는 칸첸중가의 다섯 봉우리는 신이 금, 은, 보석, 곡식, 경전을 보관하는 성스러운 곳으로 여겨진다.

　수케타르 공항에서 지프를 타고 구불거리는 도로를 따라 20여 분을 달리면 타플레중(Taplejung, 1,802m)에 닿는다. 타플레중은 동부 네팔 타플레중 지구의 행정 중심지로, 동에서 서로 히말라야 횡단 트레킹을 시작할 경우 실질적인 출발점이 되는 곳이다.

　타플레중에 도착하자 마카르와 띠르떼, 그리고 람이 환환 미소로 반겨준다. 그들은 1년 6개월 전 나와 마칼루 트레킹과 메라 피크 등반을 함께 한 스태프들이다. 당시 트레킹이 끝나고 돌아가는 나의 목에 애틋한 마음을 담은 카타(Khata, 축복의 의미가 담긴 전통 스카프)를 걸어주며 울먹이던 사람들. 나 역시 그들의 진심 어린 인사에 참았던 눈물을 쏟아내며, 다음에는 칸첸중가에서 만나자고 약속했었다. 그리고 드디어 오늘, 그들과 함께 미지의 히말라야를 향해 첫발을 내딛게 되었으니 감동이 복받쳐 오른다.

　요리사 마카르는 그 사이 주름이 늘고, 조금 더 마르긴 했지만 여전히 건강한 모습이다. 포터 띠르떼는 변함없이 그의 트레이드마크인 네팔의 전

통모자 토피를 쓰고 나를 반긴다. 키친 보이 람은 그 사이 성인이 되어 제법 듬직한 청년의 모습이지만, 애교 많은 몸짓과 목소리는 여전하다. 우리는 누가 먼저랄 것도 없이 손을 마주잡고 포옹을 하며, 온몸으로 반가움을 표현한다. 한편 오늘 처음 만난 스태프들은 잔뜩 긴장한 얼굴로 나를 주시한다. 내가 손을 내밀며 악수를 청하자 그들의 볼이 발그레 물든다.

오늘은 네팔의 홀리축제(Holi Festival)날이다. 힌두교권인 네팔과 인도에서는 봄을 환영하는 의미로 매년 음력 3월 보름달이 뜰 즈음 이틀간 홀리축제를 연다. 이때 사람들은 여러 가지 색깔의 가루를 서로에게 던지며 "해피 홀리"라고 외치는데, 이것은 선이 악을 누른다는 의미이다.

동네 꼬마들은 저마다 얼굴에 붉은색, 파란색, 노란색 가루를 발라 한껏 멋을 부리고는 삼삼오오 몰려다니며 행인들의 얼굴에 붉은 가루를 뿌려 댄다. 나 역시 아이들이 던진 가루를 뒤집어쓰고 짧게나마 홀리 축제를 즐긴다. 얼굴 가득 가루를 뒤집어쓴 채 식당으로 돌아오니 타오 역시 얼굴이 붉게 물든 채 웃고 있다.

'일부러 날을 맞춰 온 것도 아닌데, 축제와 함께 히말라야 횡단을 시작하다니!'

왠지 이번 여정에서는 축제처럼 놀랍고 흥겨운 일이 많이 생길 것 같다.

| 인연 더하기 인연

히말라야 횡단의 첫걸음은 칸첸중가의 빙하가 녹아 흘러 내려오는 타모르 나디(Tamor Nadi)를 내려다보며 시작된다. 네팔의 강은 크기에 따라 이름 뒤에 코시(koshi)〉콜라(khola)〉날라(nala)라고 붙여지는데, 나디(nadi)는 코시와 같은 큰 강을 뜻하는 힌디어이다.

오랜만에 만난 마카르와 그동안의 안부를 물으며 히말라야 횡단의 첫발을 내딛는다. 주름진 다랑이논과 노란 유채꽃이 피어있는 길 위에는 정겨운 풍경이 넘쳐난다. 흙을 개어 벽을 만들고 짚을 엮어 지붕을 인 소박한 시골집에서 호기심 가득한 눈으로 낯선 이방인을 바라보는 사람들의 표정에는 순수함이 고스란히 담겨있다. 이제 막 걸음마를 뗀 것 같은 아이는 행여 넘어질까 물동이를 이고 가는 엄마의 바지 끝을 꼭 붙잡고 걸어간다. 작은 발로 아장아장 걸어가는 모습이 여간 귀여운 게 아니다.

푸근한 시골 풍경 속에 빠져 걷다 보니 오늘의 숙영지인 앙데와(Handewa, 1,550m) 초등학교에 다다랐다. 오늘은 트레킹 첫날인 만큼 스태프들이 준비할 것이 많기 때문에 일정을 짧게 잡았다. 스태프들이 텐트를 치는 동안 나는 선물로 준비한 보온 티셔츠를 나눠준다. 가격표도 떼지 않은 새 티셔츠를 받아든 그들은 입이 귀에 걸린다. 작은 것이라도 함께 나눈다는 것이 얼마나 큰 기쁨인지 깨닫게 되는 순간이다.

마카르와 띠르떼, 람에게는 티셔츠와 함께 지난 트레킹 때 찍은 사진을 건넨다. 뜻밖의 사진을 받아든 그들은 좋아하는 기색이 역력하다. 그것을 본 다른 포터들은 무척이나 부러워하는 눈치다.

"다음번에는 오빠들 사진도 준비할 테니 너무 서운해 하지 말아요."

"아니, 괜찮아."

그들은 부끄러워하며 손을 내젓지만 사진에서 눈을 떼지 못한다.

믿기 어려울 정도로 엄청난 무게의 짐을 옮기는 포터들은 수많은 카메라의 모델이 된다. 하지만 정작 그들은 자신의 모습이 어떻게 담겼는지 볼 수 없다. 그것이 늘 마음에 걸렸던 나는 히말라야를 찾을 때마다 사진을 인화해 오는데, 그들은 그 어떤 선물보다도 좋아했다.

공사 중인 학교 건물 안으로 들어가니 트레킹에 필요한 장비와 식량이 어마어마하다. 나는 짐을 정리하느라 바삐 손을 움직이고 있는 포터들에게 다가갔다.

"다이, 이름이 뭐예요?"

"나는 가네쉬고, 이 친구는 딥이야."

트레킹 기간 동안 우리의 가방 운반을 담당했던 가네쉬의 첫인상은 다소 험악했다. 하지만 그의 목소리는 여렸고, 눈빛에는 수줍음이 많다. 딥은 둥글둥글한 얼굴에 배가 볼록하게 나와 무척 친근한 인상이다. 특히 시원시원하게 활짝 웃는 그의 얼굴은 보는 사람의 기분까지 좋아지게 만든다.

"다이는 이름이 뭐예요?"

"인더르바스."

"나이는요?"

"스물아홉."

"그럼 내가 디디(누나)고, 너는 바이(남동생)야."

내가 나이로 서열을 정리하자 그는 고개를 갸우뚱하더니 밖으로 나가 다른 포터에게 뭔가를 묻고 돌아온다.

"나는 서른아홉 살이야. 그러니까 너는 버이니(여동생)이고, 내가 다이 (오빠)야, 다이!"

그는 나에게 손가락을 펴 보이며 자신의 나이를 재차 강조한다. 알고 보니 영어가 서툰 그가 자신의 나이를 영어로 말하지 못해 일어난 작은 해프

닝이었다. 자신이 나보다 오빠라고 강조하는 그가 얼마나 귀여운지 한동안 웃음이 멈추지 않는다. 이후 나로부터 꼬박꼬박 "오빠" 소리를 들은 그의 원래 이름은 인드라이다. 그런데 나는 그의 이름을 잘못 알아듣는 바람에 트레킹이 끝나는 날까지 그를 "인더르바스"라고 불렀다. 가네쉬와 딥, 인드라. 이들 셋은 모두 요리사 마카르가 거주하고 있는 지리 마을에서 온 사람들로, 트레킹 내내 서로를 챙기며 의지했다.

한편 한낮의 태양을 피해 학교 처마 밑에 앉아 있는 타오의 표정이 심상치 않다.

"왜 그래? 어디가 안 좋아?"

"의자에 팔을 올릴 수가 없잖아."

"트레킹에서 쓰는 의자가 다 그렇지."

"이건 너무 불편한데, 타플레중에서 팔을 걸칠 수 있는 의자를 사 오면 안 될까?"

그는 안락한 의자에 대한 미련을 버리지 못하겠는지 애절한 눈빛으로 나를 쳐다본다.

"타플레중이 이 지역에서 가장 큰 도시는 맞는데, 아마 그런 의자는 없을 거야."

"그럼 팔걸이가 있는 플라스틱 의자는 어때?"

"아휴, 이 양반아. 그게 뭔 소리야! 그렇게 크고 무거운 의자를 들고 가면 포터들이 얼마나 힘들겠어. 말도 안 되는 소리 하지 마!"

나는 단칼에 그의 의지를 꺾어버렸다. 그는 포터들이 고생하는 꼴은 죽어도 못 보는 내 성질을 잘 알고 있었다. 그렇기에 그는 결국 의자를 포기해야만 했는데, 실제로 트레킹 중 의자에 앉아 여유를 즐길 수 있는 날은 거의 없었다.

그 사이 학교 마당은 우리를 구경하러 온 아이들로 붐비기 시작한다. 머리부터 발끝까지 뽀얗게 흙먼지를 뒤집어쓴 채 운동장을 뛰어다니는 아이들의 모습은 천진난만하기 그지없다. 호기심 많은 아이들은 삼삼오오 짝을 이뤄 주변을 서성인다. 그중 몇몇 아이들은 아예 텐트 앞에 진을 치고 앉아 날이 어둑해질 때까지 있더니 결국 내가 건넨 사탕을 받아들고서야 집으로 돌아간다.

곧 저녁식사 시간이 되었다. 기름에 튀긴 간식인 프라운을 시작으로 샐러드와 치킨, 중국식 볶음면까지. 그동안 네팔 트레킹 경험이 여러 번 있었어도 캠핑 트레킹은 처음인 타오는 럭셔리하게 차려진 저녁식사에 감탄을 연발한다. 나는 그간 타오에게 마카르의 음식솜씨가 대단하다고 입에 침이 마르도록 자랑을 했었다. 마카르가 유독 오늘 메뉴에 신경을 썼다는 것을 알지만, 흡족해하는 타오를 보니 마치 내가 음식을 만든 것 마냥 으쓱해진다.

식사 후 스태프들과의 친목 도모를 위해 네팔의 전통 증류주인 럭시로 파티를 벌였다. 화기애애하면서도 어색한 분위기 속에 다 같이 둘러앉은 우리는 스태프들과 정식으로 인사를 나눈다. 총 열세 명의 스태프 중 우리와 마지막까지 함께 할 스태프는 가이드 쭈레 따망, 보조 가이드 크리슈나, 요리사 마카르, 키친 보이 람, 포터 띠르떼, 가네쉬, 인드라, 딥, 바르카스, 라메쉬까지 열 명이다. 그리고 타플레중에서 고용한 세 명의 포터는 칸첸중가의 군사마을까지만 짐을 운반해 주기로 했다. 트레킹 첫날이라 어색한 분위기 속에 술만 들이켜고 있을 때 라메쉬가 조심스레 말을 걸어온다.

"누나, 남편 이름이 Mr. Kim이 맞아요?"

"응. 맞아."

"작년에 나하고 힘룽 히말을 등반했던 손님 별명이 김 세르파였거든요."

"정말이야? 김 세르파라면 나도 아는 사람인데! 게다가 나랑 아주 친해!"

히말라야 바닥은 이렇게 좁았다. '김 세르파'는 네팔의 세르파족과 외모가 닮은 티스코 님의 별명이다. 나는 라메쉬가 티스코 님을 알고 있다는 것이 반갑다 못해 신기하기까지 했다. 그와 얘기를 나누다 보니 다소 거칠게 보였던 그의 첫인상은 나의 편견이었다.

타오가 잠시 자리를 비운 사이 마카르가 입을 뗀다.

"문 버이니, 결혼식은 언제 하는 거야?"

"6월이요."

"남편은 어떤 사람이야? 착해?"

"네. 착해요. 저 사람도 히말라야를 정말 좋아해요."

"잘 됐네. 앞으로 버이니랑 같이 다니면 되겠네."

그는 친정아버지가 꼼꼼하게 사윗감을 살피듯 타오에 대해 물었다. 그도 그럴 것이 오랜 기간 나와 함께 한 지난 트레킹이 그에게도 애틋함으로 남

아있기 때문일 것이다.

올해 쉰이 된 마카르는 25년 경력의 베테랑 요리사로 과거 한국 원정대의 요리사로 일하기도 했었다. 지난 트레킹 때 그는 식사 때마다 내가 먹는 모습을 멀리서 지켜보았다. 그러다 내가 그를 향해 음식이 맛있다며 손가락을 치켜들면, 그제야 안도의 한숨을 내쉬며 함박웃음을 지었다. 그는 내가 맛있다고 하는 음식이 있으면 며칠이고 같은 음식을 내올 정도로 꾸밈없고 순박한 사람이었다. 한 번은 그가 음식을 하다 손가락을 베여 검은 테이프를 칭칭 감고 나타났다. 테이프를 벗겨내자 그의 손가락에서 피가 솟으며 내 손도 온통 피범벅이 되었다.

"괜찮아. 그냥 두면 저절로 아물어."

"마카르 다이, 저는 고기는 좋아하는데, 손가락 고기는 별로예요."

내 손에 피가 묻은 것을 미안해하며 손을 감추려 하는 그의 손을 꼭 붙잡고 약을 발랐다. 그러자 그는 고개를 돌리며 눈물을 훔쳤다. 깐깐하게 보이는 외모와는 달리 그는 여린 마음을 가진 사람이었다. 나는 그런 그를 다이 (오빠)라고 불렀지만, 마음속으로는 아버지처럼 생각하고 따랐다.

띠르떼는 포터들 중 나이가 가장 많고, 체구도 작다. 하지만 그는 다른 포터들과 견줄 수 없을 만큼 빠르게 숙영지에 도착했다. 그만큼 책임감이 강한 사람이었다. 그래서 나이 어린 포터들에게 모범이 되었고 모두들 그를 좋아했다. 지난 트레킹 때 우리는 36일 만에 오지에서 나와 전화 통화가 가능한 곳에 도착했다. 포터들은 너 나 할 것 없이 집에 안부전화를 걸었다. 띠르떼도 마찬가지였다. 그런데 조용히 통화를 하던 그가 갑자기 버럭 소리를 질렀다.

"남편은 산에서 뼈 빠지게 돈 벌고 있는데, 마누라는 아침 댓바람부터 술이나 퍼마시고 있네. 정신이 있는 거야? 없는 거야?"

그는 아내에게 잔소리를 퍼부었지만 얼굴은 웃고 있었다. 늘 성실하고 조심성 있는 모습을 보여주던 그의 인간적인 모습은 아주 매력적이었다.

스태프들 중 막내인 키친 보이 람은 매일 아침 차를 가져다주고 식사 서빙을 담당한다. 잘 생기고 성실한 청년인 그는 일 년 내내 쉬는 날도 없이 일을 하며 다섯 명의 동생을 위해 가장 노릇을 하고 있다. 이제 겨우 스무살. 가장의 짐을 짊어지기에는 너무도 어린 나이이다. 람의 고단한 삶은 몸 이곳저곳에 배어있다. 마디마디 뭉툭해진 손과 도꼬(짐을 옮길 때 쓰는 대나무 바구니)로 인해 뜯겨 나가 속살이 훤히 들여다보이는 머리, 크고 작은 상처들…. 그럼에도 불구하고 람은 쾌활하고 애교가 많다. 길을 걷다가도 나를 불러 세워 엉덩이를 흔들고, 춤을 추며 웃음을 자아내 나의 사랑을 독차지했다.

이렇듯 함께 히말라야의 산길을 누비며 믿음의 탑을 쌓아온 인연.

이제는 남편이 될 타오와 함께 그 탑을 더욱 견고하게 다지려고 한다.

2일차. 앙데와 - 신와 - 타와

[이동거리: 16km / 고도 629m↓ 541m↑]

| 맥주는 넣어두세요

날씨가 급변하는 히말라야에서는 가급적 아침 일찍 트레킹을 시작해 오후 3~4시 이전에 일정을 마무리하는 것이 좋다. 하여 우리는 오전 6시 기상, 7시 아침식사, 8시 출발이라는 산중 생활 계획을 세웠다.

"디디, 모닝티!"

람이 방금 끓여낸 따뜻한 찌아(밀크 티)를 가져와 밝은 목소리로 인사를 한다.

"이야! 이게 얼마 만에 마셔보는 거야. 맞아! 이 맛이었어!"

눈곱도 떼지 못한 채 부스스한 얼굴로 찌아를 받아든 나는 잊고 있던 맛을 떠올리며 감탄한다.

"오빠도 좀 마시지 그래?"

"아니야. 난 커피 마실래."

"마카르가 만든 건 한번 맛보면 절대로 다른 건 못 마실 만큼 맛있다니까!"

"됐어. 난 우유 들어간 거 먹으면 설사가 나와."

타오는 극구 찌아를 거절하지만, 며칠 후 상황이 바뀌게 된다.

이른 아침 이리저리 바삐 날아다니며 울어대는 새소리는 마음을 설레게 한다. 길가에는 두께가 내 허벅지만 한 대나무가 하늘을 찌를 듯 솟아있고, 그 너머에는 농부들이 구슬땀을 흘리며 밭을 갈고 있다. 네팔에서는 소를 이용해 밭을 갈 때 반드시 두 마리를 이용한다. 한 마리가 밭을 갈면 너무 힘들기 때문이라고 한다. 말 못하는 짐승의 마음까지 헤아리는 네팔 사람들의 마음 따스한 삶은 부럽기까지 하다.

이제 막 잠에서 깨어 산발을 한 채 비몽사몽간에 마당을 돌아다니던 아이는 우리를 보자마자 조르르 달려 나와 "스위트"라고 말하며 손을 내민다. 그러자 옆에 있던 아이의 오빠는 미리 짜인 레퍼토리마냥 "펜"이라고 외친다. 양치를 자주 할 수 없는 오지의 아이들에게 사탕은 좋지 않다는 걸 알지만, 그냥 지나치기 미안해 사탕 한 알씩을 건넨다.

산악국가인 네팔에서는 깊은 계곡을 따라 마을이 형성되어 있어 현수교가 많다. 어느 것은 길이가 백여 미터 가까이 된다. 현수교 끝은 양쪽으로 단단하게 고정되어 있어 다리 아래로 추락할 위험은 없다. 하지만 출렁거리는 다리 위에서 균형을 잡기란 쉽지가 않다. 만취한 사람처럼 비틀거리며 우스꽝스러운 걸음걸이로 다리를 건너 내려가니 이번 여정 중 가장 고도가 낮은 마을인 미트룽(Mitlung, 921m)에 닿는다. 마을 앞쪽으로는 타모르 콜라가 흐르고, 뒤쪽으로는 금빛 다랑이논이 펼쳐진 아름다운 시골 마을이다. 가옥은 짚과 대나무를 엮어 지붕을 이었고 벽에는 흙을 발라 네팔 저지대의 아열대 기후에 잘 견딜 수 있도록 지어졌다. 집집마다 자라고 있는 푸르고 싱싱한 바나나 나무는 이곳의 더위를 짐작하게 한다.

우리보다 앞서 걷고 있는 포터들이 머리에 이고 있는 짐의 무게는 어림짐작으로 봐도 40kg가 훌쩍 넘는다. 보통의 포터들은 20kg 전후로 짐을 진다. 하지만 여행사에 고용된 포터의 경우 안정적인 일거리를 제공받는 대신 훨씬 많은 양의 짐을 진다. 파키스탄의 포터들과는 다른 모습이다.

파키스탄의 포터들은 꼭 지키는 원칙이 있다. 그것은 바로 포터들을 보호하기 위해 일인당 짊어질 수 있는 무게를 20kg로 제한한 것이다. 그들은

매일 같은 짐을 나르면서도 아침마다 저울을 가져와 짐의 무게를 쟀다. 만약에 짐의 무게가 20kg에서 1kg라도 초과되면 가이드에게 얘기를 해서라도 무게를 맞췄다. 한 번은 무게를 재며 실랑이를 하는 포터들을 보신 일행 한 분이 커다란 돌멩이를 들고 오셨다. 그리고는 "내 가방은 15kg밖에 나가지 않으니 이거라도 넣어서 무게를 맞춰야겠다!"라며 농담을 해 모두를 포복절도하게 만들었다.

쭈레는 아직 우리와의 관계가 어색한지 내가 묻는 말에 대답하는 것 말고는 말이 없다. 그는 우리의 눈치를 살피며 약간의 거리를 두고 뒤따라 걸어온다. 가끔씩 쉬어갈 때에는 말동무가 없어서 그런지 무척이나 심심한 표정이다. 나는 그의 긴장을 풀어주기 위해 함께 사진을 찍자고 청하기도 하고, 싱거운 농담도 건넨다. 그러자 그의 얼굴이 조금씩 풀리며 미소가 번진다.

그의 웃음소리는 굉장히 독특하다. 특히 그는 담배 한 대 피우며 쉬어가라는 내 말에 조금은 방정맞고 익살스러운 웃음소리를 냈다. 그것은 우울

한 기분도 한방에 날려버릴 것 같은 소리다. 그의 꾸밈없는 모습에 왠지 이번 트레킹은 즐거울 것 같다.

림부족 마을인 신와(Sinwa, 980m)에 다다르니 마카르가 마중을 나왔다. 아마도 그는 우리가 식당을 그냥 지나칠까봐 걱정이 됐던 모양이다. 그는 포터들이 아직 도착하지 않아 점심식사가 늦게 준비될 것 같다며 미안해한다. 나는 포터들이 올 때까지 무료함을 달래기 위해 마카르, 쭈레와 함께 창을 한 사발씩 나눠 마신다.

우리네 막걸리와 비슷한 창은 꼬도(기장)를 발효시켜 체에 걸러 마시는 것으로 발효가 많이 된 것일수록 톡 쏘는 맛이 일품이다. 나는 술을 좋아하지만 히말라야 트레킹을 할 때는 자제를 하는 편이다. 고산적응을 위해서이다. 하지만 고산적응과 상관없이 고도가 낮은 곳이나 힘든 구간을 지나마을에 도착했을 때에는 술을 즐겨 마신다.

요즘은 히말라야 산중에서도 맥주를 쉽게 접할 수 있다. 하지만 저지대에서 사람이나 가축들이 운반해오기 때문에 가격이 비싸다. 나는 네팔의 전통술을 선호한다. 트레킹을 하면서 현지인들에게 실질적인 도움을 주고 싶어서이다. 스태프들 역시 맥주를 마시지 않는다. 아니 마시지 못한다. 히말라야 고지대에서 맥주 한 병의 가격은 5천 원 정도로 포터 하루 일당의 3분의 1 가격이다. 때문에 스태프들은 전통주인 창이나 럭시를 마신다.

함께 하는 스태프들과 뼈 속까지 하나로 똘똘 뭉치고 싶었다. 빈부의 격차로 인한 위화감을 주고 싶지 않았다. 내가 느끼기에 술은 다 거기서 거기다. 가격이 비싸든 싸든 마시면 취하는 건 똑같고, 많이 마시면 머리 아픈 것도 똑같다. 그런 술이라면 여러 사람에게 이익이 돌아가는 현지 술이 최고라고 생각했다. 트레킹이 끝날 때면 럭시를 말 통으로 산다. 그리고는 밤이 새도록 스태프들과 부어라 마셔라 하며 나를 위해 애써준 스태프들을 위로하고 흥겨운 시간을 보낸다. 그것은 나의 여정 중 없어서는 안 될 즐거운 시간 중 하나이다.

포터들은 트레킹 첫날이라 힘이 들었는지 아니면 무더운 날씨 탓인지 우리가 도착한 후 한 시간이 지나서야 도착했다. 늦게 도착한 포터들은 마카르의 눈치를 보느라 바쁘고, 마카르는 늦은 식사 준비를 하느라 바쁘다. 키친 보이 람은 엉덩이에 걸쳐 입은 바지가 속옷과 함께 내려가 엉덩이가 반쯤 보이는지도 모른 채 주방 집기 정리에 정신이 없다.

손이 빠른 마카르 덕에 곧 점심식사가 준비되고, 우리는 초등학교 건물과 이웃한 식당 마당에서 점심식사를 한다. 때마침 수업이 끝난 아이들은 우르르 뛰어나와 우리를 둘러싼다. 우리는 본의 아니게 수십 명의 아이들에게 밥 먹는 모습을 생중계하게 되었다. 그 덕분에 밥이 코로 들어가는지 입으로 들어가는지 모를 지경이다.

오후가 되자 자글자글 쏟아지는 햇살에 우거진 풀숲에서는 한낮의 열기와 함께 찌르륵찌르륵 울어대는 풀벌레 소리가 새어나온다. 땀이 비 오듯 쏟아지는 가운데 계속되는 돌길 오르막에 거친 숨소리가 이어진다. 나를 만난 이후 살이 10kg 이상 찐 타오는 갑자기 불어난 체중 탓에 힘겹게 걸음을 옮긴다. 평소에 운동을 하지 않는 그는 곡소리에 가까운 소리를 내며 몇 걸음 오르다 쉬기를 반복한다. 히말라야 트레킹을 위한 최고의 준비는 바로 트레킹이다. 평상시에 꾸준히 등산을 하거나 심폐 기능 향상에 도움을 주는 수영, 달리기, 자전거 등과 같은 운동을 하는 것이 좋다.

| 히말라야 날벌레 스프

　민가 몇 채가 있는 타와(Tawa, 1,170m)에서 걸음을 멈췄다. 뒤따라와야 할 포터들의 모습이 보이지 않기 때문이다. 한 시간이 지나도 포터들이 나타나지 않자 쭈레는 오늘 이곳에서 머무는 것이 어떻겠냐고 묻는다. 간만의 산행에 몸이 지칠 대로 지쳐있어 내심 이곳에서 쉬고 싶다는 생각을 하고 있었는데 듣던 중 반가운 소리다.

　포터들을 기다리는 동안 나는 구경이라고 하기엔 너무도 작은 마을 구경에 나선다. 대나무로 엮은 우리에 있는 새끼 염소 한 마리는 마치 꺼내 달라는 듯 얼굴을 끼룩 내밀고 울고 있다. 그 옆으로는 플라스틱 통에 머리를 처박고 무언가를 먹고 있던 염소가 통에 뿔이 걸려 머리를 빼지 못하고 아등바등하고 있어 절로 웃음이 난다.

　"텐트는 어디에 쳐?"

"여기는 따로 캠핑 사이트가 없으니까 길바닥에 쳐야지."

"진짜? 사람들이 다니는 여기 길 한가운데에?"

네팔에서 캠핑 경험이 없던 타오는 나의 대답을 농담으로 받아들이는 것 같았다. 하지만 정말로 길을 가로막고 텐트가 쳐지는 것을 본 그는 적잖이 당황한 표정이다.

낮에는 햇살이 뜨거웠지만 어둑한 밤이 되자 제법 덜미가 서늘해진다. 곧 로지에 불이 켜지고, 람은 마당 한편에 저녁 식사를 준비한다. 식사를 시작한지 얼마 지나지 않아 첩첩산중에 켜진 형광등 불빛에 날벌레 수천 마리가 날아들어 장관을 이룬다. 하지만 놀라움도 잠시, 날벌레는 랜턴 불빛이 있는 식탁까지 날아들어 스프 위로 마구 고꾸라진다. 이에 우리는 랜턴을 끄고 음식을 사수하기 위해 안간힘을 쓴다. 그러나 날벌레는 계속해서 달려들어 음식을 장식하는 것도 모자라 어느새 스프와 함께 내 입속에 들어와 있다. 화들짝 놀란 나는 비명을 지르며 난리법석을 떠는 가운데 이미 날벌레를 피해 어둠속에 몸을 숨긴 스태프들은 내 모습을 보며 박장대소를 한다. 결국 나는 식사를 포기하고 텐트로 도망쳤고, 날벌레가 잠잠해질 때까지 옴짝달싹하지 못했다.

한 시간쯤 지나자 날벌레가 점령했던 밤하늘은 총총하게 빛나는 별들로 채워지고, 깊은 계곡에는 달빛이 스며들었다. 비로소 평화로운 밤이 찾아 왔다.

3일차. 타와 - 타페톡 - 수케툼

[이동거리: 22.6km / 고도 406m↑]

| 림부족의 마을을 지나 칸첸중가 보존구역으로

  포터들은 어제 늦게 도착하여 혼이라도 났던 건지 오늘은 제법 속도를 내며 걷는다. 포터들과 앞서거니 뒤서거니 하며 가다 보니 타모르 계곡이 내려다보이는 초우따라에서 땀을 식히고 있는 람과 라메쉬가 보인다. 초우따라는 큰 나무 밑이나 그늘 쉼터 아래에 짐을 올려놓을 수 있게 돌을 쌓아 만들어놓은 돌 선반이다. 이곳은 누구나 쉬었다 가는 곳으로 무거운 짐을 옮기는 포터들이 휴식을 취하기에는 그만인 장소이다.

람과 라메쉬 사이를 비집고 들어가 앉아 꽁지머리를 길러 묶은 라메쉬에게 말을 건넸다.

"라메쉬! 헤어스타일이 정말 멋지네. 꼭 록 가수 같아."

"난 음악 듣는 걸 좋아하거든."

그는 빙그레 웃으며 답하더니 음악에 박자를 맞추듯 고개를 앞뒤로 끄덕인다. 람은 지난 트레킹을 함께했기에 더욱 마음이 가고, 막냇동생처럼 느껴져 애틋하다. 못 본 사이 그는 가슴팍에 털이 수북한 청년의 모습으로 변해 있다. 하지만 내 눈에는 계집아이처럼 애교 있게 웃으며 땀을 닦는 그의 모습이 여전히 사랑스럽다.

예닐곱 정도로 보이는 아이들은 신발도 신지 않은 채 밭일을 하고 있다. 한국이라면 학교 갈 준비에 한창일 시간에 아이들의 손에는 책가방 대신 낫이 들려 있다. 한 아이는 도꼬를 머리에 이고 음료수 캔을 열심히 주워 담는다. 유심히 지켜보니 아이의 손이 어찌나 야무지고 빠른지, 한두 번 해본 솜씨가 아니다. 그 능숙함이 지켜보는 내 마음을 아리게 한다.

타모르 강가에 위치한 치루와(Chiruwa, 1,270m)를 지나면 길은 정글 속으

로 이어진다. 깊이 들어갈수록 계곡물소리는 점차 멀어지고 풀벌레 소리만 요란하다. 인적 없는 숲속을 걷다 보니 어딘가에서 둔탁한 소리가 들려온다. 소리가 나는 쪽으로 고개를 돌리자 남자 두 명이 경사진 산비탈에서 호흡을 맞춰 나무를 켜고 있다. 한 사람은 나무로 만든 선반 위에서, 다른 한 사람은 그 아래에서 긴 톱을 양쪽으로 잡고 위아래로 밀고 잡아당기며 통나무를 잘라 판자를 만드는 것이다. 온종일 오가는 이 없는 정글 속에서 같은 작업을 반복하는 것은 말 그대로 중노동이다. 하지만 저들이 구슬땀을 흘리며 만들어낸 판자는 솜씨 좋은 목수를 만나 이곳 사람들의 안락한 집으로 변신할 것이다.

숲을 빠져나오니 나무로 만든 현수교가 나온다. 엉성하게 만들어진 다리는 걸음을 옮길 때마다 심하게 요동친다. 나는 행여 딛고 있는 발판 아래로 발이 빠질까, 얽히고설킨 난간 사이로 몸이 빠지지는 않을까 하는 걱정에 허둥지둥하며 다리를 건넌다. 진땀을 빼며 다리를 건너오니 마치 무서운 놀이기구에서 내린 것처럼 어지럼증이 밀려온다.

타페톡(Tapethok, 1,380m) 어귀에 다다르자 림부족의 묘지가 마을 입구를 지키고 있다. 무덤 주위를 빙 둘러싼 나무에는 화려한 장식이 되어 있고, 무덤은 산중에서는 보기 드문 시멘트 위에 흰 페인트를 덧칠했다. 왜 하필이면 사람들이 지나다니는 길가에 묘를 썼을까 싶지만 고인에 대한 후손들의 애틋한 마음이 엿보여 자연스레 예를 갖추게 된다.

몇 세기 전 티베트에서 이주한 림부족은 아룬 강 동쪽 해발고도 약 750m~1,500m에서 쌀과 밀, 옥수수와 기장을 재배하며 살아가는 농경 부족이다. 타페톡 위쪽의 레렙(Lelep, 1,750m)에서는 올랑춘 골라와 군사로 가는 길이 나뉘는데, 이 길은 과거 림부족이 생산한 곡물과 티베트의 소금과 같은 물자가 오간 교역로이다.

오후가 되어 어둑해졌던 하늘은 마침내 세찬 빗줄기를 뿌려댄다. 앞서가던 포터들은 비닐을 꺼내어 짐을 덮느라 손을 바삐 움직인다. 근처에 있는 큰 바위 아래에서 몸을 피하며 비가 그치기를 기다리지만 좀처럼 수그러들 기미가 보이지 않는다. 하는 수 없이 빗속으로 걸음을 내딛어 걷다 보니 곧 한기가 돌기 시작한다. 때마침 보이는 레렙(Lelep, 1,750m)의 작은 식당으로 비를 피한 나는 비를 흠뻑 맞으며 뒤따라오는 포터들을 불러 차를 사주며 몸을 녹이도록 한다.

레렙은 칸첸중가 보존구역(Kanchenjunga Conservation Area)의 본부가 있는 곳으로 이곳부터는 칸첸중가 보존구역으로 들어가게 된다. 이 보존구역은 방대한 꽃들과 동물들의 보고로, 봄에는 랄리구라스를 비롯해 수많은 종류의 꽃들의 향연이 펼쳐진다. 또한 눈표범과 같은 멸종 위기의 야생동물을 포함하여 히말라야 흑곰, 사향노루, 레서 판다, 히말라야 산양 등이 있다.

레렙에서 수케툼으로 가는 숲은 지난가을을 고스란히 간직하고 있다. 오전에 지나온 치루와는 분명 봄이 오고 있었는데 이곳은 이끼를 뒤집어 쓴 앙상한 나무만이 있다. 나무 아래로는 빨갛고 노란 낙엽이 수북이 쌓여 있다. 그것은 마치 몇 시간 만에 계절을 거슬러 깊은 가을 속으로 돌아온 것 같은 착각에 빠지게 한다. 때 아닌 가을 향기를 가슴속 깊이 들이마시며 가을의 정취를 느끼며 걷다 보니 곧 넓은 잔디밭이 펼쳐져 있는 수케툼 (Sukethum, 1,576m)에 도착했다.

| 칸첸중가의 만병통치약

수케툼의 로지에 들어서자 마음씨 좋아 보이는 주인 노부부가 두 손을 모으며 반갑게 맞아주신다. 연세가 지긋한 사우지(남자주인)의 안내에 따라 들어간 방은 지은 지 얼마 되지 않아 나무 향이 은은하게 풍겨 나온다. 그는 아직 침대를 만들어놓지 못했다며 미안해하지만 좁은 텐트에 비하면 5성급 호텔이다.

타오는 어제 벌레에 물려 팔다리가 퉁퉁 부은 것만으로는 모자랐는지 오늘은 몸살기가 있다며 일찌감치 휴식에 들어갔다. 그의 잠자리를 봐주고는 주인집의 주방으로 향했다. 사우지는 낮술을 했는지 우리가 도착했을 때부터 이미 얼큰하게 취해 계셨다. 그런데도 오랜만에 오지 산골에 찾아온 손님이 반가운지 사우니(여주인)의 잔소리에도 불구하고 계속해서 뚱바를 마신다.

히말라야 고산족의 민속주인 뚱바는 우리나라의 기장과 비슷한 꼬도를 발효시켜 만든다. 이후 숙성된 꼬도를 나무의 속을 파서 만든 기다란 통에 채운 뒤 뜨거운 물을 부어 대나무나 금속으로 만든 빨대를 꽂아 빨아 마신다. 뚱바는 꼬도에서 우러나온 독특한 향과 시큼한 맛이 조화를 이루는데, 물을 세 번 정도까지 채워 마실 수 있다. 오늘처럼 비가 내리는 날에는 뚱바가 그만이다. 참새가 방앗간을 그냥 지나치지 못하듯 나는 주방에 한 자리를 차지하고 앉아 뚱바를 주문한다.

"뚱바! 데레이 미토 처(뚱바가 너무 맛있어요)!"

"호호 호호호, 미토 처?"

"네. 맛있어요!"

"저것 좀 봐요. 예전에 여기 왔던 한국 여자도 뚱바가 맛있다고 했어! 호호 호호호."

사우니는 주방 한쪽 벽에 걸려있는 한국 국제협력단의 깃발을 가리키며 아줌마 특유의 웃음소리와 함께 손뼉을 치며 요란하게 웃어젖힌다. 뚱바가 맛있다는 것이 그리 박장대소할 일은 아니었건만, 그녀의 웃음에 배어 나오는 순박함에 나도 함께 손뼉을 치며 웃는다.

사우니 역시 주방의 안팎을 오가며 몸을 바삐 움직이면서도 틈틈이

뚱바를 마신다. 뚱바의 본고장인 칸첸중가 지역에 살고 있는 림부, 라이, 보티아, 캄파, 셰르파족은 아침에 눈을 뜨면서부터 잠이 들 때까지 뚱바를 끼고 산다. 이들은 배탈이나 변비, 만성피로, 원기 회복이나 산후조리를 위해서도 뚱바를 마시니 이쯤되면 뚱바는 거의 만병통치약인 셈이다. 또 잔치를 하거나 망자의 길양식으로 뚱바를 사용하는데, 말 그대로 요람에서 무덤까지 뚱바가 함께 한다. 나도 트레킹을 오면 식습관이 바뀌어 종종 변비에 시달리곤 하는데 뚱바를 마신 다음날에는 그 덕을 톡톡히 본다.

사우니는 내가 춥지 않도록 수시로 아궁이에 장작을 넣어주고는 이곳을 지나갔던 사람들에 관한 이야기를 들려준다. 얘기라고 해봤자 한국인 몇 명이 왔다 갔다는 내용이 전부이지만 말이다. 그러나 특별한 것도 화려한 것도 없는 이런 만남은 이상하게도 오래도록 기억에 남아 추억하게 만든다. 그래서 떠나오면 다시금 그곳에 가고 싶어지고 그리워진다. 그것은 아마도 때 묻지 않은 순수를 간직한 사람들과 함께 하는 소소한 시간들이 우리에게는 특별함으로 다가오기 때문일 것이다.

4일차. 수케툼 - 라마따르 - 암지로사

[이동거리: 11.7km / 고도 732m↑]

| 바이러스에 걸린 컴퓨터

지난밤, 천둥번개를 동반한 폭우가 계곡을 뒤흔들었다. 양철지붕을 뚫을 기세로 떨어지는 빗소리와 함께 지축을 뒤흔드는 듯 계곡을 휩쓸고 내려가는 천둥소리에 나는 밤새 두려움에 떨었다. 새벽녘 밖으로 나와 보니 간밤의 폭우는 풀잎마다 총총히 박혀 싱그럽게 빛나고 있다. 어슴푸레 밝아오는 빛 속에 계곡 끝자락에 설산이 모습을 드러낸다. 트레킹을 시작한 뒤처음으로 만나는 영롱한 설산의 모습은 지난밤의 피로를 보상해 주기에 충분하다.

사우지는 얼마 전 새로이 정비된 암지로사로 가는 길을 알려주신다. 사우지의 어린 손녀는 내가 건넨 사과와 과자에도 좀처럼 마음을 열지 않더니 막상 우리가 떠날 때가 되자 섭섭한 표정이다. 우리네 시골 할아버지, 할머니 댁처럼 푸근했던 수케툼 로지의 단출한 식구들과 사진을 남기고, 새로운 만남을 찾아 길을 나선다.

수케툼부터는 칸첸중가에서부터 흘러온 군사 콜라(Ghunsa Khola) 옆 울창한 숲을 따라 고도를 높여 올라간다. 깊은 계곡에 아침햇살이 내려앉자

짙은 숲 내음이 살갗에 와서 감긴다. 우렁우렁 흐르는 계곡의 물소리와 어우러진 새소리에 자연스레 발걸음이 멈춰진다. 봄날 산속을 울리는 날카롭고 매서운 폭포 소리는 일상의 번잡함을 잊게 만드는 후련함으로 다가온다.

계곡을 따라 올라가다 작은 오두막 서너 채가 전부인 라마따르

(Ramahatar, 1,905m)에 도착하니 마카르가 기다리고 있다. 그는 포터들이 배고픔을 느낀다고 하여 이곳에서 점심을 먹고 가야 될 것 같다고 한다. 시계를 보니 이제 겨우 오전 9시 50분이다. 너무 이른 점심이라는 생각이 들지만 다 먹고살자고 하는 일이니 포터들의 주린 배를 채우고 가기로 한다.

곧 주방 팀이 자리 잡은 오두막 지붕 위로 연기가 피어오르고, 식사가 준비되는 동안 주변을 둘러본다. 지붕에 태양광 충전판이 보이는 집 앞에서 걸음을 멈추니 마침 주인 할머니가 멍석 위에 찐 밥을 올려놓고 홍두깨로 으깨고 계신다. 두 손을 모아 할머니께 공손히 인사를 하자 안으로 들어오라며 손짓을 하신다.

"할머니, 지금 뭘 만드시는 건가요?"

"……."

분명 할머니께 네팔어로 말을 붙였는데 할머니는 내 말을 알아듣지 못하고 웃기만 하신다. 할머니는 이가 없지만 웃는 모습이 고우시다. 나는 멋쩍은 상황을 대신하기 위해 할머니의 모습을 카메라에 담아 보여드렸다. 할머니는 카메라 속 자신의 모습이 신기한지 하던 일을 멈추고, 사진을 쳐다보신다. 곧 할머니는 하던 일에 몰두하시지만 나를 불편해하지 않는 눈치다. 낯선 나에게 아무런 거리낌 없이 대해주는 할머니에게 뭔가를 드리고 싶다는 생각이 들었다. 배낭이 있는 곳으로 돌아온 나는 초코바 몇 개를 챙겨 할머니 댁으로 돌아왔다. 할머니는 갑자기 이걸 왜 주냐는 표정이셨지만, 곧 함박웃음을 지으시더니 허리춤에 초코바를 챙겨 넣으신다.

타오는 벌레에 물려 퉁퉁 부은 다리를 햇볕에 살균 소독 중이다. 그는 며칠 사이 수염이 덥수룩하게 자라 점점 산적이 되어가고 있다. 면도를 하고 싶어 하지만 그의 덥수룩한 수염을 좋아하는 나의 독특한 취향으로 인해

며칠째 면도를 하지 못하고 있다. 무던한 성격에 말이 없는 그는 아기자기한 멋은 없어도 늘 나를 배려해주며 내게 맞춰주려 한다. 곧 점심식사가 나오고 나는 우리네 김치와 비슷한 망고피클을 곁들여 식사를 한다. 인도 사람들이 즐겨먹는 망고피클은 처음 먹을 때는 썩은 음식처럼 느껴질 만큼 아주 시큼한 맛이 나지만 몇 번 맛을 보고 나면 중독이 될 만큼 맛있다. 내가 망고피클이 맛있다고 하자 덩달아 망고피클을 맛 본 타오는 고개를 절레절레 흔든다.

"어휴, 이렇게 신 걸 어떻게 먹어?"

"오빠는 나이가 들어서 신 음식을 못 먹는 거야."

"그래. 넌 젊어서 좋겠다."

그는 나의 짓궂은 농담도 잘 받아준다.

라마따르를 떠나기 전 마카르가 주방을 빌려준 집주인에게 사용료를 지불한다. 주인은 종이에 그림처럼 보이는 알 수 없는 숫자를 적더니 열심히 계산하기 시작한다. 아마도 숫자를 제대로 알지 못해 자신만의 계산법을 따로 가지고 있는 듯했다. 그런데 한참이 지나도 계산이 끝나지 않는다. 그러자 옆에서 답답한 표정으로 지켜보고 있던 쭈레는 "제대로 지불한 것이 맞다"며 주인에게 설명을 해주고는 자리를 뜬다.

시원하게 흐르는 계곡 물소리를 들으며 울창한 숲길을 따라 걸음을 옮기자 군사 콜라를 건너는 다리가 나온다. 길은 다리 건너 숲속으로 이어지며 지그재그로 난 돌길을 따라 차츰 고도가 높아진다. 산허리까지 이어지는 돌길을 헉헉대며 오르던 나는 타오를 앞세워 보내고 쭈레와 함께 낙엽 위에 털썩 주저앉았다.

"암지로사에도 뚱바가 있어요?"

"응. 있지. 그런데 문 버이니는 김 썰(타오)과는 컴퓨터가 달라. 김 썰은 맨날 책만 보는 것 같던데, 버이니는 맨날 술만 찾네."

"김 썰이 안 마시니까 나라도 열심히 마셔야죠."

"그래. 맞아. 가끔씩 바이러스에 걸린 컴퓨터가 있기도 하지."

쭈레는 내 머리를 가리키며 익살스럽게 웃는다. 요 며칠 우리와 함께 하면서 타오와 나의 성향이 정반대라는 것을 알아차린 모양이다. 그도 그럴 것이 늘 조용히 앉아 책을 보고 일정을 정리하며 자리를 지키고 있는 타오와 달리 나는 한시도 몸을 가만히 두지 못하고 시끌벅적하게 설쳐대니 그럴 만도 하다.

랄리구라스와 밤알만 한 도토리가 지천에 널려 있는 숲을 빠져나오면 암지로사까지 산허리로 난 좁은 길을 따라 올라야 한다. 아찔한 경사의 오른쪽 아래로는 계곡으로 떨어지는 낭떠러지라 현기증이 난다. 어느덧 오전 내 곁에 두고 걸었던 군사 콜라는 저만치 아래에서 흐르고 있다.

암지로사(Amjilosa, 2,308m)에 도착한 후 타오는 로지에서 잠을 자자고 한다. 사실 작은 알파인 텐트 안에 덩치가 큰 우리 둘과 커다란 짐 가방 두 개, 거기에 배낭까지 넣고 잠을 자려면 몸을 제대로 움직이기 힘들 정도로 비좁다. 주인의 안내에 따라 로지 이층으로 올라가니 좁은 복도 위의 처마에는 지난가을 수확한 옥수수가 주렁주렁 매달려 있다. 노란 빛깔의 탐스러운 옥수수를 보니 침이 꼴깍 넘어간다.

우리는 퀴퀴한 냄새와 함께 먼지가 가득 쌓여 있는 구석진 방을 안내받았다. 창문조차도 나무판자로 만들어져 있어 어두컴컴한 방으로 들어가니 아무것도 보이지가 않는다. 어둠 속에서 손을 더듬어 간신히 전구를 켰지만 태양광 전구라 그런지 어두운 건 매한가지다. 그래도 좁은 방에 침대가 네 개씩이나 있어 쓰지 않는 침대에 배낭을 올려놓으니 짐을 정리하기가 수월하다.

짐을 풀어놓고 그동안 밀려있던 빨래를 하기로 한다. 혼자 다닐 때에는 내 것만 빨면 되었지만 이제는 타오의 옷까지 있어 그 양이 상당하다. 내가 너무 순진했던 걸까? 결혼만 해주면 손에 물 한 방울 묻히지 않게 해주겠다던 타오의 약속은 결혼식을 올리기도 전에 이렇게 깨져버렸다.

| 염소를 잡다

　포터들은 언제 잡았는지 수돗가에서 염소 고기를 손질하고 있다. 그 중 염소 내장을 손질 중인 람을 지켜보고 있자니 한두 번 해본 솜씨가 아니다. 아마도 그는 키친 보이로 일을 하면서 수없이 많은 염소고기를 손질해봤을 것이다. 노란 고무줄 같은 염소 내장에 물을 넣어 똥을 빼내고, 손에 둘둘 감는 모습이 어찌나 신기한지 한참 동안 지켜본다.

　여기저기 해체가 된 염소 고기를 보니 파키스탄의 카라코람 발토로 트레킹을 갔을 때가 떠오른다. 고지대에 이르기까지 연일 무더운 날씨가 지속

되는 발토로 트레킹은 마을이 없는 빙하지대를 걷는다. 때문에 대부분의 원정대나 트레킹 팀들은 카라반 도중 단백질 보충을 위해 살아있는 염소와 닭을 데리고 간다. 닭은 박스에 담아 옮기거나 포터들이 한두 마리씩 안아서 운반을 하는 반면 덩치가 큰 염소는 줄을 매어 염소만을 담당하는 포터가 데리고 간다.

염소는 강아지처럼 졸졸 따라가다가도 죽는 날이 가까워지면 자신을 옭아맨 줄로부터 벗어나기 위해 발버둥을 친다. 우리 팀이 데리고 갔던 염소 역시 그랬다. 염소는 마을과 멀어질수록 뒷걸음질을 치다 못해 급기야 땅바닥에 드러누워 결국 포터의 등에 업혀 옮겨졌다. 그렇게 며칠간 죽음으로부터 벗어나기 위해 안간힘을 쓰던 염소는 운명의 날이 오자 체념한 듯 큰 반항 없이 포터를 따라갔다.

그때 나는 사람만큼 잔인한 동물이 없다며 염소의 죽음을 가엾게 여겼다. 하지만 아이러니하게도 나는 염소의 갈비까지 뜯으며 일행 중 가장 많은 양의 염소 고기를 해치웠다. 식성이 좋은 탓도 있었지만, 맛있게 먹어주는 것이야말로 우리를 위해 희생한 염소에 대한 도리라고 생각했다. 지금 이곳에서 잡은 염소 역시 우리의 소중한 양식이 될 터이니 감사한 마음으로 먹을 것이다.

저녁식사 후 똥바를 마시기 위해 주방으로 향했다. 주방에는 곱고 선한 인상을 가진 나이가 지긋한 사우니가 아궁이에 불을 지피고 있다. 사우니는 나를 보자마자 아궁이 앞자리를 내어주더니 곧 똥바를 내온다. 발갛게 타오르는 장작을 보며 따끈한 똥바로 입을 적시고 있자니 금세 취기가 올라와 방으로 돌아왔다. 몇 번은 더 따뜻한 물을 부어 우려먹을 수 있었기에 아쉬웠지만 고산에서의 과음은 고산적응에 방해가 된다.

5일차. 암지로사 - 갸블라

[이동거리: 10km / 고도 422m↑]

┃ 침대를 박살내다

암지로사를 떠나기 전 타오는 일정을 살피고 기록하는 데 열중이다. 그런데 무슨 논문이라도 쓰는 건지 그는 자리에서 일어날 생각을 하지 않는다.

"아이고! 이러다 날 새겠네요. 이제 그만 갑시다!"

이미 한참 전에 출발 준비를 마친 내가 조급증을 내자, 쭈레는 내 마음을 알겠다는 듯 눈을 찡긋하며 웃어 보인다.

산기슭을 붉게 물들인 랄리구라스는 절로 탄성을 자아낸다. 네팔의 국화인 랄리구라스는 진달래꽃을 여러 개 합쳐놓은 모양으로 고도가 높아질수록 붉은 색에서 점차 색이 연해진다. 맞은편에서 들려오는 둔탁한 워낭 소리에 걸음을 멈추니 곧 좁쿄(zhopkyos) 무리가 지나간다. 야크와 물소의 교잡종인 좁쿄는 온순하지만 지금처럼 길의 폭이 좁고 가파른 곳에서는 길 안쪽으로 비켜서는 것이 좋다. 행여 우리의 움직임에 좁쿄가 놀라 벼랑으로 떨어지는 일이 없도록 숨을 죽인다. 우리가 길 위쪽에 서 있는 걸 아는지 모르는지 머리에 화려한 수술 장식을 한 좁쿄들은 가던 길을 멈추고 풀을 뜯느라 여념이 없다. 목동은 휘휘 휘파람을 불며 좁쿄들을 다그친다.

그래도 말을 듣지 않는 녀석들은 목동이 던지는 돌멩이를 맞고서야 움직인다.

갸블라에 가까워지자 길옆으로는 대나무와 참나무, 진달래과 식물들이 뒤엉켜 정글을 이루고 있다. 성질 급한 나비는 아직 꽃봉오리조차 제대로 여물지 않은 야생화 주변을 바삐 날아다니고, 길가에 흐드러지게 떨어진 야생화는 눈을 즐겁게 한다. 차츰 고도를 높이며 걷다 보니 멀게만 보였던 설산이 성큼 다가와 있다.

갸블라(Gyabla, 2,730m)를 목전에 두고 가파른 오르막을 오르자 히말라야를 가로질러오는 바람에 오색 룽다가 휘날린다. 룽다는 오늘따라 그 색이 어찌나 고운지 마치 형형색색의 손으로 인사를 하는 것 같다. 바닥에 반듯

하게 깔린 돌은 히말라야식 레드카펫이다. 미지의 세계로 인도하듯 선을 그리며 깔린 돌을 따라가니 넓은 마당이 있는 로지에 다다랐다.

타오는 오늘도 로지에서 자길 원한다. 나는 엉성한 나무판자로 지어져 바람이 숭숭 들어오는 로지보다는 텐트가 좋지만 그의 뜻에 따르기로 한다. 어차피 앞으로 로지가 있는 마을은 점점 드물어져 머지않아 텐트 생활을 해야 하기 때문이다.

"우당탕탕!"

타오가 짐을 풀기 위해 나무침대 위에 앉자마자 요란한 소리와 함께 침대가 박살났다. 동시에 그는 쿵하는 소리와 함께 바닥에 엉덩방아를 찧고 주저앉았다. 그 모습이 얼마나 우스운지 한참동안 배를 부둥켜안고 웃는다.

당황한 타오와 나는 부서진 침대를 고치기 위해 매트리스를 들어 올렸다. 얼마나 엉성하게 만들어진 침대인지 침대 다리 네 개 중 성한 다리가 하나도 없다. 연장이 없으니 침대를 고치기는 도저히 불가능하다. 결국 로지 주인의 아들을 불러 침대 수리를 요청했다. 그는 망치를 가져와 한참을 뚝딱거리지만 도저히 안 되겠는지 침대를 마당으로 가지고 나가 고치기 시작한다. 하지만 그것도 뜻대로 되지 않자 그는 결국 다른 방에 있는 침대를 가져다준다. 이후 타오는 침대에 앉을 때마다 얼마나 몸을 사리는지 보는 내가 다 숨이 죽여진다.

발냄새가 진동하는 등산화와 땀에 전 옷을 햇볕에 널어놓고, 마당에 누워 일광욕을 즐긴다. 따사로운 봄 햇살 아래 살랑살랑 불어오는 바람을 맞으며 누워있자니 스르르 눈이 감기며 깜빡 풋잠이 들었다. 식사가 준비됐다는 람의 부름에 일어나 보니 푸짐하게 한 상이 차려져 있다. 마카르는 하루도 거르지 않고 점심때가 되면 다른 메뉴와 함께 라면을 내어온다. 평소 같았으면 라면은 입에도 대지 않지만 이곳에서 먹는 라면은 별미다. 매일 먹어도 질리지 않아 다행이었지만 평생 먹을 라면을 이곳에서 다 먹고 가

는 것 같다.

마카르는 음식 솜씨가 좋지만 대체적으로 음식을 짜게 하는 편이다. 특히 그가 끓인 라면은 다른 음식보다 유독 짜다. 처음에는 물을 많이 넣지 않고 끓여서 그런 줄 알았는데 먹다 보니 아무래도 라면에 소금을 넣는 것 같다. 나는 요리사에게 간섭하는 것을 싫어해 주는 대로 먹는다. 하지만 이대로 계속해서 소금 소태인 라면을 먹다가는 고산증이 아니라 고혈압이 올 것 같다. 나는 마카르에게 직접 얘기하는 대신 람에게 라면에는 소금을 넣지 않는 것이라고 알려주었다.

늦은 오후가 되자 비와 우박이 섞여 로지의 지붕을 세차게 두드린다. 고도가 높아질수록 비와 바람은 눈이 되어 내리고, 그만큼 추워지고 있다.

6일차. 갸블라 - 펠레 - 군사

[이동거리: 16km / 고도 865m↑]

┃ 바람의 말이 달리는 펠레에서 심문을 받다

갸블라에서는 바위를 깎아 세운 듯 하늘로 치솟아 있는 롭상 피크
(Robsang Peak)가 내다보인다. 롭상은 티베트어로 '세 개의 머리'라는 뜻이
다. 그래서인지 험악하고 날카로운 침봉은 마치 도깨비 뿔 같다.

세차게 흐르는 군사 콜라 계곡을 오르내리며 점차 고지대로 향한다. 원
시의 숲에서 아침 햇살에 반짝이는 이끼 속에는 요정들이 집을 짓고 살고
있을 것만 같다. 길가에는 불을 피워 밤을 보낸 목동들의 흔적이 남아있다.
아니, 어쩌면 요정들의 흔적일지도 모른다.

전나무가 빽빽한 숲으로 들어서니 쭈레가 왼쪽 높이 솟아오른 바위산을
가리킨다. 2006년에 이곳을 지나던 헬기가 바위산에 부딪쳐 추락하여 네
팔인과 외국인을 포함해 24명이 사망하는 안타까운 사고가 있었다고 한
다. 히말라야에서는 산에서뿐만 아니라 헬기 사고로 목숨을 잃는 경우도
많다.

지금 우리가 지나고 있는 구간도 위험하기는 마찬가지다. 산사태로 커다
란 바위를 아슬아슬하게 매단 채 속살을 훤히 드러내고 있는 길은 보고만

있어도 진땀이 난다. 게다가 낭떠러
지라 자칫했다간 강으로 추락해 급
류에 휩쓸릴 수도 있어 더욱 긴장이
된다.

산사태 구간을 거의 다 통과했을
즈음 타플레중부터 군사까지 우리
팀의 물건을 가져다주고 돌아가는
포터 세 명과 마주쳤다. 그렇지 않
아도 타오와 이들의 팁에 관해 얘
기를 하고 있었는데 때마침 마주친
것이다. 그들에게 약간의 팁을 건
네자 뛸 듯이 기뻐한다. 서로 얼싸

안기까지 하는 모습에 주는 사람이 다 부끄러울 정도다. 그들은 입이 찢
어져라 웃으며 다음에도 함께 트레킹을 하자고 한다. 순박한 모습에 그들
과의 짧은 만남이 더욱 아쉽게 느껴진다.

펠레에 다다르자 커다란 바위가 길 양쪽에 있는 바위 위에 걸쳐져 지리
산 통천문과 같은 모양을 하고 있다. 펠레로 가는 길은 그 아래를 지난다.
마을 입구에는 지나는 이들이 걸어놓은 룽다와 초따르가 나무마다 나부
낀다.

왼쪽에서 오른쪽으로 청·백·적·녹·황색의 다섯 가지 색으로 이루어진 룽
다(Lungda)는 티베트어로 '바람의 말(風馬)'을 의미한다. 티베트 불교경전
이 적힌 룽다는 아주 얇은 천으로 만들어져 작은 바람에도 민감하게 흔들
린다. 그래서 바람이 불 때마다 룽다에 그려진 말은 룽다를 떠나 하늘로 날

아오르는데, 이 바람의 말들은 그것에 적힌 경전의 진리를 담고 날아가 중생을 해탈에 이르게 하라는 염원이 담겨 있다. 뿐만 아니라 길의 이정표 역할을 하거나 어떤 장소가 신성한 공간임을 표시한다. 먼 길을 오가는 여행자들의 안전을 염원하는 뜻이 있기도 하며, 잡귀와 나쁜 기운을 쫓아내기 위해 내걸기도 한다. 그중에서도 가장 본질적인 쓰임새는 세상 만물의 행복과 평안을 빌어주는 것이다.

따망족이 사는 일부 지역에서 타르촉(Tharchog)이라고도 불리는 초따르(Chotar)는 주로 집 마당이나 고갯마루에 긴 장대에 깃발을 매달아 세워놓은 것인데, 룽다와 마찬가지로 진언이 적혀 있다. 티베트인들은 룽다와 초따르를 통해 경전의 진리가 온 세상으로 퍼져 나간다고 믿고 있다. 네팔 트레킹을 하다 보면 티베트에서 건너온 사람들이 정착한 고산지대의 마을에서 티베트 불교의 영향을 받아 세워진 룽다와 초따르를 쉽게 볼 수 있다.

펠레(Phale, 3,140m)는 깊은 계곡의 양지바른 곳에 위치하여 넓은 감자밭과 야크 방목장을 갖추고 있는 큰 마을이다. 그 규모가 얼마나 큰지 아랫마을에서 윗마을까지 20여 분이나 소요되는데, 아랫마을은 펠레 위쪽의 군사(Ghunsa, 3,595m) 주민들의 겨울 피한지이다.

칸첸중가 지역은 티베트 중국과 통하는 고개(라La=Pass)들이 많이 있어 오래전부터 이곳에 정착해 살고 있는 티베트인이 많다. 실제로 이곳의 주민 대부분은 티베트 캄파 족으로 마을 곳곳에서 티베트의 풍습을 엿볼 수 있다. 사람들은 자신들의 불심을 보여주듯 집집마다 문에 만(卍) 자를 장식해놓고, 지붕과 마당에는 룽다와 타르초를 걸어 놓아 티베트 향이 짙게 배어 나온다.

펠레의 한 로지에서 점심을 먹은 뒤 주인에게 감사 인사를 하기 위해 주

방을 찾았다. 마침 콩을 볶고 있던 사우니는 반갑게 맞아주며 콩을 한 줌 내어준다. 그녀는 펑퍼짐한 몸매에 검게 그을린 피부, 둥글넓적한 얼굴로 전형적인 티베트인의 모습이다. 나는 촌맛이 물씬 느껴지는 콩을 씹으며 사우니와 담소를 나눈다. 그녀는 방금 만난 나에게 뭐가 그리 궁금한 게 많은지 질문을 쏟아내기 시작한다.

우리가 어느 나라 사람인지부터 시작해 어디까지 트레킹을 하는지, 나이는 몇 살인지, 결혼한 사이인지, 자녀가 있는지 등 심문과도 같은 질문은 끝없이 이어진다.

처음 히말라야를 여행하는 사람이라면 현지인들로부터 쏟아지는 이런 질문이 당황스러울 수 있다. 하지만 낯선 사람에게도 호의적이고, 낙천적인 사람들이 던지는 이런 관심은 타인에 대한 경계로 꽁꽁 싸맨 우리를 무장해제 시켜 버린다. 그렇기에 외로움에 지쳐 히말라야를 찾은 사람들은 이들과의 만남을 통해 큰 위로를 받는다. 어쩌면 나 역시 그럴지도 모른다. 나는 사우니의 끊임없는 관심에 친절히 응했고, 결국 오후 한 시가 넘어 군사를 향해 출발한다.

펠레에 들어서면서부터 고도는 3,000m를 넘어섰다. 이제부터는 고소에 적응하기 위해 천천히 움직여야 한다. 조금씩 흐려지기 시작한 하늘은 먹구름을 몰고 오더니 급기야 싸락눈을 뿌려대기 시작한다. 마음은 급한데 빨리 걸을 수 없으니 난감한 상황이다.

펠레를 벗어날 즈음 군사 콜라에서 산으로 올라가는 거북이 형상을 한 커다란 바위가 눈에 띈다. 타오를 불러 바위가 거북이를 닮았다며 호들갑을 떨고는 내 멋대로 이 바위를 '거북바위'라고 이름 붙였다.

주니퍼 나무가 우거진 길을 지나 오전에 쭈레가 알려줬던 헬기 사고의 희생자를 위한 추모비가 있는 곳에 도착했다. 포터들은 추모비에 새겨진 이름들을 아주 심각한 표정으로 읽고 있다. 나는 분위기 전환을 위해 틈틈이 외웠던 스태프들의 이름을 하나하나 불렀다. 그러자 그들은 트레킹을 시작한 지 나흘 만에 자신들의 이름을 모두 외운 나를 보고 깜짝 놀라며 좋아한다.

군사(Ghunsa, 3,595m)는 칸첸중가 북면과 남면의 베이스캠프 중간에 위치한 중심 마을이다. 이곳에는 수력발전소가 있어 전기가 들어오고 위성전화가 가능하다. 그리고 규모 있는 로지가 여러 개 있는데 상점을 같이 운영하기 때문에 생필품 구입도 가능하다.

    살을 파고드는 추위는 이곳이 히말라야의 고지대임을 체감케 한다. 우리는 히말라야로 신혼여행을 온 만큼 모두가 잠든 밤 쏟아지는 별을 바라보며 두런두런 이야기꽃을 피우고 싶었다. 하지만 입김이 폴폴 나는 추위 탓에 낭만을 즐기기는커녕 단 일 분도 밖에 있을 수가 없다. 결국 방으로 들어와 침낭 속에서 얼굴만을 내놓은 채 수다를 떠는 것으로 아쉬움을 달랜다. 그 사이 잔뜩 흐렸던 날씨는 함박눈을 펑펑 쏟아낸다.

7일차. 군사

▎영화 「러브스토리」의 주인공이 되어

세상이 온통 하얗게 변해있는 가운데 눈은 여전히 펑펑 내리고 있다. 밤새 양철지붕 위로 쌓인 눈은 그 무게를 이기지 못하고 처마 밑으로 눈 폭탄을 떨어뜨린다. 수북이 쌓인 눈에 마을은 오가는 이 없이 고요하다. 속절없이 하늘을 쳐다보며 눈이 그치기를 기다리지만, 약해지나 싶던 눈발은 다시 굵어져 일정에 차질이 생길까 염려스럽다.

오늘은 고소적응 차 쉬는 날이기에 밀린 빨래를 할 생각이었다. 하지만 쉴 새 없이 내리는 눈 때문에 빨래는 물 건너갔다. 무료한 시간이 계속되고, 결국 우리는 마을 구경과 함께 빨래터가 어디에 있는지 알아둘 겸 로지를 나선다.

눈 덮인 밭을 가로질러 마카르가 일러준 큰 나무 아래의 빨래터로 향하니 이곳 역시 눈이 수북하다. 차가운 눈 속에 손을 넣고 더듬더듬 수도꼭지를 찾아 물을 틀자 다행히 수도는 얼어있지 않다. 우리는 눈이 그치면 빨래를 하기로 하고 마을 구경에 나선다.

눈 내리는 군사마을의 풍경은 황홀하고 낭만적이다. 나는 순백의 풍경에

취해 영화 속 주인공이 되어 눈밭을 뛰어다니며 뒹군다. 실성한 여자처럼 눈 밑으로 굴을 파고, 눈을 퍼먹고, 눈을 흩뿌려도 오가는 이가 없다 보니 다른 사람의 눈치를 볼 필요가 없다. 오롯이 나를 위해 존재하는 것 같은 설국의 풍경 속에 빠져 이 순간을 만끽한다.

마을의 집들은 대부분 나무와 돌을 이용해 이층으로 지어져 있다. 아래 층은 장작이나 말린 야크 똥을 보관하는 창고나 가축을 사육하는 용도이고, 위층은 주거용으로 사용한다. 전형적인 고산지대의 전통가옥이다.

눈을 피해 처마 밑에서 입김을 뿜어대고 있던 야크는 순한 눈망울로 우리를 쳐다본다. 야크(Yak)는 해발고도 2,400m가 넘는 고지대에 서식하는 소의 일종으로 고산 동물이기에 저지대로 내려오면 힘을 쓰지 못하고 죽음에 이른다. 크고 육중한 몸집을 가진 야크는 힘이 세 100kg가 넘는 짐을 지고도 사람보다 빠르게 걸으며, 4~5일간 아무것도 먹지 않고도 일을 할 수 있다. 야크는 우유와 고기뿐 아니라 야크의 마른 똥은 나무가 자라지 않는 고산지역에서의 유일한 연료로 쓰이니 히말라야의 보배다.

눈 내리는 소리가 들릴 만큼 고요한 군사마을을 둘러보고 로지로 돌아오니 처마 밑에서 개 한 마리가 눈을 피하고 있다. 얼마나 굶주린 건지 뱃가죽이 등가죽에 달라붙어 있다. 깡마른 모습에 마음이 저며 온다. 나는 나이가 들어 얼굴에 흰 털이 나있는 이 개에게 '허줄아마 꾸꾸르'라는 이름을 지어주었다. 네팔어로 할머니 개라는 뜻이다. 허줄아마 꾸꾸르에게 아침에 남겨뒀던 티벳탄 빵을 꺼내 먹였다. 개는 커다란 덩치와는 달리 조심성 있게 음식을 받아먹고는 얌전히 앉아 자리를 지킨다. 외모는 볼품이 없지만 내 눈에는 사랑스러운 개다.

주인집의 주방 입구에는 연료로 쓰기 위해 빈대떡처럼 납작하게 빚어 말려 놓은 야크 똥이 수북이 쌓여 있다. 주방에는 온기를 찾아 들어온 스태프들이 아궁이 앞에 옹기종기 모여 있

함께,
히말라야

다. 나는 행여 주인이 그들에게 눈치라도 줄까 싶어 그들과 함께 마실 차와 럭시를 주문한다. 주방 내부는 반짝반짝 윤이 나게 닦아놓은 그릇들이 가지런히 정돈되어 있다. 그리고 오지 산골과는 어울리지 않는 가스레인지와 소파뿐 아니라 TV와 위성전화까지 있어 오지 마을 속 별천지 같다.

| 히말라야에 빨래하러 왔니?

해가 질 무렵 드디어 눈이 그쳤다. 어제 저녁부터 내린 눈은 약 30㎝ 정도 쌓였다. 눈이 그쳤다고는 하나 군사 위쪽은 눈이 더 많이 왔을 가능성이 크기에 내일 운행이 가능할지는 미지수이다. 나는 밀린 빨랫감을 들고 서둘러 빨래터로 향한다. 타오는 딛고 앉은 자리가 버쩍버쩍 얼 정도로 추운 날씨에 빨래를 하는 내 모습을 걱정스러운 듯 쳐다본다.

"그냥 안 빨면 안 되겠어?"

"안 돼. 오늘이 아니면 빨래를 할 시간도 없잖아."

나는 타오의 만류에도 불구하고 엄청난 양의 빨래를 억척스럽게 해치웠다.

"문 버이니, 또 빨래했어?"

마카르는 대야 가득 빨래를 담아온 나를 보고 빙글대며 웃는다. 나는 그 웃음의 의미를 알고 있다. 그와 마칼루 트레킹을 갔을 때 나는 물이 나오지 않는 곳을 빼고는 하루도 거르지 않고 빨래를 했었다. 나의 빨래 사랑에 마카르는 "한국에서는 빨래 못 해? 다음에는 물 잘 나오는 우리 동네로 트레킹 와. 거기에서는 매일 빨래 할 수 있어."라고 말 할 정도였다. 거기다 한 술 더 떠 스태프들은 나를 "워싱 버이니"라고 불렀다.

그때는 땀에 전 옷을 입기가 몹시도 싫었다. 그런데 여행에서 돌아와 생각해보니 설산을 보러 간 히말라야에서의 추억은 빨래를 하던 것이 대부분이었다. 이후 나는 빨래에 대한 집착을 버렸지만 아직은 깨끗하게 포기가 안 된다.

저녁식사 후 마카르가 방으로 찾아왔다.

"문 버이니, 눈이 많이 와서 내일 캉파첸으로 가는 길이 너무 위험할 것 같은데. 포터들도 많이 힘들 것 같고….."

그는 말끝을 흐리더니 어렵게 말을 이어간다.

"그래서 말인데, 내일 하루 더 쉬는 것이 어떨까?"

"네, 그래요. 안전하게 가는 게 좋죠."

아마도 가이드 쭈레가 나와 친한 마카르에게 일정 조율을 부탁한 것 같았다. 마카르는 내가 흔쾌히 그의 요청을 받아들이자 환한 얼굴을 하고 돌아간다.

8일차. 군사

| 황금알을 낳는 닭

"누나! 모닝 티!"

람의 노크소리에 일어나자마자 날씨부터 확인한다. 다행히 하늘은 눈부시게 쾌청하고, 대지에는 온기가 그득하다. 지난밤은 방안에서도 장갑을 낀 손이 시려올 정도로 춥더니 봄의 변덕스러움은 도무지 종잡을 수가 없다.

"찌아 한 잔 할래요?"

"괜찮아. 나는 찌아는 별로야."

타오는 예상대로 손사래를 친다.

"마카르가 만든 건 다른 찌아하고는 차원이 다르다니까. 그러니까 맛만이라도 봐요."

나의 거듭된 권유에 그는 마뜩찮은 표정으로 한 모금을 들이킨다.

"와! 이건 정말 맛있네!"

그는 갑자기 눈이 휘둥그레지며 탄성을 내지르더니 자신의 컵에 한가득 찌아를 따라 마시기 시작한다. 며칠 전에만 해도 우유가 들어간 것을 마시면 설사를 한다고 하더니 그 사이 체질이 바뀐 모양이다. 이후 타오는 밤낮으로 찌아를 마시는 찌아 애호가가 되었다.

네팔 사람들이 즐겨 마시는 찌아는 홍차에 우유와 설탕을 넣어 만들지만 신선한 우유가 귀한 트레킹 중에는 분유를 타서 만드는 것이 일반적이다. 타오의 체질이 갑작스레 바뀐 이유는 어쩌면 분유가 든 찌아를 마셔서인지도 모른다.

낮이 되니 햇볕은 더욱 강렬하게 내리쬐고 그 열기는 따뜻하다 못해 뜨거울 정도다. 덕분에 아침까지만 해도 동태처럼 꽁꽁 얼어있던 빨래는 김을 뿜어내며 마르기 시작한다. 어제 눈을 피해 처마 밑에서 지루한 시간을 보냈을 야크들은 마당에 나와 눈을 퍼먹으며 마당을 헤집고 다니고, 허줄아마 꾸꾸르는 야크들을 쫓느라 바쁘다.

스태프들은 찬연하게 쌓인 눈에 너나 할 것 없이 선글라스를 꺼내 쓰고는 처마 밑에서 해바라기를 한다. 나는 선글라스를 벗어 일광욕을 즐기고 있는 허줄아마 꾸꾸르에게 씌워주었다. 그러자 포터들은 박장대소하며 기념사진을 찍어야 한다고 난리다. 람은 마당 구석에서 눈을 뭉쳐 작은 눈

사람을 만들더니, 대뜸 나에게 주는 선
물이라고 한다. 지난 트레킹에서도 많
은 애교로 사랑을 독차지했던 녀석이
었는데, 변하지 않은 순수함이 고맙다.

　훤칠한 키에 이목구비가 뚜렷한 바르
카스는 군사까지 오는 내내 포터들 중
가장 뒤처졌다. 그런 그가 안쓰러워 다
른 포터들보다 더 그를 챙기며 사탕을
쥐어주곤 했다. 솔직히 잘생긴 외모도
내가 사탕을 건네는 이유 중 하나였다. 반면 그는 쑥스러워서인지 절대로
고맙다는 말을 하지 않았고, 나를 누나라고 부르지도 않았다. 그렇게 무뚝
뚝한 바르카스에게도 오늘의 휴식은 꽤나 달콤한지 기분이 좋아 보인다.
슬며시 그의 곁에 다가가 함께 사진을 찍자니 그의 얼굴에 옅은 미소가
번진다.

　오늘은 스태프들의 몸보신을 위해 닭을 잡기로 했다.

　"마카르 다이! 닭 한 마리에 얼마예요?"

　"5천 루피."

　"네? 5천 루피요?"

　한화로 5만 원이 넘는 닭 값에 놀란 나는 그가 농담을 하는가 싶어 되물
었다. 그는 깜짝 놀라 눈이 동그라진 내 표정이 재밌는지 웃으며 고개를 끄
덕인다.

　"아니, 이 동네 닭들은 황금알이라도 낳는 거예요? 비싸도 너무 비싸네
요!"

가격 흥정을 위해 쭈레와 마카르를 앞세워 주인집 주방으로 향했다.

"까까(이모부)~ 닭이 너무 비싸요. 두 마리를 살 테니까 조금만 깎아주시면 안 될까요?"

나는 주인 할아버지에게 팔짱을 끼고는 혀가 꼬부라지는 애교를 부리며, 값을 깎아 달라고 졸랐다. 그러자 할아버지는 흔쾌히 값을 깎아 주셨고, 우리는 큰 닭 2마리를 8천 루피에 살 수 있었다.

| 007 샤워

오후가 되어 트레킹 이후 한 번도 하지 못한 샤워를 하기로 한다.

람은 매일 아침저녁으로 수도꼭지가 달린 플라스틱 통에 따뜻한 물을 가져다준다. 하지만 그 물로는 간단한 세안을 할 수 있을 뿐 머리를 감거나 샤워는 할 수 없다. 한국에서는 하루가 멀다 하고 샤워를 하는 우리에게 트레킹을 하면서 땀에 젖은 몸을 씻지 못한다는 것은 고역이 아닐 수 없다. 사람들이 많이 찾는 에베레스트나 안나푸르나, 랑탕 지역의 경우 허름하긴 해도 샤워를 하는 호사를 누릴 수 있다. 하지만 칸첸중가나 마칼루 같은 오지의 경우 샤워는 말 그대로 꿈같은 일이다.

이전에 마칼루 트레킹을 끝내고, 아룬 밸리를 거쳐 메라 피크를 등반한 적이 있다. 저지대를 지나는 아룬 밸리는 얼마나 더운지 땀을 비 오듯 흘린 몸은 소금범벅이었다. 찝찝함이 극이 달한 나는 결국 오밤중에 계곡물에 뛰어들었다. 어둠 속에서 헤드랜턴을 켜고 히말라야의 빙하가 녹은 물에 샤워를 한다는 것은 정말로 짜릿한 경험이었다.

군사는 칸첸중가 지역에서 샤워를 할 수 있는 마지막 마을이다. 설령 위쪽의 고지대에서 샤워를 할 수 있다 하더라도 체온이 떨어져 고산증세가 나타날 수 있다. 때문에 해발고도 3,000m가 넘어서면 샤워를 하지 않는 것이 좋다.

로지의 마당 한편에는 나무로 지은 샤워실이 있지만 수도가 없어 데운 물을 가져다 샤워를 해야 한다. 나의 샤워는 007 작전을 방불케 했다. 주인 할아버지가 주방에서 데운 물을 샤워실 앞에 가져다주면 타오는 재빨리 문을 열고 안쪽으로 넣어주는 식이다. 한 양동이에 400루피(한화 약 4천 원)인 따뜻한 물은 머리를 감기에도 부족한 양이라 도중에 물이 모자라는 상황이 발생했다. 나무가 귀한 이곳에서 뜨거운 물은 곧 돈이다. 그래서인지 타오의 말에 따르면 물을 가져다주는 주인 할아버지는 물통이 무거워 힘들어 하면서도 표정은 연신 싱글벙글하셨다고 한다.

샤워를 마치고 나오니 마카르가 먹음직스럽게 보이는 네팔식 닭볶음탕을 내왔다. 방목하여 길러진 닭고기는 칡뿌리를 씹는 것처럼 질기지만 맛은 최고다. 스태프들보다 먼저 식사를 하는 우리가 많이 먹게 되면 그들에게 돌아가는 양은 적다. 그 사실을 알고 있는 우리는 맛만 보고는 파스타로 식사를 대신한다. 나는 치킨을 주문하면 늘 1인 1닭을 고수할 만큼 고기를 좋아한다. 그러나 오늘의 닭은 우리가 아닌 스태프들을 위한 것이니 하루쯤은 참기로 한다. 타오는 그런 나의 마음을 잘 알고 있었다. 그 역시 스태프들이 우리를 위해 얼마나 고생하는지 잘 알고 있기에 좋아하는 고기를 마다했다.

타오는 길을 걷다 포터들과 마주쳐도 괜찮으냐는 말 한마디 건네는 법이 없다. 대신 나에게 슬쩍 사탕을 찔러주며 포터들에게 전해주도록 했다. 여태 단 한 번도 그들에게 먼저 말을 거는 법이 없을 정도로 과묵한 성격이지만, 오늘 보니 스태프들을 위하는 마음은 히말라야의 계곡처럼 깊다. 그런 그가 나와 평생을 함께 할 사람이라는 것이 오늘따라 더 감사하게 느껴진다.

9일차. 군사 - 캉파첸

[이동거리: 15.2km / 고도 455m↑]

┃ 나를 미치게 만드는 히말라야

지난밤 매서운 산골 추위가 닥쳐 대지가 꽁꽁 얼어붙었다. 뼛속까지 스며드는 찬 기운에 종종걸음으로 군사를 벗어나자 길은 눈 덮인 숲속으로 이어진다. 숲 왼편 아래로는 군사 콜라가 흐르고 있다. 콸콸콸 쉼 없이 흐르는 강물소리에 발을 맞춰 강 가까이 내려서자 길은 산사태로 쏟아져 내린 돌길 위를 가로지른다. 순백의 계곡은 크리스털처럼 빛난다. 길가에 아무렇게나 쓰러진 고목은 노간주, 낙엽송과 조화를 이루며 장관을 이룬다. 푸르른 빙하의 속살을 훤히 드러내고 솟아있는 갸부르 피크(Ghabur Peak, 6,044m)는 그 위용이 대단하다.

계곡을 따라 숲길을 오르내리며 고도를 높이니 어느덧 숲과 관목의 경계가 뚜렷하게 보이는 수목한계선에 도달했다. 나무가 없어지자 가파른 돌길 오르막이 이어진다. 가쁜 숨을 몰아쉬며 힘겹게 걸음을 내딛다 보니, 어느덧 고도는 4,000m를 넘어선다. 동시에 가벼운 두통과 함께 다리에 힘이 들어가지 않는다. 고산증세가 나타나기 시작한 것이다.

고지대의 희박한 산소는 사람을 미치게 만든다. 잠시만 몸을 움직여도

시근벌떡 숨이 차오르니 숨 쉬는 것 자체가 고통이다. 그러다가도 고소에 적응이 되고 나면 무슨 짓을 해도 괜찮으니 과학책에서 볼 수 있는 인체의 신비를 몸소 경험하게 된다.

히말라야에서 사람을 미치게 만드는 건 또 있다. 그것은 시도 때도 없이 나타나는 위험천만한 길이다. 급경사의 랜드 슬라이드 구간을 통과해야 한다. 만약 이곳에서 미끄러지게 된다면 저 아래 군사 콜라까지 약 200m 정도를 추락하게 된다. 길 위에는 여전히 많은 눈이 쌓여 있다. 낮 동안 윗부분이 살짝 녹은 눈길은 상당히 미끄럽다. 보조 가이드 크리슈나는 포터들이 미끄러질 것을 대비해 그들의 뒤를 따른다.

바로 그때! 딥이 미끄러졌다. 동시에 크리슈나가 딥을 낚아챘다. 하지만 딥은 너무 놀란 나머지 계속해서 버둥대며 몇 번이나 넘어진다. 결국 크리

슈나는 겁에 질린 딥의 짐을 대신 짊어지고 위험 구간을 통과한다. 하마터면 큰 사고로 이어질 뻔했던 순간이었다.

이번에는 내 차례다. 마음 같아서는 쭈레에게 이곳에 고정 로프를 깔아 달라고 하고 싶었다. 하지만 대부분 큰 탈 없이 지나가는 이곳에서 그런 요구를 했다가는 나를 이상한 여자로 취급할 것이 분명했다. 숨을 죽여 가며 랜드 슬라이드 구간을 통과하고 있을 때 허줄아마 꾸꾸르가 나타났다. 개는 날개라도 단 듯 껑충껑충 뛰어 순식간에 내 곁을 지나간다. 순간 너무 놀란 나머지 몸이 휘청한다. 뒤따라오던 타오도 마찬가지다. 하마터면 동시에 부부가 같이 미끄러져 계곡물에 목욕을 할 뻔했다.

랜드 슬라이드 구간을 지나니 계곡이 넓어지며 시야가 트인다. 야크 방목지인 람푹 카르카(Rampuk Kharka)를 지나 계곡의 왼쪽으로 돌아가면 캉파첸(Khangpachen, 4,050m)이다. 캄바첸(Kambachen)이라고도 불리는 캉파첸은 안개에 뒤덮여 아무것도 보이지 않는다. 십여 채의 집이 전부인 마을의 로지는 돌을 쌓아 만들었다. 허름한 로지의 벽에는 연료로 쓰기 위한 야크 똥이 더덕더덕 붙어있다. 시설은 열악하기 그지없다. 내부의 벽은 물론이고 바닥 역시 흙을 개어 만들었다. 나무로 짠 엉성한 침대 두 개가 겨우 들어가는 로지의 방은 몸을 돌리기가 어려울 정도로 비좁다. 전기는 당연히 들어오지 않는다.

짐을 풀자마자 타오는 마당에 나와 수낭 호스를 수리한다. 고도가 높아질수록 기온이 낮아지다 보니 호스의 물이 어는 것을 막기 위해 은박 매트로 감싸는 작업이다. 하지만 그는 '꽝 손'이라 불릴 만큼 손재주가 없는 사람이라 모양새가 영 이상하다. 하지만 스스로는 꽤 만족하는 눈치다.

그 사이 나는 허줄아마 꾸꾸르를 찾으러 나선다. 추운 날씨에 어디에서 떨고 있는 건 아닌가 하는 나의 걱정과는 달리 개는 낮 동안 해가 들어 온기가 남아있는 로지 뒤편에 자리를 잡고 있었다. 반갑게 꼬리를 흔드는 개에게 점심 도시락에서 남겨 뒀던 빵과 햄을 건네자 개 눈깔 감추듯 순식간에 먹어치우고는 꼬리가 빠져라 흔들어 재낀다.

 한편 나는 고산증이 심해지는지 도통 입맛이 없다. 억지로 욱여넣은 밥은 아무 맛도 느껴지지 않는다. 머리는 쪼개질 듯 아프고, 가만히 누워있어도 하늘이 빙 도는 것처럼 어지럽다. 고산증은 의지로는 이겨낼 수 없다. 이보다 증세가 심해진다면 고도를 낮춰 내려갔다가 다시 올라와야 한다. 생각만으로도 귀찮은 일이다. 그런 불상사를 피하려면 따뜻한 물을 많이 마시고, 몸을 따뜻하게 해야 한다. 무엇보다 감정 기복이 심한 것은 좋지 않다. 감성이 차고 넘치는 나에게는 가장 어려운 일이다. 이럴 땐 자극을 최소화하기 위해 일찍 잠자리에 드는 것이 상책이다.

10일차. 캉파첸 - 로낙

[이동거리: 14.5km / 고도 455m↑]

| 은빛 향기 가득한 로낙으로 가는 길

   캉파첸 마을을 감싸고 있는 사르푸 연봉(Tanga=Sarphu mountains)은 파란 하늘 아래 화려한 순백의 자태를 뽐내고 있다. 어제는 좀처럼 모습을 드러내지 않던 쿰바카르나(Kumbhakarna, 7,711m) 역시 선명하게 솟아올랐다. '히말라야 거벽의 상징'이라고 불리는 쿰바카르나는 '자누(Januu)'라는 이름을 가지고 있다. 1958년 이곳을 처음 정찰한 프랑스 사람들이 산의 모습이 마치 그리스신화에 나오는 두 개의 얼굴을 가진 야누스와 같다고 하여 그렇게 이름을 붙였다. 실제로 이 산은 완만한 경사의 남벽과는 달리 북벽은 90도가 넘는 아찔한 바위벽이 수직으로 삼천 미터에 달한다. 그 모습은 사나우면서도 위엄이 있다. 현지인들은 산 정상에 금과 은으로 만들어진 한 쌍의 닭이 살고 있다는 전설을 믿으며 성스럽게 여긴다.

   쿰바카르나 옆에는 처녀의 젖가슴처럼 봉긋하게 솟은 소비 통제(Sobi Thongje, 6,670m)와 폴레소비 통제(Pholesobi Thonje, 6,645m), 갸부르 피크(Ghabur Peak, 6,044m)가 막힘없이 펼쳐져 조화를 이루고 있다. 그 황홀경에 아침부터 넋을 잃을 지경이다.

    마을 뒤편의 야트막한 언덕을 오르니 군사 콜라는 오른쪽 저 아래 굽이치며 흐른다. 아침햇살에 계곡을 감싼 봉우리들이 하나둘 물들기 시작하자 탁 트인 고산지대의 풍경이 펼쳐진다. 특히 반짝이는 구름 위로 정교하게 조각해놓은 듯 날카로운 빙하를 두르고 있는 메라 피크(Mera Peak, 6,364m)는 환상처럼 아름답다.

    고도가 높아질수록 주변의 풍경은 황량하게 바뀌고, 관목과 바위가 뒤섞인 거친 너덜길이 이어진다. 길 곳곳에는 눈이 많이 왔을 때를 대비해 길잡이가 되어 주는 긴 나무막대가 세워져 있다. 길 왼편에는 무너져 내린 산의 일부분이 크고 작은 바위를 드러낸 채 거대한 석상처럼 서 있다. 하필이면 우리가 지나는 길 쪽으로 기울어져 있어 돌이 하나라도 떨어져 나오면 금방이라도 와르르 무너질 것만 같아 불안하다. 산사태로 쏟아져 내린 바위 사이를 재빠르게 통과한다. 고산증세로 인해 가만히 있어도 숨이 차오르는데, 그곳을 뛰다시피 지나다 보니 심장이 멎을 것 같다.

낙석구간을 지나자 가쁜 숨에 대한 보상이라도 하듯 얼어붙은 칸둔추 폭포가 빙하가 되어 장관을 이루고 있다. 현지인들이 신성하게 여긴다는 폭포는 보는 이로 하여금 절로 탄성을 자아낼 만큼 독특하고 아름답다. 숨 돌릴 틈도 없이 파도치듯 기이하게 만들어진 빙폭에 마음을 빼앗겼다. 자연은 위대한 조각가라는 말을 다시금 확인하는 순간이다.

| 야크 보험

황량한 모레인 지대의 바위 위에는 백골이 되어버린 산양(Himalayan blue sheep)의 머리뼈가 장식품처럼 놓여 있다. 주변에는 산양의 뼈와 가죽이 이리저리 흩어져 있다. 눈표범의 사냥 흔적이다.

칸첸중가는 험준한 고산지대에 서식하는 고양잇과 야생동물인 눈표범이 서식하는 곳이다. 눈표범은 제 몸무게의 3배까지 사냥할 수 있는 히말라야의 최상위 포식자로, 주로 산양이나 염소, 토끼 등을 잡아먹는다. 하지만 몇 년 전까지만 해도 칸첸중가 지역에서는 기후변화로 인한 서식지 파괴로 먹잇감을 구하지 못한 눈표범들이 새끼 야크나 가축들을 공격하는 일이 있었다.

군사의 주민 히말리 충다 셰르파는 어렸을 때 부모를 도와 야크 목축을 하며 생활했다. 그가 열여덟 살이던 어느 날 눈표범의 공격으로 새끼 야크 세 마리를 잃었다. 이에 그는 눈표범의 은신처를 찾아내어 눈표범 새끼 3

마리를 자루에 담아 강물에 던져 보복했다. 이후 며칠 동안 산에서는 인간에 의해 새끼를 잃은 눈표범이, 아래의 목초지에서는 눈표범에 의해 새끼들을 잃은 야크 어미가 밤새 울부짖었다.

그 울음소리에 히말리 충다는 자신이 어떤 죄를 지었는지를 깨닫고, 심한 죄책감에 시달렸다. 이런 식으로는 야크뿐 아니라 눈 표범도 머지않아 사라질 것이라 생각해 세계자연기금(WWF) 네팔 지부를 찾았다. 그곳에서 그는 눈표범의 공격으로 인한 야크 피해를 보상하고 멸종 위기에 놓인 눈표범을 보호할 수 있는 야크 보험을 만들었다.

2017년 기준 야크 한 마리당 연간 300루피(한화 약 3,000원)의 보험료를 내면 눈표범의 공격으로 야크가 희생될 경우 9,000루피(한화 약 90,000원)를 보상해준다는 것이다. 현재 칸첸중가 지역에는 약 18마리의 눈표범이 있고, 야크 보험은 칸첸중가 지역을 시작으로 돌포 지역까지 확대되었다.

| 알고도 속아주는 배려

로낙(Lhonak, 4,780m)에 가까워지자 백색 향기가 가득한 설산의 파노라마가 펼쳐진다. 물결치듯 내려오는 칸첸중가 빙하(Kanchenjunga Gl.)를 시작으로 피라미드 피크(Pyramid Peak, 7140m)와 파티바라 히말(Pathibhara Himal, 6,837m), 김미젤라(Gimmigela, 6,415m)는 구름의 움직임에 따라 모습을 달리하며 만년설 거봉들의 향연을 펼친다. 기대 이상의 풍경에 입이 떡 벌어진다.

군사 이후 로지의 시설은 너무도 열악하다. 먼지가 이는 흙바닥과 나무판자로 대충 엮어놓은 지붕은 바람이 숭숭 들어온다. 돌을 쌓아올린 벽에 창문이 있을 리 만무하다. 허름한 침대 위에 침낭을 꺼내 놓고, 군사에서부터 우리와 동행하고 있는 허줄아마 꾸꾸르와 주변 산책에 나선다. 현재 우리 팀은 타오와 나를 포함해 모두 열두 명인데 아무래도 이 녀석을 특별 팀원으로 추가해야 할 것 같다.

칸첸중가 빙하의 말단부에 위치한 로낙에서는 영어로 '쐐기 모양의 산'이란 뜻의 웻지 피크(Wedge Peak, 6,750m=Chang Himal)와 김미젤라(Gimmigela, 6,415m)를 아주 가까이서 볼 수 있다. 웻지 피크와 함께 나란히 솟아오른 설산 김미젤라는 그 자체로도 아름답지만 끝자락에 드레스를 입은 여인의 모습을 한 석상이 있어 멋을 더한다.

사람이 살지 않는 로낙은 나무판자와 돌을 쌓아 만든 작은 티 하우스만이 두어 개 있을 뿐 다른 건물은 없다. 지금 로낙에 머물고 있는 트레킹 팀은 군사에서부터 우리와 같은 일정으로 움직이고 있는 캐나다인 세 명과 우리뿐이라 로낙의 오후는 너무도 한적하다.

내일은 칸첸중가 북면 베이스캠프인 팡페마로 간다. 오늘 아침 쭈레는 내일 팡페마에서 캠핑을 하는 대신 로낙에서 당일치기로 다녀오는 게 어떻겠냐고 물었지만, 나는 로낙에서의 컨디션을 보고 결정하겠다고 했다. 앞으로 높은 고도의 고개를 수없이 넘기 위해서는 조금이라도 고도가 높은 곳에서 잠을 자고 내려오는 것이 고소에 적응하는 데 유리하기 때문이다.

저녁식사 전 쭈레가 찾아왔다.

"문 버이니, 내일 팡페마에서 꼭 자야 해? 거기는 고도가 5천 미터가 넘어서 바람이 많이 부는 데다 물을 구하려면 먼 곳까지 가야 되거든. 그래서 말인데, 여기서 당일치기로 다녀오는 건 어떨까?"

그는 조심스레 내 눈치를 살피며 아침에 했던 말을 반복하더니 말을 이어간다.

"그리고 군사에 주방 텐트도 맡겨 놓고 와서 팡페마에서 스태프들이 잘 곳도 없어. 만일 내일 날씨가 좋아서 여기 주인이 팡페마에 텐트를 쳐주면 캠핑은 할 수 있는데, 그렇지 않으면 못 해."

"알았어요. 그럼 당일치기로 다녀오도록 하죠."

쭈레는 팡페마에서 캠핑을 할 수 없는 상황에 대해 구구절절 설명했다. 그가 일부러 키친 텐트를 놔두고 온 건지, 아니면 가져왔는데 거짓말을 하는 건지 알 수 없었다. 분명한 건 이들이 팡페마에서 캠핑을 하기 싫어한다는 것이었다.

스태프들은 직업 특성상 여러 번 이곳에 올 수 있는 기회가 있기에 팡페마에서의 캠핑 유무가 중요하지 않을 것이다. 하지만 우리에겐 처음이자 마지막 기회일 수 있다. 그들이 이런 우리의 마음을 몰라주는 것 같아 섭섭한 마음이 들었다. 그에게 계약한 일정과 다르지 않느냐고 따져 물을 수도 있었지만 나는 아무 말도 하지 않았다. 앞으로 많은 일정이 남아 있는 데다 이런 일로 화를 내어 감정적으로 불편한 트레킹을 하고 싶지 않았기 때문이다.

사실 쭈레의 의견을 받아들인 건 이보 전진을 위한 일보 후퇴 작전이기도 했다. 장기간 진행되는 히말라야 트레킹은 스태프들과 얼마나 잘 조화를 이루냐가 중요하다. 내가 고용인이라고 해서 무조건 나를 따라야 한다는 원칙을 강요하는 건 시한폭탄을 안고 트레킹을 하는 것과 같다. 가급적 그들의 의견을 존중하고, 양보하고 싶었다. 그것은 알고도 속아주는 배려이기도 했다.

쭈레는 자신들의 계획대로 되어 기뻤는지 어깻짓에 발뒤축을 들썩이며 신이 난 표정으로 돌아갔다. 난 그의 뒷모습을 보며 '내가 정말 아무 것도 모를까봐?' 하며 헛웃음을 지었다. 갑자기 일정을 변경하게 된 후 타오는 캐나다인들의 내일 일정을 참고하기 위해 그들을 만나러 나갔다. 잠시 후 돌아온 그는 그들 역시 팡페마에서 캠핑을 하지 않기로 했다고 한다. 나는 아무래도 우리 팀과 그 팀의 스태프들이 서로 짠 것 같다며 보이지도 않는 쭈레를 향해 눈을 흘겼다.

11일차. 로낙 - 팡페마 - 로낙

[이동거리: 26km / 고도 363m↑↓]

❘ 허줄아마 꾸꾸르의 선물

　오늘은 쭈레, 크리슈나와 함께 팡페마에 다녀오기로 했는데 웬일인지 포터 몇 명이 뒤따라온다. 아마도 오랜만에 일을 하는 포터들 중 고소적응이 필요한 이들이 따라나선 모양이다. 바람이 불어 제법 추위가 느껴지지만 여럿이 함께 걸으니 소풍을 가는 것처럼 기분이 들떠 마음은 봄날이다.

　허줄아마 꾸꾸르도 우리를 따라나섰다. 드넓은 고지대의 벌판을 뛰어다니며 천혜의 자연을 만끽하던 개는 우리가 미처 보지 못하고 지나쳤던 산양의 사체를 물고 왔다. 오그라든 가죽과 뼈가 하얗게 드러난 산양의 사체는 이곳이 진정 야생이 살아 있는 곳이라는 걸 느끼기에 충분하다. 허줄아마 꾸꾸르 역시 야성이 살아있는 개였다. 개는 꼬리를 빳빳이 세우고 얼마 남지 않은 산양의 살점을 뜯어 먹기 시작한다. 넋을 놓고 그 모습을 지켜보고 있을 때 쭈레가 산기슭을 가리킨다. 산양 무리가 있다는 것이다. 그런데 아무리 쳐다봐도

대지와 비슷한 색깔의 산양은 구분이 되지 않아 어디에 있는지 찾을 수가 없다.

허줄아마 꾸꾸르는 그런 내가 답답했는지 금세 산으로 달려 올라가 그중 한 마리를 우리 쪽으로 몰고 내려온다. 믿을 수 없는 광경이다. 요 며칠 동안 내가 밥을 챙겨준 것에 대한 보답이었는지 아니면 야성이 살아있는 개의 호기심이었는지는 모른다. 그러나 산양을 보고 좋아하는 나를 본 개는 이후로도 몇 번이나 같은 행동을 반복한다. 덕분에 우리는 손에 잡힐 듯 아주 가까운 거리에서 산양을 볼 수 있는 행운을 얻었지만, 한편으로는 개에게 쫓겨 수난을 당하고 있는 산양이 안쓰럽다.

우리의 행운은 텐트 피크(Tent Peak=Kirat Chuli, 7,362m)와 네팔 피크(Nepal Peak, 7,177m)의 웅장한 모습과 마주하며 이어진다. 강렬한 태양 아래 천상의 빛을 발하고 있는 설산을 바라보며 한 발 한 발 정성 들여 팡페마를 향

해 걷다 보니 길은 빙하가 후퇴하며 무너진 절벽 아래로 향한다.

낙석의 위험이 도사리고 있는 곳을 지나려니 식은땀이 나서 선뜻 발길이 떨어지지 않는다. 망설이고 있는 나를 보며 크리슈나가 먼저 재빠르게 그곳을 지나간다. 그 모습에 나 역시 용기를 내어 그의 뒤를 따른다. 포터 딥이 뒤따라오던 중 '쿵' 하는 소리와 함께 길 바로 옆 산비탈이 무너진다. 우르르 무너져 내린 흙더미는 한동안 먼지를 일으키며 계속해서 흘러내린다.

놀란 가슴을 진정시키기도 전에 길은 또다시 아치형으로 파인 비탈 사면 아래로 이어진다. 집채만 한 바위와 자갈이 아슬아슬하게 박혀 있어 수시로 무너지는 곳을 통과하려니 속이 메스꺼린다. 마음 같아서는 로낙으로 되돌아가고 싶지만 여기까지 왔는데 포기할 순 없다. 위험한 상황에 대비하기 위해 주의를 기울이며 한 명씩 조심스레 통과하기로 한다. 숨죽이며 한 발 한 발 침착하게 발을 내딛지만 그곳을 통과하는 사람도, 그것을 지켜보는 사람도 간이 쪼그라드는 건 매한가지다.

어느덧 고도는 5천 미터를 넘어서고, 팡페마에 가까워졌다. 높이 올라온 만큼 다시금 고산증세가 나타나기 시작한다. 타오 역시 컨디션이 나빠지기 시작했는지 딥에게 배낭을 맡긴다. 로낙에서 함께 출발했던 포터 중 띠르떼와 인드라는 도중에 소리 없이 로낙으로 되돌아갔지만, 딥은 이제부터 타오의 배낭을 들어줘야 하니 되돌아갈 수가 없다. 우리 때문에 휴식을 반납하게 된 그에게 미안한 마음이 든다.

┃길 끝에서 만난 산들의 왕

칸첸중가 북면 베이스캠프인 팡페마(Pangpema, 5,143m)는 히말라야 횡단 트레일 하이 루트(Great Himalaya Trail High Route)의 동쪽 시작점이기도 하다. 팡페마에 가까워질수록 경미한 두통과 함께 점차 걷는 속도가 느려지고, 숨이 차기 시작한다. 하지만 고단함도 잠시, 칸첸중가 옆에 위치한 쌍둥이 봉(The Twins=Gimmigela Chuli, 7,350m)이 모습을 드러내더니 때마침 빙하 위를 힘차게 비상하는 히말라야 독수리가 나타났다. 하늘을 덮을 듯 커다란 날개를 쭉 뻗어 설산을 누비는 독수리의 강렬하고 역동적인 날갯짓은 설산만큼이나 매력적이다.

그리고 마침내! 우리는 세계 3위 봉 칸첸중가(Kanchenjunga Main, 8,586m)와 마주했다.

타플레중부터 꼬박 일주일을 걸어야만 볼 수 있는 칸첸중가!

막다른 길 끝에서 마주한 칸첸중가는 '산들의 왕'이라 불리기에 충분했다. 발아래 은빛 갑옷을 두른 서슬 퍼런 거봉들을 거느리고 매서움을 과시하는 칸첸중가는 몸서리쳐질 만큼 황홀하다. 그 아래로 소리 없이 넘실대며 뻗어 내린 빙하는 화룡점정을 찍는다. 뿐만 아니라 칸첸중가 빙하 쪽으로 조금만 더 가까이 다가가면 칸첸중가의 정상뿐 아니라 다섯 개의 칸첸중가 봉우리 중 얄룽캉과 캉파첸까지 한눈에 볼 수 있으니 점입가경이다.

칸첸중가를 마주보고 앉아 눈부신 설산의 장엄한 풍경에 빠져있다 보니 쭈레가 로낙으로 되돌아가야 된다며 길을 재촉한다.

'고지대에 너무 오래 머문 탓일까?'

시간이 갈수록 두통이 심해지고, 몸은 천근만근이다. 지나왔던 길을 따

라 지루하고도 힘겹게 한 시간쯤 걷다 보니 키친 보이 람이 점심 배달을 왔다. 앞으로 가야 할 길이 멀기에 식사를 해보려 하지만 도통 입맛이 없다. 그런 나와는 달리 허줄아마 꾸꾸르는 배가 고픈지 도시락을 여는 람 앞에 앉아 얌전히 기다린다. 마치 우리의 밥상이 아닌 개 밥상을 차리는 것 같다.

나의 컨디션이 좋지 않다는 것을 눈치 챈 쭈레가 내 배낭을 메고 가겠다고 한다. 여태껏 내 배낭은 절대 남에게 맡기지 않는다는 철칙을 지켜왔지만 아무래도 오늘은 그것을 내려놓아야 될 것 같다.

가벼워진 몸과는 달리 '우리가 이렇게 먼 길을 걸어왔나?'라는 생각이 들 정도로 좀처럼 로낙이 나타나지 않는다. 게다가 쭈레가 내 배낭을 메고 간 후부터 이상하게도 허리가 아파지기 시작한다.

타오 역시 컨디션이 점점 나빠지고 있다. 그는 점심식사를 야크 치즈 한 조각으로 때우더니 이제는 저체온증이 오는지 고산 등반용 재킷을 껴입고 힘겹게 걸음을 옮긴다. 누군가 그의 복장을 봤다면 아마도 칸첸중가 정상을 오르고 있는 줄 알았을 것이다.

늦은 오후가 되자 바람이 거세게 불며 기온이 빠르게 떨어지기 시작한다. 온몸이 얼어붙는 것 같다. 매서운 바람을 안고 걸어가던 나는 우모 재킷을 꺼내 입었다. 평소 같았으면 땀을 뻘뻘 흘리며 걸어야 했을 복장이었는데도 오늘은 얼마나 추운지 땀이 나질 않는다. 허리는 부러질 것처럼 아프고, 다리는 풀려 돌아가는 길이 여간 고역스러운 게 아니다.

타오는 로지에 도착하자마자 쓰러져 버렸다. 나는 물통에 뜨거운 물을 받아 그의 침낭 안에 넣어주고, 얼굴에 찬바람이 들어가지 않도록 보온 재킷을 덮어주었다. 마카르는 그가 걱정됐는지 우리가 비상용으로 맡겨두었던 전투 식량 비빔밥에 물을 듬뿍 넣어 죽처럼 끓여왔다. 비빔밥이 죽으로 변신한 것을 보고 황당하긴 했지만 맛은 나름 괜찮다.

타오를 일으켜 밥을 먹인 뒤 내일 출발에 대비해 짐을 정리한다. 사실은 나도 허리가 너무 아파서 쉬고 싶은 마음이 굴뚝같다. 하지만 조금이라도 괜찮은 내가 짐 정리를 할 수밖에 없다. 물론 내일 아침에 일어나 짐 정리를 할 수도 있지만 정리정돈이 안 되어 있으면 잠을 잘 수 없는 고약한 성격 탓에 어쩔 도리가 없다.

어두컴컴한 로지 안에서 헤드랜턴 불빛에 의지한 채 허리를 굽히고 끙끙대며 정리를 하고 있자니 허줄아마 꾸꾸르가 저녁밥을 달라고 문 앞에서 기다리고 있다. 오늘 하루 특별 팀원으로 함께 한 개를 위해 남겨둔 밥을 내어줬다. 개는 순식간에 밥을 먹어치운 뒤 어둠 속으로 사라진다. 아프다고 하면서도 개밥까지 챙기느라 바쁜 나 자신이 우스워 웃음이 난다.

타오의 배낭을 들어준 딥에게 감사의 뜻으로 1,500루피(한화 15,000원)를 건넸다. 그들의 하루 일당은 1,500루피로 여행사에 수수료를 주고 밥값을 제외하면 그들에게 돌아가는 돈은 1,000루피가 채 되지 않는다. 그는 뜻밖의 돈을 받아들고는 함박웃음을 지으며 기뻐한다. 앞으로 남은 일정이 많은 만큼 돈을 아껴 써야 했지만, 노동의 대가는 순수하게 지불하는 것이 당연한 도리이기에 아깝다고 생각하진 않았다. 돈을 받아들고 행복한 표정으로 돌아가는 그의 뒷모습을 보니 오히려 내가 큰 선물을 받은 느낌이다.

해가 지자 로낙은 짙은 안개 속에 잠겼다. 나도 지친 몸을 누이지만 아픈 타오를 보니 좀처럼 잠이 오질 않는다. 마카르 역시 그를 걱정했다. 그는 타오가 6천 미터가 넘는 곳을 넘어야 하는 앞으로의 일정을 잘 소화해낼 수 있을지 걱정이 된다고 했다. 나 역시 그것이 마음에 걸리긴 하지만 이제 와서 일정을 변경할 수는 없으니 그가 컨디션을 회복하기만을 바랄 수밖에 없다.

12일차. 로낙 - 캉파첸 - 군사

[이동거리: 29.7km / 고도 1,185m↓]

| 내가 찾은 다섯 개의 보석

부스럭거리는 소리에 눈을 뜨니, 언제 일어났는지 타오가 짐을 싸고 있다.

"몸은 좀 어때?"

"컨디션이 회복되다 못해 아주 가뿐해."

"내가 간밤에 오빠를 걱정하느라 뜬눈으로 밤을 지새운 거 알아?"

나는 어제와는 다르게 밝은 그의 목소리에 안도의 한숨을 내쉬면서도 투정을 늘어놓는다. 그러자 그는 "코까지 골며 잘만 자고 있던데?"라며 나를 놀린다.

오늘은 지나온 길을 되짚어 군사까지 하산을 한다. 올라올 때는 군사에서 이틀에 걸쳐 이곳에 왔지만 하산길이니만큼 고소적응의 필요성이 없어 하루 만에 내려가는 것이다. 찌릿찌릿한 추위 속에 걸음을 재촉한다. 칸둔추 폭포 옆 낙석구간은 낮이 되면 밤새 얼어있던 사면이 녹으면서 돌이 떨어질 위험이 크기 때문이다.

람탕 카르카(Ramtang Kharka, 4,370m)에 다다르자 다섯 개의 보물이 있다는 칸첸중가가 또렷하게 모습을 드러낸다. 그리고 그때 번쩍! 다섯 개의 보

물이 무엇인지 떠올랐다. 그것은 쿰바카르나 정상에 살고 있다는 금과 은으로 만들어진 한 쌍의 닭, 다양한 보석의 색깔처럼 형형색색으로 피어나 칸첸중가의 산기슭을 물들이는 랄리구라스, 꼬도로 만든 칸첸중가의 대표 민속주 뚱바, 상서로운 티베트 경전이 새겨져 있는 룽다와 초따르였다.

　다섯 개의 보석을 찾았다는 기쁨에 도취되어 걷다 보니 어느덧 낙석 위험구간이다. 내 앞으로는 캐나다인들의 포터들이 잰걸음으로 그곳을 지나고 있다. 그들의 뒤를 바짝 쫓으며 위험구간을 지나고 있을 때 지나온 길 위로 크고 작은 돌 몇 개가 떨어진다. 불안한 마음에 그들이 조금 더 빨리 걸어주길 바라지만 맨발에 슬리퍼를 신고 무거운 짐을 지고 가는 그들을 재촉할 수는 없으니 마음만 급할 뿐이다. 그들은 안전한 곳에 다다라서야 짐을 내려놓고 안도의 숨을 내쉰다. 이마에 송골송골 맺힌 땀을 닦는 그들에게 사탕 몇 개를 건넸다. 달콤한 사탕이 고된 일상을 잠시라도 잊게 해주길 바랐던 것이다. 그들은 고맙다는 말과 함께 순박한 웃음을 지어 보인다.

지나왔던 길을 되짚어 내려오며 마주한 쿰바카르나와 어깨를 나란히 하고 솟아오른 연봉들은 가까이 다가갈수록 거대한 기운이 극에 달해 한시도 눈을 뗄 수 없다. 길 건너의 깎아지른 절벽 위에서 백여 미터의 낙차를 두고 쏟아지는 폭포는 탄성을 내지르게 만든다. 그것은 보는 이의 마음까지 시원하게 하다못해 갑작스럽게 요의를 느끼게 한다. 며칠 새 눈이 녹은 숲은 봄의 향기로 가득하다. 머리를 맑게 하는 노간주나무의 싱그러운 향을 맡으며 다정한 숲길을 지나고, 봄을 담고 부지런히 흘러가는 강가를 오르내리다 보니 어느덧 군사에 도착했다.

스산해지는 늦은 오후. 쭈레가 방문을 두드린다.

"문 버이니, 내일 우리가 돈을 조금씩 모아서 염소 한 마리를 잡으려고 하는데, 찬조금을 조금 줄 수 있을까?"

"그럼요. 당연히 우리도 내야죠! 그런데 염소는 얼마예요?"

"9천 루피."

나는 흔쾌히 염소 값과 함께 럭시 값까지 얹어 돈을 내놓았다.

"근데 염소 값이 왜 이렇게 싸요?"

"아까 내가 염소 주인을 만나서 샤블라 샤블라 했거든."

그는 어깨를 쭉 펴며 으쓱해한다.

'며칠 전 닭 두 마리를 8천 루피에 샀는데, 염소 한 마리가 9천 루피라니.'

이럴 줄 알았으면 지난번에 염소를 잡을 걸, 후회가 된다.

13일차. 군사

오늘은 이틀 후 넘어야 하는 낭고 라(La=고개)를 대비해 군사에서 휴식을 취하는 날이다.

맑은 날씨를 확인하자마자 빨래를 하기 위해 마을의 수돗가에 자리를 잡았다. 포터들 역시 빨래를 하기 위해 하나둘 모여들기 시작한다. 그러자 좁은 수돗가는 발 디딜 틈 없이 붐빈다.

포터들의 세탁 방법은 간단했다. 그들은 비눗물에 담근 빨래를 몇 번 주물럭거린 다음 두어 번 헹궈 물이 뚝뚝 떨어지는 빨래를 들고 돌아간다. 나는 빨래에서 여전히 거품이 난다며 조금 더 헹구고 가라고 잔소리를 하지만, 그들은 이 정도는 괜찮다며 개의치 않는다. 그 모습을 보니 남자들이란 한국이나 네팔이나 똑같다는 생각이 든다.

로지의 마당 한편에서 머리 시커먼 남정네들이 머리를 맞대고 무언가에 열중하고 있다. 가까이 다가가 들여다보니 크리슈나가 뜯어진 옷깃을 꿰매고 있는데 잘되지 않는 모양이다. 나는 미리 챙겨간 바늘과 실을 꺼내 들고 옷깃의 안과 겉이 다 찢어져 있는 티셔츠를 안팎으로 두 번 바느질을 해

서 감쪽같이 수선을 했다. 그러자 크리슈나는 바느질 자국이 남지 않게 옷
을 수선한 나의 솜씨에 깜짝 놀라며 믿기지 않는 듯 눈이 휘둥그레진다. 어
깨가 으쓱해지는 순간이다.

포터 딥은 무딘 바늘을 들고 등산화를, 인드라는 손가락이 다 터진 장갑
을 꿰매느라 진땀을 뺀다. 나는 재빨리 방으로 달려가 등산화 수선용 본드
를 딥에게 건넸다. 인드라는 자신이 꿰맬 수 있다며 나의 호의를 사양하지
만, 나는 거의 뺏다시피 하여 장갑을 가져와 꿰맨다. 그런 나를 본 띠르떼
는 가랑이가 찢어진 바지가 창피했는지 얼른 감추지만, 이번에도 나는 바
지를 강탈해와 바느질을 한다. 다행히 나의 바느질 솜씨는 재봉틀 못지않
게 괜찮은 편이라서 모두들 만족해한다.

참견은 여기서 그치지 않았다. 약통을 통째로 들고 나온 나는 감기에 걸린 쭈레와 인드라에게는 감기약을, 무릎이 아픈 가네쉬에게는 소염제를 발라 마사지를, 넘어져 무릎이 까진 바르카스까지 치료를 해주며 마당을 헤집고 다녔다. 그리고는 "나는 히말라야의 나이팅게일이다!"라고 말하면서 포터들에게 더 아픈 곳이 없는지 물었다. 이런 내 모습을 지켜보던 타오는 온갖 것에 참견을 하고 다닌다며 나에게 "참견 버이니(참견하는 여동생)"라는 별명을 지어주었다.

정오가 되자 따사로운 햇살과 함께 바람이 살랑살랑 불어온다. 바람에 춤추며 잘 말라가는 빨래와 함께 암비카는 마당에 누워 달콤한 낮잠을 즐기고, 다른 포터들은 해바라기를 하며 시간을 보낸다. 우리와 함께 팡페마에 다녀온 허줄아마 꾸꾸르도 고단했는지 낮잠을 자느라 움직이지 않는다.

우리가 가게 될 곳의 지도를 스태프들 앞에 펼쳤다. 그들은 기다렸다는 듯 지도를 들여다보기 시작한다. 그도 그럴 것이 앞으로 우리가 가야 할 칸첸중가와 마칼루를 연결하는 구간은 스태프들 중 아무도 가본 이가 없다. 그나마 낭고 라는 칸첸중가 지역 사람들이 심심찮게 오가는 고개이고, 타플레중이 고향인 크리슈나가 가본 경험이 있다. 하지만 룸바 삼바 구간은 우리에게 미지의 곳이나 다름없다. 특히 히말라야 횡단 트레일 하이 루트 중 마칼루 구간은 다른 구간에 비해 고도가 높아 위험하고 어려운 여정이다. 또한 닷새 동안 마을이 없는 곳도 있어 긴장이 더할 수밖에 없다.

마카르는 오전 내 마을을 다니며 앞으로 먹을 식량을 준비하느라 바쁜 시간을 보낸다. 내일 군사를 떠나면 사흘 동안 민가가 없는 오지를 통과해야 하기 때문에 엄청난 양의 쌀과 부식이 필요하다. 손이 빠른 그는 어느새 식량 정리를 마치고 맛있게 차를 끓여 나왔다. 그때 람이 자신의 발보다 훨

씬 큰 쭈레의 삼중화를 신고 나타났다.

"누나! 나 어때?"

람은 간드러지는 웃음소리와 함께 몸을 좌우로 흔들며 매무새를 가다듬는다. 간단한 옷차림에 자신의 발보다 훨씬 큰 삼중화를 신은 람은 마치 기다란 각목다리를 낀 키다리 아저씨 같다. 그의 우스꽝스러운 모습에 모두가 한바탕 웃어젖힌다. 애교 많은 람 덕분에 잠깐의 티타임이 더욱 넉넉해진다.

| 네가 감히 우리 버이니를?

저녁식사 전 옆지기가 짜증이 가득한 얼굴로 투덜대며 들어온다.

"왜 그래? 무슨 일 있어?"

"라메쉬가 MP3를 빌려달라고 해서 싫다고 했어."

"잠깐 빌려주면 되지. 왜 그런 걸로 치사하게 애한테 상처를 줘?"

"뭐, 치사해? 넌 잘 알지도 못하면서 왜 말을 그렇게 하냐?"

"아니면 아니라고 말하면 되지. 왜 소리를 질러?"

그는 자신의 말을 끝까지 들어보지도 않고 무조건 라메쉬를 감싸는 것이 서운했던 건지 화를 내며 언성을 높였다. 나도 그에게 고성으로 응수했다. 우리는 마당까지 들릴 정도로 큰소리로 다투기 시작했고, 싸움은 결국 내가 울음을 터뜨리고서야 끝이 났다.

잠시 뒤 밖에 나가 머리를 식히고 돌아온 그가 입을 열었다.

"어제도 라메쉬한테 MP3를 빌려줬었는데, 음악을 듣고는 로지 한구석에 던져 놨더라고. 그래서 짜증이 나서 그랬어."

"미안해. 내가 오해했네. 근데 있잖아…."

나는 왜 포터들에 대해 각별히 생각하게 되었는지 지난 얘기를 털어놓기 시작했다.

3년 전 에베레스트 트레킹을 갔을 때 남체에서 하산하던 날이었다. 전날 많은 눈이 내린 데다 한파가 몰아쳐 길이 꽁꽁 얼어있었다. 내가 출발 준비를 하고 있을 때 나와 같은 로지에 머물던 나이 지긋한 한국인 트레커가 포터를 불렀다.

"이것 좀 끼워봐."

그는 아주 당당하게 포터에게 체인젠을 던졌다. 당황한 포터는 잠시 머뭇거리더니 곧 찬 바닥에 무릎을 꿇고 거만한 자세로 앉아 있는 그의 신발에 체인젠을 끼웠다. 그러자 이제 됐다는 듯 흡족한 표정을 짓는 트레커와는 달리 키친 보이는 속상한 표정을 감추지 못했다. 추위에 손은 벌게졌다. 깨끗했던 손은 물론이고, 무릎을 꿇는 바람에 바지까지 더러워졌다. 화가 치밀어 올랐다. 그런 짓을 한 트레커에게 화가 났고, 그것을 보고도 아무 말도 하지 못한 나에게 화가 났다.

이때부터였다. 나와 함께 하는 이들만큼이라도 아끼고 존중하겠다고 생각했다. 이들은 순수하고 마음이 여린 사람들이다. 그럼에도 불구하고 몇몇 몰지각한 사람들의 멸시와 천대로 인해 마음에 상처를 받고 모멸감을 느끼면서도 일을 한다. 가족의 생계를 위해 모든 것을 감내하는 것이다. 포터들은 추위로부터 자신들을 보호할 수 있는 제대로 된 옷가지 하나 없는 남루한 차림이다. 트레커들이 신고 있는 튼튼한 등산화는 꿈도 못 꾼다. 그들에게 신발은 눈이 오나, 비가 오나 늘 슬리퍼가 대신한다. 등산양말은커녕 얇은 양말마저도 없는 이들이 많다. 먹는 것 또한 넉넉지 않다.

알량한 돈 몇 푼으로 무거운 짐을 지게 하는 것이 과연 옳은 일인지에 대한 고민을 하기도 했다. 그러나 포터 일에 기대어 생계를 이어가는 것을 알기에 늘 그들과 함께 했다. 아픈 손가락이었기에 그들에 대한 내 마음은 각별할 수밖에 없었다. 지난 일을 회상하니 눈물이 쏟아졌다. 조용히 내 얘기에 귀를 기울이던 타오는 눈물을 닦아주며 나를 달래주었다.

마카르는 오늘 잡은 염소로 맛있는 저녁식사를 내왔다. 염소 내장에 피를 넣고 소금으로 간을 해 볶아낸 '언드라부리'는 입에서 살살 녹을 만큼 맛이 좋다. 마카르는 분명 방금 전 크게 다퉜음에도 불구하고 아무 일 없다

는 듯 웃으며 식사를 하고 있는 나의 표정을 조심스레 살피더니 타오가 알

아듣지 못하도록 네팔어로 말을 걸어온다.

"문 버이니, 괜찮아?"

"네. 괜찮아요."

내가 퉁퉁 부은 눈으로 웃음을 보이자 그는 안도의 표정을 지으며 밖으

로 나간다.

"너랑 싸우고 밖으로 나갔더니 포터들이 나를 짐승 쳐다보듯이 보더라

고."

"그랬어? 우리가 너무 큰소리로 싸웠나봐."

"그게 아니라 다들 '네가 감히 우리 버이니를?' 이런 표정이었다니까."

이 사건이 있은 후 일주일이 지났을 때 나는 마카르로부터 황당한 질문

을 받았다.

"문 버이니. 군사에서 김 썰한테 많이 맞았어?"

당시 우리가 다투는 소리를 들었던 스태프들은 내가 타오에게 맞아서 울

음을 터뜨린 줄 알았다고 한다. 그래서였을까? 화를 삭이려 밖으로 나간

타오를 짐승처럼 쳐다봤다고 하니 얼마나 황당무계한 소리인지 나는 한참을 깔깔대며 웃었다.

배부르게 저녁식사를 마친 뒤 카메라를 챙겨들고 주인집으로 향했다. 허줄아마 꾸꾸르가 얼마나 특별한 개인지 주인 부부에게 보여주기 위해서다. 허줄아마 꾸꾸르가 산양을 몰고 내려오고, 사체를 물어뜯는 동영상을 본 주인 내외는 허줄아마 꾸꾸르에게 이런 모습이 있는지 몰랐다며 놀라는 눈치다. 사람도 풍족하게 누리지 못하는 산간마을에서 개에게 밥을 챙겨주는 것은 고사하고, 들어오는지 나가는지 관심이 없는 건 어쩌면 당연한 일인지도 모른다. 그렇기에 반려까지는 아니더라도 미간이 찌푸려질 정도로 마른 개에게 밥이라도 챙겨줬으면 하는 마음이었고, 난 이것이 며칠간 함께 하며 정이 든 허줄아마 꾸꾸르를 위한 내 마지막 선물이 되었으면 했다.

그러는 사이 스태프들이 하나둘 주인집 주방에 모여들고, 우리는 옹기종기 붙어 앉아 담소를 나눈다. 포터들은 TV를 시청하며 네팔어를 따라 하는 내 모습이 재밌는지 나의 말투를 따라하며 웃는다. 네팔 사람들은 깜짝 놀랐을 때 "엄멈멈멈머"라고 추임새를 넣는다. 나도 처음 네팔에 왔을 때 여자들에게나 어울릴 것 같은 그런 추임새를 남자들이 말하는 것을 들고는 배꼽을 잡고 웃었다.

라메쉬는 스태프들과 대화를 하며 네팔 사람처럼 그런 추임새를 넣는 내가 무척이나 재미있어 보였는지 입이 찢어져라 웃기 시작하고, 나도 그런 그를 보며 웃는다. 그렇게 모두들 밝은 표정으로 군사에서의 마지막 밤을 보낸다.

14일차. 군사 - 낭고 라 캠프

[이동거리: 9km / 고도 565m↑]

| 낭고 라를 향해 야생 속으로

　군사를 떠나면 올랑춘 골라까지 사흘 동안 민가가 없는 곳을 지나야 한다. 포터들은 사흘 치 식량을 고스란히 지고 가야 하기에 짐의 양이 만만치 않다. 쭈레는 도꼬 안에 짐을 넣었다 빼기를 반복하는 포터들을 보더니 망설임 없이 무거운 텐트를 자신의 배낭으로 옮겨 담는다. 보통의 가이드들은 절대로 포터들의 짐을 들어주지 않는다. 짐을 드는 순간 타인의 눈에 포터로 보이기 때문이라고 한다. 그럼에도 불구하고 스스럼없이 포터들의 짐을 덜어주는 쭈레가 다시 보인다.

　떠날 채비를 마친 뒤 로지를 나서려니 아쉬운 마음에 발걸음이 쉬이 떨어지지 않는다. 칸첸중가 북면 베이스캠프를 오가느라 나흘을 머무른 탓일 것이다.

　출발 전 떠오르는 아침 태양을 조명 삼아 단체로 사진을 찍고 가기로 한다. 타오가 카메라 셔터를 누르며 "치즈"라고 말하자, 라메쉬가 "네팔에서는 치즈가 아니라 야크 치즈"라고 말해야 한다고 한다. 우리는 다 같이 "야크 치즈"를 외쳤지만 원래 야크는 수컷을, 암컷은 나크(nak)로 "나크 치즈"

라고 해야 맞는 말이다.

마을을 벗어날 즈음 허줄아마 꾸꾸르가 나타났다. 그간 정이 들어두고 가는 것이 내내 마음에 걸렸는데, 이렇게 배웅을 나와 주니 마음이 뭉클해진다. 개는 군사 콜라를 건너는 다리까지 따라와 우리를 배웅했고, 나는 허줄아마 꾸꾸르와의 마음 따스한 추억을 가슴에 품고 군사를 떠난다.

낭고 라 캠프로 가는 길은 헬기 추락 메모리얼 뒤편의 양마 삼바 콜라(Yangma Samba Khola)가 흐르는 계곡을 따라 올라간다. 낭고 라

는 칸첸중가 지역과 티베트로 가는 길을 연결해주는 고갯길 중 하나로 목축을 하는 현지인들이 종종 오가기는 하나 트레킹 루트는 아니다. 하지만 몇 년 전 GHT가 개발되면서 현재까지 손가락으로 꼽을 만큼의 적은 수의 트레커들이 낭고 라를 넘었다.

앞서간 마카르가 바닥에 그려 놓은 화살표를 따라 가파른 산길을 오른다. 랄리구라스와 노간주나무가 우거진 숲에는 커다란 통나무가 제멋대로 쓰러져 길을 막고 있다. 하늘을 향해 곧게 뻗은 나무들은 가지마다 혹처럼 울퉁불퉁하게 이끼를 뒤집어쓰고 있다.

포터들은 무거운 짐이 힘에 겨운지 땀을 비 오듯 흘리며 몇 걸음 가다 쉬

기를 반복한다. 힘들어하는 그들을 보니 마음이 편치가 않다. 우리는 점심 도시락에 들어있던 비스킷과 초콜릿을 그들에게 양보해 미안함과 고마움을 대신한다.

정글 속 돌길 오르막을 지나니 어느덧 고도는 훌쩍 높아져있다. 눈앞에

는 탁 트인 계곡 사이로 키 작은 관목과 산사태로 쏟아진 황량한 너덜길이 펼쳐져 또 다른 풍경을 선사한다. 저 멀리 오르막 끝에는 내일 넘어야 하는 낭고 라가 올려다 보인다.

야크 방목지인 낭고 라 캠프(Nango La Camp, 4,160m)에 도착해 텐트를 치는 동안 계곡에서 밀려온 구름은 우리가 지나온 길을 뒤덮었다. 아직 낮 시간이지만 이미 날이 저무는 것 같은 느낌이 들 정도로 스산해진다. 트레킹을 시작한 후로 늘 정오가 지나면 어김없이 구름이 몰려오는 이 지역의 날씨 탓에 앞으로 가야 할 길에 대한 걱정이 밀려온다.

흐려진 날씨에 기온이 떨어지자 포터들은 산에서 나무를 주워와 불을 피워 몸을 녹인다. 젖은 나무에서 피어오르는 연기와 안개가 뒤섞여 숙영지를 뒤덮고, 적막한 산중에는 오직 우리뿐이다. 그동안은 타오를 위해 시설이 좋든 나쁘든 로지에서 생활을 했는데, 오늘부터는 마을도 로지도 없으니 선택의 여지없이 텐트에서 자야 한다. 드디어 꿈에 그리던 야생 속에서의 트레킹이 시작된 것이다.

15일차. 낭고 라 캠프 - 낭고 라 - 카르카 캠프

[이동거리: 10.7km / 고도 616m↑ 976m↓]

| 한국 남자들은 행운아야!

해가 떠오르자 고봉 사이에 자리한 낭고 라 캠프에는 매서운 바람이 불어온다. 포터들은 입김이 뿜어져 나오는 추위 속에 손을 호호 불어가며 낭고 라를 향해 출발한다. 길은 키 작은 관목과 바위가 뒤섞여 이어진다. 다행히 며칠 전 내린 눈이 모두 녹아있어 걷기가 수월하다. 곧 계곡 사이로 해가 비치고 푸른 하늘은 더욱 선명해져 가슴이 탁 트이는 후련한 풍경을 만들어낸다.

낭고 라에 가까워질수록 바윗길은 더욱 거칠어져 숨이 가빠온다. 그래도 며칠 전 이곳보다 높은 고도에 위치한 팡페마에 다녀와 고소에 적응이 되어 있는지라 폐가 타는 것 같은 고통은 없다.

거친 돌길을 올라 바위산 아래에 다다르니 가파른 산사면 아래 낭고 라 정상으로 가는 길이 보인다. 지그재그로 난 길을 따라 앞서 오르고 있는 포터들의 발걸음은 어제보다 가볍다. 그중 몇 명은 벌써 낭고 라 정상 근처에 다다랐다. 그 모습을 보니 나도 빨리 정상에 서고 싶은 욕심이 생겨 걸음을 재촉한다.

　낭고 라(Nango La, 4,695m)에서는 동쪽의 셸레 라와 미르긴 라가 시원하게 내다보인다. 북쪽으로는 캉파첸에서 보았던 사르푸 산군과 함께 사막 같은 고산 풍경이 펼쳐진다. 그림 같은 풍경은 낭고 라 정상에서 바람에 휘날리는 오색 룽다와 어울려 더욱 빛을 발한다.

　이번 여정을 준비하면서 가장 중요하면서도 위험하다고 꼽은 곳 중 하나가 바로 낭고 라였다. 하지만 걱정과는 다르게 큰 어려움 없이 낭고 라를 올랐으니 마음이 개운하다. 그것은 스태프들도 마찬가지다. 군사를 떠나오기 전 마을 주민들로부터 눈이 많이 내리면 낭고 라를 넘기 위험하다는 얘기들 들었던 그들은 아침까지만 해도 긴장한 표정이 역력하더니 지금은 여유가 넘친다.

　낭고 라는 보편화된 트레킹 코스가 아니기 때문에 현지 주민을 제외하고는 포터들도 와보기 어려운 곳이다. 그렇기에 이들에게도 이곳에 왔다는 건 분명 특별한 의미인 것 같다. 들뜬 표정으로 미소를 짓고 있는 그들을 보니 뿌듯함이 배가 된다.

낭고 라 너머의 하산 길은 올라온 길과는 다르게 엄청난 양의 눈이 쌓여 있다. 반사된 눈에 스태프들의 피부가 상하지 않도록 서둘러 자외선 차단제를 꺼내 들었다. 처음에는 다들 쑥스러워 손사래를 치더니 곧 얼굴을 디밀고 가만히 있는다. 다들 싫지는 않은 모양이다. 가까이서 마주한 스태프들의 얼굴은 처음 만난 사람처럼 낯설다. 마카르는 주름은 내 기억보다 훨씬 깊게 패어 있고, 띠르떼는 의외로 피부가 좋다. 크리슈나는 인도의 영화배우처럼 잘생겼고, 딥의 눈은 더 선해 보인다. 나는 그들의 얼굴을 매만지며 고마운 얼굴 하나하나를 마음에 새긴다.

포터들은 가뜩이나 검은 얼굴이 더 타지 않게 됐다며 고맙다는 인사를 건넨다. 그러자 쭈레는 여기에 한술 더 떠 "네팔 와이프는 맨날 잔소리에 바가지만 긁는데, 한국 여자들은 이렇게 상냥하니 한국 남자들은 행운아야!"라며 넉살 좋은 농담을 던지니 모두들 배꼽이 빠져라 웃는다.

나는 그대들을, 그대들은 나를

정오가 가까워지면서 눈은 빠르게 녹기 시작했다. 습기를 잔뜩 머금은
눈은 잠시만 긴장을 풀어도 쭉쭉 미끄러진다. 급경사 내리막으로 접어드
니 적설량은 바닥을 가늠할 수 없을 정도로 엄청나 말 그대로 눈을 헤치며
내려가야 하는 상황이다.

50kg에 육박하는 짐을 지고 내려가는 포터들은 난리가 났다. 그들은 허
리까지 빠지는 눈 속에 빠져 허우적거리고, 짐을 떨어뜨리며 우왕좌왕이
다. 쭈레와 나는 길을 내기 위해 서둘러 포터들이 있는 곳으로 내려간다.
윗부분만 살짝 굳어있는 눈은 내가 지나갈 때에는 괜찮더니, 무거운 짐을
진 포터들이 지나가면 푹푹 꺼져버려 그들의 발목을 잡고 있다. 포터들은
낭고 라 정상에서의 해맑은 표정은 간 데 없고, 모두들 진이 빠져 자포자기

한 표정이다.

쭈레와 나는 러셀(Russel: 적설을 헤치고 길을 개척하며 전진하는 일)을 하기 시작한다. 그러는 동안 타오는 포터들의 뒤를 봐주며 짐을 고쳐 메는 포터들을 돕는다. 우리는 부실한 중국제 얇은 천운동화를 신은 포터들의 신발이 젖지 않도록 촘촘히 눈을 다지며 길을 낸다. 허리까지 빠질 정도로 깊게 눈이 쌓여 있는 이곳에서의 러셀은 듬성듬성 길을 내는 것보다 몇 배로 힘이 들고, 시간도 오래 걸린다. 하지만 나의 작은 노력으로 포터들의 수고로움을 덜 수 있다는 생각을 하니 신기하게도 힘이 솟는다. 그런 내 마음을 알기라도 하듯 포터들은 "버이니(여동생)가 최고"라며 나를 추켜세운다.

낭고 라를 내려오며 한바탕 난리를 겪고 난 포터들은 눈이 쌓여 있지 않은 작은 바위에 모여 앉아 숨을 돌린다. 알록달록한 스카프로 얼굴을 싸매고 옹기종기 모여 있는 모습들은 마치 장타령꾼들 같아 웃음이 난다. 장타령꾼 대열에 합류한 나와 타오는 요리사가 준비해준 점심 도시락에 사탕과 과자를 보태어 포터들에게 양보하고, 대신 전투식량 하나를 나눠 먹기로 한다. 오늘처럼 점심식사를 할 장소가 없을 경우에는 티벳탄 빵과 햄 두

조각, 야크 치즈 한 조각으로 이루어진 단출한 도시락으로 점심을 대신한다. 하지만 그것은 트레커인 우리들에게만 해당된다. 우리보다 더 힘든 일을 하는 포터들은 저녁이 될 때까지 짜파티(밀과 잡곡을 섞어 납작하게 만든 네팔의 전통 밀떡) 몇 장으로 주린 배를 채운다. 그런 것들이 늘 마음에 걸렸던 나는 그들 앞에서 무언가를 먹는다는 것이 죄스럽기까지 했다. 내 마음이 편하려면 콩 한 쪽이라도 나눠먹는 게 나았다.

간단하게 요기를 한 우리는 다람살라(Daramsala)를 향해 출발한다. 다람살라는 '휴식처'를 의미하는데, 티베트어로 '영혼의 안식처'란 뜻을 가지고 있다. 다람살라에서부터는 크고 작은 바위가 널려 있는 타사 콜라(Thasa Khola) 계곡을 따라 내려간다. 계곡은 온통 찌말나무로 덮여있다. 찌말나무는 가지와 잎이 랄리구라스와 비슷하지만, 키가 작고 개화 시기가 2달 정도 느리다. 쭈레의 말로는 흰색, 노란색, 보라색으로 피는 찌말 꽃은 랄리구라스보다 더 화려하고 예쁘다고 한다.

낭고 라를 내려오며 지체된 시간을 만회하기 위해 속도를 낸다. 하지만 뒤따라오는 포터들의 모습이 보이지가 않아 자꾸만 신경이 쓰인다. 쭈레는 우리보다 한참이나 뒤처진 포터들이 걱정됐는지 오늘의 목적지를 변경하는 것이 어떻겠냐고 묻는다. 원래 오늘의 목적지는 이곳에서 두어 시간 정도 떨어진 양마 콜라(Yangma Khola)에 있는 숙영지(3,400m)였다. 하지만 계획보다 중요한 것은 안전이기에 나는 쭈레의 의견을 받아들이기로 한다.

타사 콜라가 흐르는 곳으로 내려오니 길은 물길을 따라 이어진다. 강물에 휩쓸려 간 길은 흔적이 모호하다. 나는 뒤에 오는 스태프들이 길을 잃지 않도록 강가의 바위 위에 돌을 쌓아 케언(Caim)을 만들었다.

 오후 3시, 타사 콜라 옆 침엽수림으로 둘러싸인 카르카(Kharka, 3,800m)를 숙영지로 정했다. 아직 낮 시간이라 조금 무리를 한다면 원래의 목적지인 양마 콜라까지 갈 수도 있다. 하지만 힘든 하루를 보낸 스태프들을 배려해 야 했다. 또한 오후가 되면 급격하게 흐려지는 이곳의 날씨를 고려했을 때 오늘은 이곳에서 트레킹을 끝내는 것이 좋을 것 같았다.

 나는 러셀을 하느라 질퍽해진 등산화를 벗어두고, 젖은 양말을 빨기 위 해 강가로 향한다. 타오는 지친 기색 하나 없이 빨래는 물론이고, 차디찬 강물에 세수까지 하고 온 나를 보고는 "히말라야의 철녀"라며 혀를 내두 른다.

 포터들은 언 몸을 녹이기 위해 산에서 나무를 주워 불을 피우기 시작한 다. 나뭇가지부터 큰 통나무까지 얼마나 많이 주워왔는지 온 산을 다 태울

기세다. 젖은 나무에 등유를 붓
자 불꽃이 피어오르고, 매캐한
연기가 카르카를 메운다. 그들은
모닥불 한쪽에서 젖은 신발과 양
말을 말리고, 다른 한쪽에서는
밥 지을 준비를 한다.

 람은 언제 준비했는지 모닥불에서 방금 꺼내온 감자를 들고 왔다. 그런
데 분명 텐트 밖에 타오가 앉아 있었음에도 불구하고, 람은 굳이 텐트 안
에 있는 나를 부르며 감자를 들이민다. 그러고 보니 지금까지 람은 모닝 티
를 가져올 때도, 세숫물을 가져다줄 때도, 식사를 가져올 때도 타오를 부른
적이 단 한 번도 없다. 물론 람이 타오를 싫어하거나 무시해서 그러는 것이
아니라는 건 그도 잘 알고 있다. 하지만 매번 팀의 막내인 람에게 투명인간
대접을 받는 타오를 생각하니 웃음이 터져 나온다.

 마카르는 산중에서 이런 밥상을 받아도 되나 싶을 정도로 푸짐하고 근
사한 저녁식사를 내왔다. 때와 장소를 불문하고 식사 때마다 정성을 다하
는 마카르 덕분에 우리는 히말라야 오지 한가운데에서 만찬을 즐긴다. 마
카르는 오늘도 다른 때와 마찬가지로 식사를 하는 우리를 살피며 맛있냐
고 묻는다. 타오는 내가 조언해준 대로 엄지손가락을 치켜세우며 연신 맛
있다며 칭찬을 한다. 그러자 마카르는 "썸 타임 미토 처, 썸 타임 미토 처이
나(때로는 맛있고, 때로는 맛이 없고)"라며 겸손을 떤다. 하지만 그는 예상
했던 대로 세상을 다 가진듯한 행복한 표정을 짓고 있다. 적지 않은 나이인
그 역시 눈 쌓인 낭고 라를 넘어오느라 힘들었을 텐데 오늘도 맛있는 음식
을 준비해 준 그에게 더욱 감사한 마음이 든다.

16일차. 카르카 캠프 - 양마 콜라- 올랑춘 골라

[이동거리: 20km / 고도 1000m↓ 391m↑]

| 맛있는 랄리구라스

 오늘은 칸첸중가 최후의 오지마을인 올랑춘 골라로 간다. 게다가 군사를 떠나온 지 사흘 만에 다시 마을이 있는 곳으로 가는 것이기에 설렘은 배가 된다.

 카르카 뒤쪽으로 난 길을 따라 들어간 숲속에는 나뭇가지 사이로 맑은 햇살이 은빛 쇠막대기처럼 내리 뻗치고 있다. 숲에는 지난밤 비에 씻겨나 간 향기를 채우려는 듯 짙은 초록의 향기가 진동을 한다. 길은 숲 안쪽으로 들어갈수록 희미하다. 그나마 앞서 이곳을 지나간 사람들이 밟아 이끼가 자라지 않은 바위는 좋은 이정표가 되어준다.

 양마 콜라(Yangma Khola, 3,430m)로 내려서는 길은 산사태로 무너져 바위와 진흙이 뒤엉켜 가파르게 이어진다. 아침부터 식은땀이 등줄기를 훑고 내려간다. 양마 콜라에서 올랑춘 골라로 가기 위해서는 계곡을 따라 남쪽으로 내려가야 한다. 계곡을 거슬러 북상해 국경 마을인 양마를 거쳐 가리 라(Ghari La, 5,746m)를 넘으면 티베트에 도달하게 된다. 이 길은 양마와 올랑춘 골라를 잇는 교역로로 주로 쌀과 소금, 공산품, 약재, 야사굼바

(Yarsagumba 동충하초) 등이 거래된다.

아슬아슬한 길이 이어지는 양마 계곡은 몇 년 전 큰 홍수가 난 듯 엉망이 되어 있었다. 곳곳에 속살을 훤히 드러내고 있는 산사면, 뿌리를 드러낸 채 처참하게 꺾여 나뒹구는 아름드리 고목은 당시의 위력을 짐작케 한다. 계곡은 중간 중간 길이 끊어진 곳이 많다. 그때마다 우리는 엉성한 나무다리를 이용해 강을 넘나든다. 강가에는 한 무리의 야크들이 한가로이 풀을 뜯고 있다. 인적 없는 곳에 갑자기 나타난 우리를 보고 놀란 야크들은 털벙털벙 강물로 도망가고, 그런 야크들을 본 우리 역시 놀라긴 마찬가지다.

계곡을 따라 내려오다 보니 스태프들이 식사 준비를 하고 있다. 아직 11시가 채 되지 않았지만 이곳을 지나면 물을 구할 수 있는 곳이 없기 때문이다. 야크 똥이 지천에 널려 있어 파리가 바글거리는 곳에 돗자리를 펴고 앉아 식사를 기다린다. 따사롭게 내려오는 태양 아래 앉아 있자니 똥 냄새가 나든 말든, 파리가 들러붙든 말든 스르르 눈이 감겨 간만에 오침까지 즐기며 여유를 느껴본다.

계곡을 벗어나 숲으로 접어드니 대나무가 하늘이 보이지 않을 정도로 빽빽하게 우거져 있다. 어두컴컴한 숲의 길목에는 흰색 룽다가 일렁이고 있어 으스스한 느낌이 든다. 거기다 좁은 길가의 대나무는 누군가의 쿠크리(네팔의 전통 칼)에 의해 날카롭게 잘려나가 우리를 겨누고 있으니 타오는 "까딱 잘못했다간 죽창에 찔려 죽을 것 같다."라며 섬뜩해 한다.

산기슭에는 랄리구라스가 만개해있다. 며칠째 심한 감기에 걸려 고생을 하고 있는 쭈레는 싱싱한 랄리구라스 꽃을 따더니 독성이 있는 수술은 버리고 꽃잎을 입에 넣고 오물거린다.

"그거 먹어도 괜찮아요?"

"목이 아플 때 먹으면 치료에 도움이 되거든."

"정말요? 맛은 어때요?"

호기심 많은 나는 그를 따라 꽃잎을 입속으로 가져왔다. 시큼하면서 달콤한 맛이 나는 랄리구라스 꽃잎은 말 그대로 꽃 맛이다. 감미로운 꽃 맛에 매료된 나는 꽃잎을 한 움큼 집어 들었다. 그러자 쭈레는 많이 먹으면 탈이 난다며 손을 휘젓는다.

실제 랄리구라스의 꽃과 잎은 약재로 쓰
이지만 독성이 있어 과용하면 위험하
다. 랄리구라스 꽃으로 만든 주스는
황달, 당뇨, 간 기능 저하, 이질에 효과
가 있으며 특히 목에 걸린 생선가시를
녹이는 데 탁월하다고 하니 아주 흥미
롭다. 또 잎을 이마에 붙이면 두통에 효과
가 있다고 하는데, 이날 이후 나는 랄리구라스
를 볼 때면 예쁘다는 말과 동시에 먹고 싶다는 말이 함께 나왔다.

베일에 싸인 소수부족

   양마 콜라와 타모르 콜라의 합류 지점에서 타모르 계곡으로 들어섰다.
평탄한 숲길을 따라 계곡을 오르자 길은 산사태로 댕강 잘려나가 속살을
훤히 드러낸 절벽을 가로지른다.
   '세상에, 저기를 지나가야 하는 건가?'
   산사태로 떠밀린 통나무와 바위로 뭉개진 계곡은 움씰움씰 뒷걸음치게
만든다. 어쩔 수 없는 선택이었겠지만, 무너진 사면에 길을 낸 것을 보니
이 동네 사람들은 목숨이 몇 개라도 되는 건지 궁금해진다. 한 사람이 겨우
지날 수 있을 만큼 폭이 좁은 길은 너무 아찔해, 보는 것만으로도 현기증이
난다. 나는 외줄을 타는 곡예사의 심정으로 아슬아슬하게 그곳을 지난다.
   산사태 구간을 지나 구불구불한 오르막을 십여 분 오르니 그늘진 길목의

나무에 길게 늘어진 흰 카타가 나부끼고 있어 음산한 기운이 느껴진다. 걸음을 재촉해 카타가 너불거리는 나무를 지나니 갑자기 주위가 환해지며 마치 다른 세계로 이어지는 통로를 빠져나온 것 같은 느낌이 든다.

계곡 끝에는 올랑춘 골라의 상징, 디키촐링 곰파(사원)가 뿌옇게 퍼지는 햇살 너머로 내다보인다. 시원하게 흐르고 있는 타무르 콜라를 내려다보며 평탄하게 이어지던 길은 거친 토석 위를 지난다. 계곡은 산사태로 인해 만신창이가 되었다. 이 정도 규모의 산사태라면 아마도 천지가 개벽하는 소리가 들렸을 것이다. 보는 것만으로도 당시 마을 주민들이 느꼈을 공포가 느껴진다. 그럼에도 불구하고 사람들은 무너진 산 위에 다시 길을 내고, 삶을 이어가고 있으니 이들의 강인함이 존경스럽다.

올랑춘 골라는 타무르 계곡 바닥보다 백여 미터 위에 자리 잡고 있다. 마을을 받치고 있는 지층은 계곡으로 쓸려나가 훤히 드러나 있다. 계곡과 맞닿은 경사면에 자리 잡은 집들은 너무 위태로워 작은 울림에도 무너져 내릴 것만 같다. 실제로 올랑춘 골라는 1970년대에 큰 산사태가 나 마을이 많이 파괴되어 지금과 같은 모습이 되었다고 하니 자연도 무심하다.

석양에 물든 디키촐링 곰파(Dikicholing gompa)를 바라보며 마을로 들어서자 아낙들이 이층가옥의 난간에 매달려 우리를 구경하고 있다. 사람들의 옷차림과 마을의 풍경은 마치 중세시대로 돌아간 듯 옛 모습을 간직하고 있다. 반듯한 돌이 깔린 길옆에는 작은 수로가 마을을 관통하고, 길 양옆으로 근사한 목조 가옥들이 들어서 있다. 집들은 주변에서 쉽게 구할 수 있는 나무와 돌을 이용해 이층으로 지어졌다. 길에 나와 카펫을 짜고 있는 아낙들은 하던 일을 멈추고 우리를 빤히 쳐다본다. 좁은 창으로 가까스로 고개를 내민 사람도 있다. 아이들은 신기한 듯 우리 주변을 맴돌고, 귀에 빨간 수술을 달아 예쁘게 치장을 한 염소는 자유로이 마을을 헤집고 돌아다닌다.

올랑춘 골라(Olangchun Gola, 3,191m)는 약 600년 전에 티베트에서 넘어온 '왈룽' 또는 '호룽'이라 불리는 부족이 정착하며 만들어진 마을이다. 셰르파의 한 갈래인 왈룽은 티베트의 산간 오지부족 중에서도 베일에 싸인 소수부족이다. 그들은 자신들만의 방언이 있으며, 고유 축제나 풍습을 가지고 있다. 왈룽은 과거 지리적 조건으로 인해 티베트와 인도 다르질링의 중간에 위치해 무역과 시장의 중간 집산지로 유명했다. 이십 년 전만 해도 오백 명이 살았을 정도로 굉장히 북적이고 부유한 마을이었다. 이때부터 왈룽은 시장이라는 뜻의 '골라'가 붙어 '왈룽춘 골라'로 불렸는데, 이후 이름이 변형되어 '올랑춘 골라'가 되었다.

그러나 지금은 중국의 티베트 점령으로 인해 경제가 산산조각 나 많은 주민들이 인도나 대도시로 새로운 삶의 터전을 찾아 떠났다고 하니 안타까운 일이다. 하지만 올랑춘 골라는 여전히 이 지역 오지마을들의 중심 소재지 역할을 하고 있으며, 마을에는 간이진료소와 국경 경찰, 초등학교와 곰파가 있다. 현재 이곳에는 왈룽족 45가구 약 250명 정도의 주민들이 살고 있는데, 이들은 여름이 되면 목초지를 찾아 툼링타르(Tumlingtar)와 타플레중(Taplejung) 사이에 있는 구파 포카리(Gupha Pokhari, 2,900m)에서 머문다.

마을 입구에서부터 시작된 룽다와 초따르, 마니 스톤(티베트 진언이 새겨진 돌)과 초르텐(불탑)은 마을 끝까지 이어진다. 바람은 마을 곳곳에 세워진 수십 개의 초따르에 생명을 불어 넣어 장관을 이룬다. 마을에는 불교

경전이 새겨진 마니차가 많다. 나는 정성스레 마니차를 돌리며 나와 함께 하는 이들의 안전을 위해 기도한다.

우리는 곰파가 올려다 보이는 마을 주민의 집 뒷마당에 자리를 잡았다. 쭈레는 우리에게 이층 구석에 비어있는 있는 방에서 자겠냐고 물었지만, 나무로 지어진 방은 나무 틈으로 바람이 숭숭 들어오는 것은 물론 너무 어두컴컴해서 차라리 텐트가 나을 것 같았다.

쭈레는 며칠 후 넘게 될 룸바 삼바로 가는 길을 안내해 줄 현지인이 내일 레렙에서 오기로 했다고 전해준다. 룸바 삼바는 낭고 라와 마찬가지로 네팔의 숙련된 가이드 중에서도 넘어본 경험이 있는 사람이 거의 전무할 정도로 일반적인 트레킹 코스가 아니다. 그렇기에 그곳을 다녀온 경험이 있는 가이드나 스태프를 구할 수가 없었다. 물론 네팔의 대형 트레킹 에이전시를 통한다면 숙련된 가이드를 소개받을 수 있다. 그러나 비용이 터무니없이 비싸 우리는 현지인 가이드를 고용하여 트레킹을 진행하기로 했다.

17일차. 올랑춘 골라

| 사랑의 라이벌

 오늘은 룸바 삼바를 넘기 전 전열을 가다듬기 위한 휴식일이다.

 타오는 로지 뒷마당에 테이블을 펴놓고 장비를 말리고, 태양열 판을 꺼내 충전을 한다. 나는 텐트 수선작업에 들어갔다. 트레킹 첫날부터 비가 새던 텐트는 사방이 찢어지고 낡아 있었다. 텐트 안에서 밖을 내다볼 수 있는 투명 창은 찢어져 너덜너덜했다. 그러나 텐트 안 사정에 비하면 그것은 양반이었다. 비가 올 때마다 새어 들어온 빗물 때문에 텐트 안에 컵을 놓고 물받이 통으로 사용해야 했으니 기가 막힐 노릇이었다.

 그동안 급한 대로 찢어진 곳에 알루미늄 테이프를 붙여 사용해 왔다. 하지만 스며드는 빗물을 막기에는 역부족이었다. 텐트 수선 키트가 없으니 현재 갖고 있는 것 중에서 마땅한 것을 찾아야 했다. 결국 질긴 반창고를 이용해 찢어진 텐트를 이어 붙이기로 한다. 어차피 비가 오면 또 빗물이 새어 들어오겠지만, 그나마 텐트 바닥에 깔 수 있는 시트를 챙겨와 바닥이 젖지 않는다는 것에 위안을 삼기로 한다.

 머리를 감기 위해 마을 수돗가로 향했다. 봄철 오지마을의 물은 차갑다

못해 손끝이 아려온다. 순간 머리를 감지 말까 고민에 빠지지만 군사에서 머리를 감고 여태 감지 못했던 터라 과감히 찬물에 머리를 밀어 넣는다. 머리는 물론이고 몸까지 얼어붙는 것처럼 차갑지만 한편으로는 아주 개운하다. 타오는 그런 나를 보며 머리를 감지 않겠다며 내빼려 하지만 나의 성화에 못 이겨 결국 머리를 감는다. 그가 한창 거품을 내어 머리를 감고 있을 때 어디선가 신발 한 짝이 날아왔다. 신발은 정확히 타오의 머리를 가격하고, 그의 얼굴 앞으로 떨어졌다. 부지불식간에 일어난 상황에 놀란 나는 신발이 날아온 방향으로 고개를 돌렸다. 그곳에는 한 여자아이가 남은 한 짝의 신발을 들고 서 있었다. 아이는 나와 눈이 마주치자 묘한 웃음을 짓더니 남은 한 짝의 신발마저 타오를 향해 던져 버린다.

다 큰 몸에 비해 생각이 더디게 자라는 아이였다. 이 사실을 알 리 없는 타오는 당황한 나와는 달리 아이를 스윽 한번 쳐다보고는 짜증 한 번 내지 않고 머리 감기에 열중이다. 물이 너무 차가워 다른 것은 신경 쓸 겨를이 없는 모양이다. 아이는 그런 타오가 꽤 마음에 들었는지 우리가 수돗가를 떠나자 뒤따라왔다. 그리고는 계속해서 타오를 향해 신발을 던지더니 나중에는 자신의 여동생 신발까지 벗겨 던지기 시작했다. 타오는 마당에 이리저리 떨어진 신발을 주워 아이에게 던지고, 아이는 다시 그에게 던지기를 반복했다. 이 둘 사이에 끼어있던 나는 '타오가 아이로부터 신발 프러포즈를 받았다'는 생각에 배꼽이 빠져라 웃는다. 한동안 아이와 신발을 주거니 받거니 하던 소동은 쭈레가 찢어진 침낭을 들고 오면서 일단락되었다.

"문 버이니. 이것 좀 꿰매줄 수 있어?"

"아니. 쭈레 다이! 도대체 침낭 안에서 어떻게 잤길래 이렇게 됐어요?"

그의 침낭 안쪽은 쭉 찢어져 안에 있는 우모가 다 새어 나와 흰 털이 사방으로 날렸다. '참견 버이니'가 나설 시간이었다. 이번에도 나는 바늘을 꺼내들고 침낭을 꿰맨 다음 그 위에 반창고를 덧붙여 우모가 새어나오지 않도록 했다. 그러자 쭈레는 감쪽같이 수선된 침낭이 만족스러운지 흐뭇한 미소를 짓는다. 나 역시 그가 스스럼없이 이런 부탁을 할 정도로 나를 편하

게 생각하는 것 같아 흐뭇하다.

오후가 되어 디키촐링 곰파(Dikicholing gompa)를 방문하기로 한다. 쭈레에게 함께 가자고 했더니 자신의 신은 늘 마음속에 함께 있다며 너스레를 떤다. 그러자 옆에 있던 람이 함께 가겠다며 따라나선다.

올랑춘 골라가 한눈에 내려다보이는 언덕에 자리한 곰파에 다다르자 바람에 흩날리는 수십 개의 초따르가 장관을 이룬다. 디키촐링 곰파는 네팔의 탱보체(Thangboche), 셰이(Shey), 로 만탕(Lo Manthang) 곰파 이후 네 번째로 오래된 역사를 가진 곰파로 약 470년이 되었다. 역사가 오래다 보니 고서 불경이 많고, 특히 금으로 쓴 티베트 불경 황금 필사본이 유명하다. 곰파 안에는 지난 400년 이상 꺼지지 않는 버터 램프가 있다.

곰파 입구에는 '옴마니반메훔'이 새겨져 있는 소뿔들이 놓여있고, 천장에는 고색창연한 탱화가 그려져 있다. 그것은 이곳 사람들의 극진한 불심을 표현하기에 충분해 보는 이로 하여금 경건한 마음을 갖게 한다. 곰파 주변을 둘러싸고 있는 소가죽으로 만든 마니차는 오랜 세월만큼이나 손때가 묻어 까맣다 못해 반지르르 윤이 난다. 비록 여기저기 해졌지만 세상 그 어느 것보다 고귀해 보인다.

아침에 불경 소리가 들려오던 곰파의 문은 굳게 잠겨 있다. 시주를 좀 하려고 했는데 아무래도 너무 늦게 온 모양이다. 아쉬운 마음을 뒤로하고 로지로 돌아오니 하늘은 음산히 흐려지고, 매서운 바람이 몰아친다. 을씨년스러운 날씨에 몸도 마음도 움츠러드는 밤이다.

18일차. 올랑춘 골라 - 랑말레 카르카

[이동거리: 10.7km / 702m↑]

| 부끄러운 손

올랑춘 골라를 떠나면 룸바 삼바 너머의 투담 마을까지 나흘간 민가가 없는 곳을 지나야 한다. 다시금 야생의 황무지 속으로 들어가는 것이다. 투담까지 길 안내를 해줄 현지 가이드인 체덴 셰르파는 우리에게 정중하게 인사를 하더니 길 안내를 시작한다. 올해 서른 살인 그는 검은 피부에 야무진 체구를 가졌다. 왠지 모를 듬직함이 느껴지는 사람이다.

룸바 삼바로 가는 길은 타무르 계곡을 거슬러 올라가다 서쪽의 딩삼바(Dingsamba) 계곡으로 진입한다. 타무르 계곡의 발랄하고 싱싱한 물소리에 발을 맞춰 걷다 보니 깊은 계곡에는 오직 우리뿐이다. 이따금씩 산사태로 무너져 내린 거친 바윗길을 오르내릴 땐 포터들의 숨소리가 거칠어진다. 특히 바르카스는 좀처럼 힘이 나지 않는지 자주 짐을 내려놓고는 앞서간 포터들을 부러운 듯 바라본다.

포터들은 트레킹 내내 같은 옷차림이다. 그것은 자신이 짊어질 짐을 최소화하기 위한 어쩔 수 없는 선택이다. 바르카스 역시 단벌신사다. 그의 옷은 그간의 트레킹으로 땀에 찌들어 색이 바랬고, 운동화는 이미 바닥이 다

닳아 있다.

사흘 치 식량을 옮기느라 뒷덜미에 땀이 흥건한 포터들은 잠시 짐을 내려놓고 쉬고 있다. 람은 아침을 먹은 지 얼마 지나지 않았는데도 출출함을 느끼는지 시리얼을 꺼내 포터들과 나눠 먹는다. 다들 어찌나 맛있게 먹는지 지켜보던 나도 침이 고인다.

포터들은 모두 덥수룩한 수염에 시커멓게 그을린 얼굴을 하고 있어 산적이 따로 없다. 네팔에서 오지 트레킹을 하다 보면 가끔 산적을 만나기도 한다던데, 우리 포터들의 모습을 보면 산적이 백 명이라도 다 때려잡을 수 있을 것 같다.

어느덧 우리의 여정은 중반부에 다다랐다. 이제 막 트레킹이 시작된 것 같은데 훌쩍 지나버린 시간이 아쉽게 느껴진다. 다행히 지금까지는 큰 어려움 없이 여기까지 왔다. 하지만 매일 오후만 되면 비나 눈을 뿌려대는 이곳의 험상궂은 날씨 때문에 이틀 뒤 넘어야 하는 룸바 삼바를 생각하니 걱정이 앞선다.

오후가 되자 흩날리던 눈은 계곡을 거슬러 올라갈수록 굵어져 퍼붓듯 내린다. 히말라야는 가을보다는 봄철에 눈이 많이 내린다. 끝없이 펼쳐진 히말라야의 설원은 낭만적으로 보이지만 고도가 높은 지역에서는 생명의 위협을 느낄 만큼 위험하다. 우리는 더 많은 양의 눈이 쌓이기 전에 숙영지에 도착하기 위해 걸음을 재촉한다.

타무르 콜라와 딩삼바 콜라(Dingsamba Khola)의 합수 지점에는 작은 나무 다리가 있다. 이곳에서 북쪽의 타무르 계곡의 최상류까지 거슬러 올라가면 팁탈라 반장(Tiptala Bhanjyang, 5,095m)을 거쳐 티베트와 연결된다. 과거의 올랑춘 골라의 사람들은 이 길을 통해 티베트에 소금, 약재 등을 팔아 인도의 다르질링을 연결하는 상인의 삶을 이어왔다.

2017년 9월 중국과의 국경인 팁탈라 반장에서 타모르 콜라를 따라 올랑춘 골라에 이르는 약 20km의 도로가 연결되었다. 이후 많은 수의 중국인이 입국 심사 없이 올랑춘 골라를 방문하고 있다. 이들은 최근 중국에서 고가에 거래되고 있는 야사굼바(동충하초)를 대량으로 사들이고, 마을 사람들은 중국제 음식과 공산품을 제공받는다.

숙영지인 랑말레 카르카(Langmale Kharka, 3,893m)는 사방에 야크 똥이 널려 있어 텐트를 치기가 찜찜하지만 달리 선택의 여지가 없다. 쭈레는 거리낌 없이 맨손으로 야크 똥을 치우고, 텐트를 친다. 야크 똥을 치우느라 더러워진 그의 손을 보니 주머니 속에 찔러 넣고 있던 내 손이 부끄럽다. 지금 내 손이 깨끗한 이유는 쭈레의 희생 덕분인 걸 알면서도, 손이 더러워지는 것이 싫어 못 본 척 나서지 못하는 내 자신이 창피하다.

오후 2시가 안됐음에도 불구하고 눈이 내리는 날씨 탓에 곧 해가 저물 것만 같다. 우리는 삽시간에 쌓여 가는 눈에 텐트 안에서 옴짝달싹하지 못한

다. 텐트 밖으로 보이는 풍경은 아주 낭만적이다. 하지만 텐트 안 상황은 그렇지 못하다. 춥고 비좁은 텐트 안에서 눅눅해진 침낭을 덮고 있자니 따뜻하고 포근한 집 생각이 간절하다.

스태프들은 쏟아지는 눈 속에서 나뭇가지를 주워 와 불을 피우고 몸을 녹인다. 그중 포터 라메쉬는 해가 저물도록 늦게까지 불앞에 서있더니 결국 입고 있던 방수바지를 태워먹고 말았다. 그는 껄렁껄렁해 보이는 외모와 달리 말이 없고, 혼자 있기를 좋아했다. 나는 군사에서 포터들을 위해 사두었던 담배 한 갑을 챙겨 그의 곁으로 다가갔다.

"라메쉬, 이거 받아."

그의 주머니에 슬쩍 담배를 찔러주자 그는 하얀 치아를 드러내며 웃는다. 오늘따라 그의 검은 피부가 그의 미소를 더욱 돋보이게 한다.

19일차. 랑말레 카르카 - 패스 캠프

[이동거리: 10.2km / 고도 560m↑]

▎세수는 하고 가야지

그칠 줄 모르고 쏟아지던 눈은 밤 사이 세상을 하얗게 바꿔버리고는 조용히 사라졌다. 주방 텐트 위에는 서리꽃이 피었다. 스태프들이 밤새 추위에 떨며 잠을 잔 건 아닌지 걱정스럽다.

주방 텐트에서 휘발유 버너에 불을 지피는 소리가 들려오더니 곧 람이 따뜻한 세숫물을 가져온다. 이 엄동설한에 세수가 웬 말이냐 하겠지만, 나는 오천 미터 이하에서는 꼭 세수를 한다. 히말라야를 쏘다닌다 한들 여자는 여자. 북풍한설이 몰아쳐도 내게 있어 세수는 중요한 일과다.

지금처럼 캠핑 스태프가 없거나 로지를 이용해 트레킹을 할 경우에는 세숫물 서비스가 없다. 때문에 따뜻한 물로 세수를 하기 위해서는 따로 물을 받아 세수를 해야 한다. 내 친구 니마 셰르파와 트레킹을 갔을 때도 마찬가지였다. 그런데 한 손에는 물통을 들고, 다른 한 손으로 세수를 하려니 여간 불편한 게 아니었다. 니마는 나의 고충을 알았는지 내가 세수를 할 때마다 물을 부어주었다. 나는 그런 니마에게 고맙다는 말은 하지 못할지언정 "물을 한꺼번에 너무 많이 붓는다, 이번에는 너무 적게 붓는다, 늦게 붓는다, 빨리 붓는다." 등 끊임없이 잔소리를 해댔다. 후에 이 일을 전해들은 엄마는 "어이구! 내 딸인데, 내가 널 모르겠니? 니마를 또 얼마나 쥐 잡듯 잡았겠어!"라며 꾸중하셨다.

지금 와서 생각해보면 그때만 해도 나는 제대로 여물지 못한 인간이라 아주 못되고, 이기적인 사람이었다. 그럼에도 불구하고 니마는 나를 이해하고, 늘 친절하게 대해줬다. 니마를 친구로 둔 나는 복이 많은 사람이다.

출발 전 나는 쌓인 눈 때문에 포터들이 화상을 입을까 걱정이 되어 여분의 선크림을 나눠준다. 그러자 라메쉬는 기다렸다는 듯이 선크림으로 거의 세수를 하다시피 한다. 얼굴에 분칠을 한 것 마냥 새하얗게 된 얼굴을 확인한 그는 이제 됐다는 듯 흐뭇한 미소를 짓는다.

지난밤 내린 눈은 초록의 찌말나무 위로 살포시 쌓여 있고, 그 위로 쏟아지는 아침햇살은 더없이 포근하다. 희뜩희뜩한 눈을 밟으며 계곡을 거슬러 오르다 보니, 고인돌처럼 두 개의 커다란 바위 위에 바위가 걸쳐져 다리로 이용되고 있다. 자연스레 만들어진 돌다리라 신기하다. 다리를 건너오면서 보니 바위에는 이끼를 비롯해 나무까지 자라고 있다. 자연이 빚어놓은 이 다리야말로 세상에서 가장 특별한 다리가 아닐까 하는 생각이 든다.

계곡을 건너고 나면 찌말나무 군락지를 지나야 한다. 키 작은 찌말나무는 얼마나 빽빽하게 자랐는지 한 사람이 지나가기에도 버거울 정도다. 거기다 아래로 뻗은 나뭇가지는 포터들의 짐을 붙잡아 아침부터 기운을 다 빼놓는다.

오전 10시. 아침을 먹은 지 얼마 지나지 않았는데 갑자기 출출함이 느껴진다. 밥을 먹고 돌아서면 배고픔을 느낄 정도로 왕성한 식욕을 자랑하는 나는 배고픔을 참지 못한다. 찌말나무 숲속에 쪼그려 앉아 도시락을 꺼냈

다. 트레킹을 시작한 처음 며칠은 카트만두에서 공수해온 식빵으로 나름 그럴싸한 아침식사를 했다. 하지만 식빵이 바닥난 후에는 밥을 끓인 흰죽을 먹거나 밀가루로 만든 밋밋한 짜파티로 아침을 대신하여 제대로 배를 채우기는 어려웠다. 도시락 역시 짜파티에 햄 몇 조각이 전부지만, '시장이 반찬'이라는 말처럼 아주 꿀맛이니 아마도 내 입에 맛이 없는 것은 흙뿐일 것이다. 쭈레는 이른 시간에 도시락을 먹는 나를 보고 키드득 웃더니, 그도 허기가 지는지 곧 도시락을 꺼내 먹는다.

숲을 빠져나오자 어느새 먹구름은 우리가 지나온 길을 삼켜버리고, 빠르게 몰려오고 있다. 흐려지는 날씨에 걸음을 재촉하지만, 이제부터는 가파른 언덕을 치고 올라야 한다. 바위와 잡목이 뒤섞인 언덕의 왼쪽 산꼭대기에는 하늘로 코를 들고 있는 아기 코끼리처럼 생긴 바위가 있다. 가까이 다가갈수록 영락없이 코끼리의 모습이다. 나는 군사로 가는 길에 봤던 거북바위에 이어 이 바위를 '코끼리바위'라고 명명했다.

| 더불어 걷는 길

언덕 위에 올라서자 딩삼바 콜라는 넓은 카르카를 가로지르며 흐른다. 먹구름은 바람을 몰고 와 우리를 앞질러 가며 급격하게 기온을 떨어뜨린다. 저릿한 추위가 살 속을 파고든다. 오를수록 쌓인 눈의 양은 많아지고, 어느덧 나는 딩삼바 계곡의 최상류에 와있다.

얼어붙은 계곡의 끝자락에는 순백의 카펫이 깔린 원형 호수가 나를 맞이한다. 사실 이곳은 빙하가 후퇴하며 만들어진 평탄한 퇴적 지형으로 여러 갈래의 지류가 흐르는 곳이다. 이 작은 강들은 모두 딩삼바 콜라로 흘러들어 가는데, 지금은 눈에 덮여 마치 천연 아이스링크처럼 보인다.

쏟아지는 눈을 맞으며 호수 가장자리로 난 길을 따라 걷던 중 눈으로 덮여 살짝 얼어있던 얼음판이 깨지며 "철퍼덕!" 그만 한쪽 발이 빠져 버렸다. 다행히 재빠르게 발을 빼내 양말까지는 젖지 않았다. 마른 땅으로 올라선 나는 뒤에 오는 포터들이 강에 빠질까 싶어 기다리기로 한다. 곧 인드라가 다가오고, 그에게 안전한 길을 알려준다. 그런데 그는 내 말을 듣지 않고 자신의 고집대로 가더니 그만 발이 빠져 버렸다. 중국제 허름한 운동화를 신고 있던 발은 순식간에 젖어버렸다. 그는 호수 한쪽에 앉아 젖은 양말을 쥐어짜며 나를 쳐다본다. 그와 눈이 마주친 짧은 순간 긴 정적이 흐른다.

'그러게. 오빠야. 내 말 좀 듣지. 이제 와서 나보고 어쩌라고?'

내 말을 듣지 않다 화를 당한 그가 답답해 속으로 이런 생각을 했지만, 결국 양말을 벗어 그에게 건넸다. 그에게 양말을 벗어준 나는 스타킹처럼 얇은 양말 하나만을 신고 있다. 하지만 나도 등산화가 젖어있던 터라 금세 발이 시려온다. 그래도 나는 그의 낡은 운동화보다 튼튼한 등산화를 신고 있으니 견딜 수 있을 것 같다. 나는 발가락이 얼지 않도록 쉼 없이 발가락을 꼼지락거리며 걷는다. 그러나 정작 나를 힘들게 만든 건 추위보다는 걸음을 옮길 때마다 철떡거려 고스란히 전해지는 찝찝함이다.

그 사이 눈은 퍼붓다시피 내려 시간을 가늠하기 어려울 정도로 어두워진다. 길은 우측의 가파른 사면으로 이어진다. 경사가 급한 탓에 포터들은 선 채로 휴식을 취한다. 가네쉬에게 약간의 간식을 건네자 그는 조금 떨어진 곳에 있는 동료들을 부른다. 혼자 먹어도 턱없이 부족한 양을 나눠먹는 것이다. 외떨어진 오지에 와서 힘든 길을 함께 걷는 처지다 보니 그들은 서로

를 의지할 수밖에 없다.

가파른 바위 절벽 아래에 다다르니 람이 바위에 기대앉아 있다. 그는 십
분이 넘도록 미동도 없다. 추위와 배고픔에 탈진을 한 것이다. 그를 흔들
어 깨워 따뜻한 물과 함께 에너지 겔을 먹이자 이제 괜찮다며 번쩍 일어
나 성큼성큼 앞서 걷는다. 나는 그런 그가 걱정스러워 그 뒤를 바짝 붙어
따라간다.

절벽이나 다름없는 바위 능선에 오르니 바위틈에 매달린 얼음송곳 같은
고드름이 나를 겨눈다. 금방이라도 머리 위로 떨어질 것만 같아 간이 쪼그
라든다. 눈에 젖은 바위는 미끄럽다. 앞이 보이지 않을 정도로 퍼붓는 눈
속에서 기다시피 하여 바위능선에 올라섰다. 잠시 숨을 돌리며 지나온 길

을 내려다보니, 뒤따라 올라오는 타오의 머리만 살짝 보일 뿐 그 아래는 허공이다. 지금 내가 서 있는 곳은 아찔한 오버행(Overhang) 구간이라 내가 이곳을 어떻게 올라왔나 싶다.

람과 나는 정상 뒤쪽의 내리막을 따라 70여 미터 아래로 내려간다. 이 길 역시 올라온 길과 마찬가지로 경사가 심하고, 눈이 깊게 쌓여 있다. 우리는 짙은 안개로 온통 백색으로 변해버린 곳에서 앞서간 체덴이 남겨놓은 발자국을 따라 걸음을 옮긴다. 발자국은 계속 이어지지만 이후의 길이 어떤지 알 수 없어 불안이 엄습한다.

다리가 풀려 자꾸만 넘어지는 람에게 스틱 한쪽을 건넨 뒤 눈을 헤치며 앞장을 선다. 이미 지친 람은 잘 따라오지 못하고, 자꾸만 뒤처진다. 여태껏 그와 함께 하면서 단 한 번도 그가 힘들어하는 모습을 본 적이 없다. 부모의 사랑을 받으며 한창 공부를 할 나이에 이런 고생을 하고 있는 모습을 보니 마음이 저려온다. 람을 기다렸다 다시 몇 걸음 걷고, 다시 기다렸다 걷기를 반복하다 보니 곧 큰 바위 틈 사이에 쪼그려 앉아 눈을 피하고 있는 체덴과 마카르의 모습이 보인다. 오늘의 숙영지인 패스 캠프(Pass Camp, 4,453m)다.

곧 포터들이 지친 표정으로 도착하고, 나는 직접 텐트를 친다. 원래는 스태프들이 먼저 숙영지에 도착하여 텐트를 쳐놓는다. 하지만 오늘 같은 상황에서는 가만히 앉아 텐트가 쳐지기를 기다리는 것보다는 직접 하는 것이 더 빠르다. 그것은 우리를 위해 고생하는 스태프들의 수고로움을 덜어줄 수 있는 방법이기도 하다.

| 히말라야 은퇴 선언

텐트를 치는 사이 진눈깨비는 싸락눈으로 변했다. 단 몇 분 만에 텐트 위로 수북이 쌓이는 눈은 곧 텐트를 무너뜨릴 기세다. 칸첸중가와 마칼루-바룬 지역의 경계선상에 위치한 룸바 삼바 산맥의 룸바 삼바 고개는 여름을 제외하고는 항상 많은 눈이 쌓여 있을 정도로 눈이 많이 오는 곳이다. 또 날씨 변화가 심해 거의 고산등반 수준의 장비와 기술이 필요해 히말라야의 여러 트레킹 코스 중 위험하고 어려운 곳 중 하나다.

나는 연이틀 이어지는 악천후에 걱정이 한 가득이다. 그때 문득 티베트 속담이 떠올랐다.

"걱정을 해서 걱정이 없어지면, 걱정이 없겠네."

걱정을 한다고 해서 걱정이 없어지지는 않는다. 히말라야에서 인간이 결정할 수 있는 것은 많지 않다. 이럴 때는 생각을 단순하게 만들어야 한다. 만약 내일도 눈이 온다면 미련 없이 올랑춘 골라로 되돌아가면 된다. 아쉬움은 남겠지만, 날씨는 인간의 영역이 아니다. 상황을 냉정하게 받아들이기 위해 욕심을 버려야 한다고 끊임없이 되뇐다. 그러자 마음속을 채우고 있던 불안과 고민이 차츰 사라진다. 타오는 갈수록 험난해지는 일정에 힘이 드는지 갑자기 허공에 대고 하소연을 한다.

"미쳤어~ 내가 미쳤어~ 내가 왜 여기에 와서 이런 개고생을 하고 있는지 몰라~ 내가 어쩌다 산에 미친 여자를 만나서~ 그때는 눈에 뭐가 씌었지~"

"난 이제 아무래도 히말라야를 은퇴해야 될 것 같아. 나는 산이 싫어. 집에 보내줘~"

노래 같은 하소연을 늘어놓던 그는 급기야 혼자 웃기까지 한다. 느닷없는 그의 히말라야 은퇴 선언에 나는 "고산증에 미치는 증상도 있는지 알아 봐야겠네."라며 그를 놀리는 것으로 응수하지만, 한편으로는 너무 빡센 곳으로 신혼여행을 오자고 한 건 아닌가 싶어 미안한 마음이 들기도 한다.

그는 춥고 힘들다며 엄살을 부리면서도, 그칠 줄 모르는 눈 때문에 내일 일정에 대해 걱정을 한다.

그런 그와는 달리 나는 아무도 없는 산속에서-사실 눈에 갇힌 거나 다름 없는-이렇게 특별한 시간을 보내고 있다는 것이 정말 좋다. 가만히 누워 텐트 위로 떨어지는 눈 소리도 좋고, 퍼붓는 눈과 추위는 아랑곳 않은 채 지저귀는 새소리도 아름답다.

저녁이 되어 눈이 잦아들기 시작하자 쭈레가 찾아왔다.

"문 버이니. 눈이 그치는 것 같으니 내일 룸바 삼바를 넘을 수 있을 것 같아."

"여기는 오후가 되면 눈이 오는 것 같으니 내일 좀 일찍 출발하죠."

"그래. 그럼 4시 30분에 일어나서 최대한 일찍 출발하자고."

"알았어요. 내일 스태프들 옷차림 좀 신경 써야 될 것 같아요."

"응. 다들 따뜻한 옷이 있으니까 걱정 마."

쭈레는 잔소리 같은 나의 당부에 시원스레 대답하고 돌아갔지만, 내일은 분명 추위와 사투를 벌여야 하는 날이 될 것이다.

20일차. 패스 캠프 - 룸바 삼바 - 초우리 카르카

[이동거리: 11km / 고도 706m↑ 719↓]

| 룸바 삼바에서 삼바 춤을 추다

지난밤 계곡을 훑고 간 혹한에 텐트 안에 들여놓았던 젖은 등산화가 꽁꽁 얼어버렸다. 텐트의 지퍼 역시 얼어붙어 문을 여는 데 한참 동안 애를 먹는다. 가까스로 밖으로 나오니 영하 15도를 밑도는 강추위와 살을 에는 바람이 뼛속으로 파고든다. 매서운 바람은 날카롭게 솟아오른 설산의 눈을 비벼 연기처럼 흩날린다. 포터들은 온몸이 후들거리는 추위 속에 짐을 단단히 조여 맨다. 마치 전장에 나가는 장수와도 같은 모습에서 결연한 의지와 함께 무거운 긴장감마저 느껴진다.

길은 밤새 내린 눈으로 덮여 희미한 흔적조차 남아있지 않다. 위로 오를수록 쌓인 눈의 양이 많아지고, 바람도 거세진다. 포터들은 무릎까지 쌓인 눈 속에서 허우적대느라 쉽게 나아가지 못한다. 특히 며칠째 무릎이 아픈 가네쉬는 힘든 기색이 역력하다. 그에게 나의 스틱 한쪽을 건네는 순간 얇은 장갑을 끼고 있는 그의 손에 눈길이 간다. 그 뒤로는 남루한 옷차림을 하고 추위에 잔뜩 웅크린 채 뒤따라오는 포터들이 있다.

'내가 너무 많이 가지고 있구나.'

　가슴에 무거운 돌덩이가 내려앉는다.

　우리는 온통 하얗게 변해버린 계곡을 거슬러 모레인 언덕을 오른다. 50여 미터 앞에서는 체덴과 마카르가 지그재그로 길을 내고 있다. 체덴은 청바지를 입고도 춥지도 않은지 그 몸짓이 아주 날렵하고 망설임이 없다. 포터들은 가파른 눈길 위에서 좀처럼 힘을 쓰지 못한다. 눈 쌓인 길은 포터들이 발을 딛기가 무섭게 무너져 내려 허벅지까지 빠져 버린다. 그때마다 포터들은 균형을 잃고 미끄러져 짐과 함께 나뒹군다. 거기다 시시때때로 불어오는 눈보라는 시야를 가려 초반부터 혼을 쏙 빼놓는다. 그러나 이것은 우리에게 닥칠 시련의 전조에 불과했다.

　모레인 언덕 끝에 오르니 쉴 새 없이 몰아치던 바람은 이곳의 모든 것을 날려버릴 기세로 더욱 매섭게 불어온다. 성난 바람은 바늘이 되어 얼굴을 찌른다. 앞을 제대로 보는 것조차 힘들다. 체덴의 흔적을 따라 모레인 언덕 아래로 내려갔다. 그러자 거세게 몰아치던 강풍은 믿기지 않을 만큼 잦아

든다. 강풍에 얼마나 시달렸는지 넋이 나간 것처럼 정신이 멍하다.

나무 한 그루 없는 탁 트인 설원에서 볼 일을 보는 건 산을 오르는 것만큼 어렵다. 이 엄동설한에 한 번쯤은 건너뛰어도 될 것을 매일 규칙적으로 신호를 보내오니 참 난감하다. 게다가 소변은 왜 이렇게 자주 마려운지 40분마다 눈밭에 쪼그려 앉으려니 미칠 노릇이다. 앞서간 체덴과 마카르는 편하게 볼 일을 본다. 그들이 지나간 길에는 샛노란 소변이 하얀 눈 위에 그대로 남아 있다. 남자들이 부러워지는 순간이다. 신이 남녀차별을 둔 것이 있다면 바로 소변을 보는 자세가 아닐까 싶다.

라메쉬는 러셀을 하기 위해 앞장서는 나에게 "오! 셰르파니 디디"라고 말하며, 전에 없던 친근감을 표현한다. 셰르파니(Sherpani)는 셰르파족 여성을 가리키는 말이다. 보통 셰르파라고 하면 네팔의 고지대에 거주하고 있어 고소적응 능력이 뛰어나 히말라야를 찾는 등반가들의 등정을 돕는 사람들을 의미한다. 라메쉬는 팀의 선두에 서서 길을 내는 나를 칭찬해주고 싶었던 모양이다.

설원으로 올라서는 길은 조금만 고개를 숙여도 입을 맞출 수 있을 정도로 가파르다. 특별한 장비가 없어도 히말라야를 동네 뒷산처럼 누비는 포터들마저 잔뜩 긴장을 하여 두 손을 땅에 짚고 힘겹게 올라선다. 도꼬에 덕지덕지 붙은 눈은 그들을 더욱 지치게 만든다. 그러나 그들은 힘든 와중에도 앞서가는 동료의 도꼬에 붙은 눈을 털어주며, 서로를 살뜰하게 챙긴다.

나는 허벅지까지 쌓인 눈을 다져 길을 내는 무료하고도 힘든 작업을 이어간다. 스틱 한쪽을 가네쉬에게 빌려준 터라 힘이 배로 든다. 하지만 나의 수고로 포터들이 조금이라도 수월하게 올라올 수 있다는 걸 알기에 이를 악문다.

설원을 오르자 끝없이 펼쳐진 설원 너머 칸첸중가와 쿰바카르나의 장대한 모습이 펼쳐진다. 구름 위로 솟아올라 그 위용을 남김없이 드러내는 설산은 나의 마음을 뜨겁게 달군다. 세상에는 돈으로 살 수 없는 것들이 많지만, 그중 하나가 바로 히말라야의 은빛 황홀경이 아닐까? 나는 순백의 눈 평원을 오르며 쨍하게 시리도록 아름다운 이곳의 풍경을 마음 깊숙한 곳에 담는다.

정오가 가까워지자 머리 위에서 해가 정통으로 내리쬐며 눈이 녹기 시작한다. 습기를 잔뜩 머금은 눈은 더욱 미끄러워지고, 지친 걸음을 더욱 더디게 만든다. 쭈레는 뒤처지는 포터들을 챙겨 와야겠다며 나에게 러셀을 맡기고는 포터들이 있는 곳으로 되돌아간다. 해발고도 5천 미터인 이곳에서 혼자서 길을 내려니 정말 죽을 맛이다. 시근벌떡 차오르는 숨에 눈 쌓인 가파른 사면에 기대 여러 번 쉬기를 반복한다. 눈앞에는 구름 위로 의연하게 솟아 오른 히말라야의 영봉들이 장엄하게 펼쳐져 있지만 너무 힘이 들다 보니 아무런 감흥이 일지 않는다. 그 사이 멀리 칸첸중가에 머물러 있던 구름은 어느새 우리 쪽으로 성큼 다가왔다. 쨍쨍하던 날씨가 삽시간에 흐려

지며 거센 바람이 일기 시작한다.

갑작스레 엄청난 눈보라가 몰아치는 가운데 우리는 룸바 삼바 피크 아래의 첫 번째 고개에 도착했다. 이곳은 지도상에 이름이 표기되어 있지 않지만, 룸바 라(Lumbha La)로 불리는 작은 고개이다. 이곳에서 가파른 사면을 가로질러 약 2km 정도 가면 룸바 삼바에 다다른다.

룸바 라는 룸바 삼바를 넘어온 바람이 지나는 통로다. 매서운 바람이 쉴 새 없이 몰아친다. 모든 것을 집어삼킬 듯 휘몰아치는 눈보라는 그 위력이 어찌나 대단한지 앞서 우리를 기다리고 있는 체덴과 마카르의 모습을 순식간에 삼켰다 뱉어내길 반복한다.

귀를 찢을 듯 굉음을 내며 불어오는 바람소리는 바로 옆에 있는 타오가 하는 말이 들리지 않을 정도로 크다. 바람에 실려 온 살얼음은 유리조각이 되어 얼굴에 박힌다. 살을 에는 추위와 사나운 눈보라는 얼굴을 일그러뜨리고, 우리는 쫓기듯 걸음을 옮긴다.

룸바 라에서 룸바 삼바로 가는 길은 폭이 30cm가 안 될 정도로 좁고 가파르다. 게다가 단단하게 얼어붙어 자칫 미끄러지기라도 하면 백여 미터 아래로 추락하게 되어 간담을 서늘하게 만든다. 끊임없이 몰아치는 칼바람에 두들겨 맞은 얼굴은 경락마사지를 받은 것처럼 얼얼하다. 정말이지 혼이 쏙 빠질 지경이다. 엎친 데 덮친 격으로 화이트아웃까지 나타나니 모든 상황이 점점 극한으로 치닫는다.

삽시간에 모든 것을 삼켜버린 화이트아웃.

그것은 듣던 대로 방향감각을 상실할 만큼 앞을 볼 수 없게 만든다. 모든 것이 정지된 느낌이다. 느낄 수 있는 건 귀를 울리는 바람소리뿐. 마치 백색의 터널을 지나는 기분이다. 만약 이곳에 혼자 있었다면 두려움은 감당할 수 없을 만큼 컸을 것이다. 체덴은 가시거리가 1미터밖에 되지 않는 상황에서도 놀라울 정도로 방향을 잡아 길을 안내한다. 그 덕분에 우리는 화이트아웃을 뚫고 룸바 삼바(Lumbha Sambha, 5,159m=Kang La)의 정상을 밟았다.

"아~ 감격스러운 순간이여!!!"

정상에 도착한 나는 얼마나 좋은지 어설픈 삼바 춤을 추며 연신 엉덩이를 흔든다. 지금까지의 고통이 환희로 뒤바뀌는 순간이다. 눈이 너무 많이 쌓인 탓에 예상보다 훨씬 오랜 시간이 걸렸다. 하지만 힘들었던 만큼 용솟음치는 감동은 이루 말할 수 없을 만큼 크다. 때마침 서쪽 하늘 끝에 세계 5위 봉 마칼루(Makalu, 8,463m)가 은빛 성산의 모습을 드러내자 나는 흥분을 감추지 못한다.

숨바 라(Sumbha La)로 불리기도 하는 룸바 삼바는 티베트어로 '세 마리 양의 고개'를 의미한다. 이 고개는 칸첸중가와 마칼루-바룬 지역의 경계가 되고, 이곳에서 티베트의 국경까지는 불과 4km로 아주 가깝다.

내가 룸바 삼바 정상에 섰다는 감격에 잠겨 있을 때, 타오가 플래카드를 꺼내 들었다.

'사랑하는 승영아~ 나랑 결혼해줄래? 우리 함께 행복하게 살자.'

플래카드에는 다소 식상하고, 손발이 오글거리는 문구가 적혀있었다. 깜짝 프러포즈였다. 언제고 그가 프러포즈를 할 것이라고 예상은 했지만, 그날이 오늘일 거라고는 상상조차 하지 못했다. 그는 체덴과 마카르의 도움을 받아 플래카드를 펼쳐 보이며 나를 세상에서 가장 행복한 여자로 만들었다. 강풍으로 인해 그의 프러포즈는 매우 짧게 끝이나 버렸지만, 이곳에서 우리는 영원한 사랑을 맹세했다.

┃ 눈 폭풍 너머의 마칼루

"문 버이니, 포터들이 도착하려면 시간이 좀 걸릴 것 같은데, 잘 내려갈
수 있겠어?"

"체덴이 있으니까 걱정 말아요. 포터들 좀 잘 부탁할게요."

포터들을 챙기기 위해 왔던 길을 되돌아가는 쭈레는 나에게 걱정스러운
눈빛을 보낸다. 하지만 나는 포터들이 지칠 대로 지쳐있다는 걸 알기에 오
히려 그가 더 걱정된다.

계곡 아래쪽에서 불어오는 매서운 칼바람은 얼굴을 정통으로 때려 몸을
움츠러들게 만든다. 게다가 이쪽 사면은 반대편보다 적설량이 더 많아 허
리까지 눈이 쌓여 있는 눈을 헤치고 내려가야 한다. 끝없이 펼쳐진 설원을

추락하듯 내려가는 동안 날씨는 실낱같은 햇살이 보이다가도 화이트아웃이 반복된다. 잠시 화이트아웃이 걷힌 틈을 타 룸바 삼바에서 내려오고 있는 포터들의 모습을 확인한 나는 계곡을 향해 쉼 없이 내려간다. 고도가 낮아질수록 체력도 바닥이 난다.

'체력이 없으면 정신력으로라도 버텨야 한다.'

몇 번이고 주저앉고 싶은 마음을 다잡고 또 다잡는다. 마른 계곡에 다다르니 이곳부터는 미끄럽고 가파른 길을 내려가야 한다. 이곳에서는 도무지 쉬운 길이란 건 찾아볼 수가 없다. 노을에 연한 노랑 빛으로 물들어 계곡을 채운 운해는 온종일 추위와 배고픔에 지친 우리에게 놀라운 풍경을 선사한다. 곧 저 아래 계곡에서 물 흐르는 소리가 들려오고, 오늘의 목적지인 초우리 카르카(Chawri Kharka, 4,440m)가 보인다. 패스 캠프를 출발한 지 10시간 만이다.

카르카로 내려가는 길은 겨우내 얼었던 땅이 봄기운에 녹아내려 온통 진창이다. 우리는 진흙이 덕지덕지 붙은 등산화를 신경 쓸 겨를도 없이 카르카에 드러누웠다. 초우리는 셰르파어로 야크(수컷)와 나크(암컷)를 일컫는다. 이름처럼 카르카 주변에는 야크들이 많았다. 당연히 똥도 많았다. 하지만 너무 지친 탓에 똥밭이고 뭐고 중요하지 않았다.

마카르는 히말라야에 청춘을 바쳤지만, 오늘처럼 힘든 날은 없었다며 혀를 내두른다. 체덴 역시 진이 다 빠졌는지 몇 시간 만에 얼굴이 수척하다.

"와! 여기는 무슨 에베레스트 등반보다 더 어려워! 난 다시는 여기 안 올 거야. 다시는!"

곧 우리를 뒤따라 내려온 쭈레는 나를 보자마자 머리를 썰레썰레 흔들며 진저리를 친다.

"그러게요. 무슨 날씨가 이렇게 험한지. 나도 힘들어 죽는 줄 알았어요."

"그래도 버이니는 이렇게 힘든 고개도 넘었잖아. 내가 장담하건대 버이니는 아마 에베레스트는 뛰어서 올라갈 수 있을 거야."

그는 지친 와중에도 유머를 잃지 않고 나를 다독인다.

쭈레는 포터들이 거의 다 내려왔다고 했다. 그런데 한 시간이 지나도록 깜깜무소식이다. 초조한 마음으로 포터들을 기다리는 동안 타오의 몸 상태가 급격히 나빠지기 시작했다. 그는 먹은 것도 없는데 몇 번이나 구역질을 한다. 게다가 두꺼운 옷을 입고도 추위를 느끼는지 연방 흠칫흠칫 어깨를 떨며 고개조차 들지 못한다. 아마도 오랜 시간 허기와 추위에 노출돼 탈진을 한 것 같다. 하지만 아직 포터들이 도착하지 않아 그를 위해 해줄 수 있는 게 아무것도 없다.

어두컴컴하게 땅거미가 내리기 시작했다. 지금쯤이면 포터들이 도착하고도 남을 시간이다. 그들에게 무슨 일이 생긴 건 아닌지 걱정이 된다. 불안한 마음에 그들을 찾으러 가기 위해 자리를 털고 일어나자 저 멀리 어둠 속에서 포터들이 모습을 나타냈다.

눈 폭풍을 뚫고 산을 넘어온 포터들은 참담한 모습이다. 람의 바지는 형체를 알아볼 수 없을 만큼 찢겨져 마치 전쟁터에서 귀환한 행색이다. 하나같이 눈은 퀭하니 들어가 초점이 없어 보이고, 말할 기운조차 남아 있지 않은 듯하다. 가뿐히 들어 올리던 짐도 지금은 혼자서 내릴 힘이 남아 있지 않은지 동료의 도움을 받아 힘겹게 내려놓고는 십 분이 넘도록 맨바닥에 누워 일어나지 못한다.

미안함을 넘어 죄스러운 마음이 들었다. 그들의 눈을 똑바로 바라볼 수가 없었다. 가혹하리만큼 힘든 상황에서도 큰 사고 없이 무사히 내려와 준

포터들에게 고맙다는 말을 해야 했지만, 지금 이 순간 그들을 위로할 수 있는 것은 아무것도 없었다. 눈물만 흘릴 뿐이었다. 나는 먼발치에서 그들을 바라보며 그동안 억지로 눌러두며 모른 척하려 했던 죄책감에 고개를 떨궜다.

텐트를 치자마자 타오를 눕혔다. 따뜻한 차를 몇 모금 마신 그는 얼마 지나지 않아 모두 토해버리고는 먹을 기운조차 남아있지 않은 지 먹기를 거부한다. 반면 나는 하루 종일 에너지 겔 말고는 먹은 게 없어 몹시 배가 고팠던 터라 진공청소기가 먼지를 빨아들이듯 허겁지겁 밥을 먹었다. 라면 두 개에 밥까지 말아 먹고 나니 그제야 눈알이 제대로 돌아오는 것 같았다.

'타오는 아무것도 먹지 못하고 있는데 혼자서 돼지처럼 먹다니!'

눈치라곤 없는 미친 식욕이었다. 하지만 이럴 때일수록 더 잘 먹고, 더 강해져야 된다고 생각했다. 몸도 마음도 그 어느 것 하나 무너지지 않으려면 먹어야 했다.

　침낭 속에 들어가 누우니 오늘 하루 룸바 삼바에서 보낸 시간들이 주마등처럼 스치고 지나간다. 예상치 못했던 오늘의 일들은 마치 다른 세상으로 시간여행을 다녀온 것처럼 느껴진다. 5천 미터가 조금 넘는 쉬운 고개라고 생각했다. 하지만 룸바 삼바는 성난 호랑이처럼 거칠고 위험했다. 상상 이상으로 쌓여 있는 눈과 쉬지 않고 불어오는 강풍, 모든 것을 삼켜버린 화이트아웃은 우리를 그곳에서 놓아주지 않으려 했다.

　다행히 우리는 깊고 무거운 겨울만이 존재하는 그곳을 빠져나왔다. 히말라야의 대자연 앞에 내가 얼마나 무기력한 존재인지 절절히 느꼈다. 그 무기력함의 끝에 힘들다 못해 고통스러워하던 스태프들의 얼굴이 떠올랐다. 그러자 내가 대단한 일을 해냈다는 자부심보다는 죄책감에 가슴이 저며 온다.

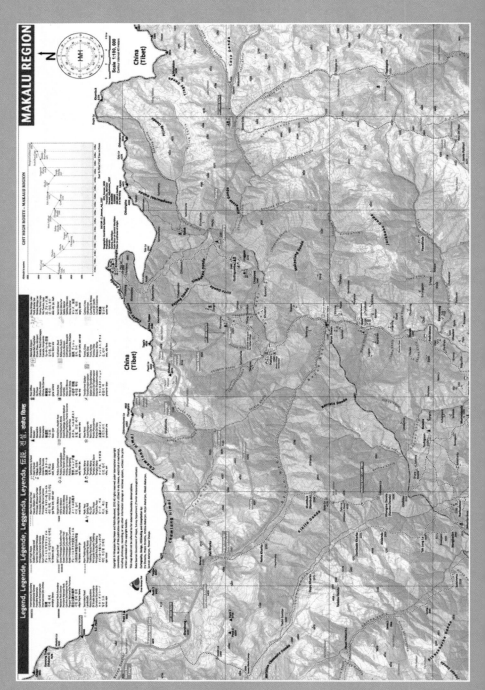

출처 : Himalayan map house

검은 신,
마칼루 지역

21일차. 초우리 카르카 - 투담

[이동거리: 12km / 고도 884m↓]

| 히말라야 최후의 오지마을

룸바 삼바를 기준으로 칸첸중가 지역은 끝이 났고, 이제 우리는 마칼루-바룬 지역으로 들어섰다. 며칠 후면 우리는 저 멀리 보이는 마칼루를 넘어 에베레스트가 있는 곳까지 가 있을 테지만 앞으로 가야 할 길이 까마득하게 느껴진다.

마칼루-바룬 국립공원(Makalu-Barun National Park)은 태초의 자연을 고스란히 간직하고 있는 곳으로 희귀한 동식물이 많아 네팔에서 가장 엄격한 자연보호구역으로 보호받고 있다. 이 국립공원을 상징하는 세계 5위 봉 마칼루(Makalu, 8,463m)는 가파른 경사와 눈사태의 위협 등으로 산악인들 사이에서는 '히말라야의 검은 귀신'으로 불린다.

흰 구름 위로 웅장하게 솟아오른 마칼루를 마주 보며 랍시 콜라(Rapsi Khola) 계곡을 내려간다. 군데군데 얼어붙어 있는 크고 작은 카르카를 지나 계곡 옆 산비탈을 내려오자 아침내 성스러운 모습으로 내 마음을 사로잡았던 마칼루는 구름 속으로 사라진다.

계곡 아래로 내려갈수록 겨우내 얼어붙었던 대지가 진한 흙냄새를 풍긴

다. 길가에 솜털이 돋은 어린 풀들은 흙더미 사이로 고개를 내밀어 봄을 맞이한다. 우리는 칸첸중가에서부터 지금까지 여러 번의 봄과 겨울, 그리고 다시 봄을 맞이하며 이곳까지 왔다.

　계곡을 내려오다 인기척이 느껴져 뒤를 돌아보니 비닐을 씌워 만든 작은 움막이 있다. 호기심에 가까이 다가가니 뜻밖에도 그곳에는 열다섯쯤 되어 보이는 여자아이와 여동생이 있다. 움막 안에는 불에 그슬린 냄비 두어 개, 때에 찌든 이불 등 초라한 살림살이 몇 개가 전부이고, 아이들을 위한 짐은 보이지 않는다.

　"왜 여기 있는 거니?"

　"부모님 대신 야크를 돌보고 있어요."

　나는 여자아이 둘이 이 깊은 산중에서 야크를 돌본다는 것도, 이처럼 열악한 환경에 있다는 것도 놀라웠다. 하지만 나와는 달리 아이들은 갑자기 나타난 우리를 보고도 놀란 기색이 없다.

"집이 어디니?"

"투담이요."

"셰르파족이니?"

분명 소녀의 얼굴 생김은 보티아(Bhotia)처럼 보였다. 보티아는 셰르파족, 따망족, 따깔리족처럼 티베트 이주민족을 통칭하는 말로 쓰인다. 하지만 이것은 종종 티베트 이주민족을 모욕하는 말로 쓰이기 때문에 직접적으로 보티아냐고 묻는 것은 실례이다. 그렇기에 정확하지 않더라도 셰르파 혹은 라마냐고 돌려 묻는 것이 좋다. 하지만 정작 소녀는 "보티아"라며 무덤덤하게 대답한다.

보티아 혹은 보테(Bhote)라고도 불리는 이 민족은 주로 야크를 돌보며 살아간다. 방금 전 계곡에서 마주친 야크들은 유난히 모색이 곱고, 윤기가 흘렀다. 아마도 오랜 세월 야크를 돌봐온 보티아족의 야크들이기 때문일 것이다. 오늘의 숙영지인 투담 역시 보티아족 마을이다.

깊은 계곡은 정오가 되기도 전에 안개로 가득 찼다. 매일 이런 날씨 속에서 트레킹을 하다 보니 날씨에 대한 기대는 사라진 지 오래다. 흐려지는 날씨 속에 마카르는 야크 똥이 가득한 작은 카르카에서 점심식사를 준비 중

이다. 포터들은 나뭇가지를 주워 불을 지피고 얼얼해진 몸을 녹인다. 이곳에서 추위를 피하는 방법은 불을 피우는 것밖에 없다는 것을 알지만, 매번가는 곳마다 온 산을 태울 기세로 불을 피우는 것을 보니 불이라도 날까 싶어 걱정이 된다.

"한국 산에서 이렇게 불을 피우면 경찰한테 잡혀가요."

나는 끊임없이 장작을 집어넣어 불을 키우는 포터들에게 말했다. 그러자 곁에 있던 쭈레는 "네팔도 마찬가지야. 근데 경찰이 우리를 잡으러 오려면 아마 일주일은 걸어와야 할 걸?" 하며 히죽거리니 모두들 배를 잡고 웃는다.

투담으로 가는 계곡은 굽이굽이 휘어지며 층층이 크고 작은 폭포를 만든다. 맑은 강물소리는 골안개가 내리덮인 적막한 계곡을 적신다. 몽환적인 분위기 속에 나지막한 길을 걷다 보니 신선이 된 기분이다.

산속 깊숙한 곳에 약 스무 채의 가옥이 있는 투담(Thudam, 3,556m)은 적막감이 감돌 정도로 고요하다. 투담은 마칼루 동쪽의 가장 깊숙한 곳에 자리한, 네팔 히말라야 중에서도 '오지 중의 오지' 마을이다. 마을의 집들은 대부분 나무로 지어져 있어 강원도 두메산골의 너와집을 연상케 한다. 강가

에 위치한 마을은 홍수를 대비하고, 습기를 차단하기 위해 집 바닥을 지면에서 1미터 정도 올려 지었다. 집 아래에는 집집마다 나무가 켜켜이 쌓여 있고, 룽다가 휘날리는 용마루 아래에는 길게 재단해 깎아놓은 나무를 말리고 있다.

보티아족인 투담 사람들은 대부분 자신들의 땅이 없어 구티굼바(Guthigumba), 홍곤(Hogon), 하티야(Hatiya)에 사는 로미족으로부터 아룬 강 동쪽의 땅을 임대해 농사를 짓고, 야크를 돌보며 살아간다. 그래서일까? 전통적으로 보티아족은 가족 내에서 토지의 소유권을 유지하기 위해 여러 형제가 한 여자와 결혼하는 관습이 있다.

이들은 물레방아로 돌아가는 목재소에서 주니퍼 향나무 제품을 생산하는데, 이는 티베트에서 품질을 인정받는다. 마을에는 학교와 작은 곰파가 있지만, 통신수단은 없다. 때문에 사람들은 누군가가 죽으면 제식을 위해 이틀거리인 참탕까지 가서 라마를 데리고 온다.

우리는 랍시 콜라를 가로지르는 작은 나무다리를 건너 마을 건너편에 있

는 카르카에 자리를 잡았다. 곧 인기척을 느낀 마을 사람들이 우르르 몰려온다. 갓난아기부터 눈썹이 희끗한 할아버지까지. 마을 사람들이 총출동을 한 것 같다. 그들은 무엇이 그리 신기한지 나와 타오의 얼굴을 뚫어져라 쳐다본다. 그러다 눈이 마주치면 부끄러워하면서도 환한 웃음을 짓는다. 이들의 환대에 보답을 하고 싶어진 나는 그들의 모습을 카메라에 담아 보여준다. 그러자 이번에는 어른 아이 할 것 없이 카메라 속에 있는 자신들의 모습을 보느라 여념이 없다.

  사실 히말라야에서 사진을 보고 신기해하는 현지인들은 쉽게 만날 수 있다. 그런데 투담 사람들은 말로 설명하기 어려운 독특한 분위기가 있다. 그들은 하나같이 머리부터 발끝까지 땟국물이 꾀죄죄하게 흐른다. 하지만 그것은 겉모습일 뿐 그들은 유난히 맑고 선한 눈망울을 가졌다. 미소는 순수하다 못해 순결하다. 우리를 향한 눈빛에는 호기심이 가득하지만 행동은 조심스럽다. 두려움이 아닌 배려다. 지구상에 이렇게 티끌 하나 묻지 않은 순수함을 가진 사람들이 존재한다는 것이 놀라웠다. 그제야 '오지의 순

수'라는 말을 이해할 수 있었다.

짝사랑은 이제 그만

스태프들을 위해 마을에서 럭시와 소고기를 구입했다. 내가 주방에서 쓰는 대야 한가득 고기를 가져오자 스태프들은 싱글벙글이다. 나 역시 모처럼 그들이 배불리 식사를 할 수 있다고 생각하니 음식을 만들기도 전에 배가 불러온다.

마카르가 있는 주방 텐트에 찾아가니 마침 그는 띠르떼와 함께 무스탕 커피를 마시고 있다. 기름에 튀긴 쌀을 럭시나 럼주에 넣어 만든 술인 무스탕 커피는 얼마나 독한지 한 잔을 다 마시기도 전에 금세 얼굴이 달아오른다. 순식간에 취기가 오른 나는 조용한 성격의 띠르떼에게 말을 붙인다. 트레킹을 오기 전 스태프들과의 소통을 위해 독학한 네팔어를 제대로 써먹어보고 싶은 마음도 있었다.

"띠르떼 다이, 자식은 몇 명이에요?"

"아들만 셋이야."

"오! 다이는 아주 강한 사람이네요! 럭시 좋아하는 아내는 예뻐요? 보고 싶지는 않고요?"

"우리 와이프는 매일 집에서 럭시만 마시고, 미인은 아니야. 못생겼어."

"아니 그런데, 아이는 어떻게 세 명씩이나 태어났어요?"

내가 짓궂은 농담을 던지자 그는 얼굴이 벌게지더니 곧 마카르와 함께 박장대소 한다. 취기가 오르자 마카르는 그의 가족에 관한 얘기와 함께 지난 세월 원정대의 요리사로 살아온 자신의 삶에 대해 이야기한다.

마카르와 띠르떼는 이부형제였다. 그래서인지 마카르는 유난히 띠르떼를 챙겼다. 현재 네팔은 표면상으로는 일부일처제이지만, 모계 중심이던 과거에는 형제가 한 여자와 혼인하는 예가 허다했다고 한다. 아마도 그것은 가난한 사회에서 신부를 데려올 형편이 안 되다 보니 일처다부제를 허용한 데서 기인했을 것이다.

"내가 25년째 요리사 생활을 하고 있는데, 이제는 나이가 먹어서 그런지 산에 오는 게 힘에 부치네. 그래서 일을 그만두고 싶은데, 막내 공부 때문에 앞으로 5년은 더 이 생활을 해야 할 것 같아."

그의 얼굴에 깊게 팬 주름에서는 고단한 삶이 묻어났다. 딸만 여섯을 내리 낳은 그는 나이 마흔에 귀한 아들을 얻었다. 그의 막내아들에 대한 사랑은 유별났다. 지난 트레킹 때에도 아이들을 볼 때마다 아들이 보고 싶다며 아들바보를 자청했던 그는 이번에도 아들이 보고 싶은가 보다. 그러면서도 그는 자신을 살뜰히 챙기는 딸들에 대한 자랑도 빼놓지 않는다.

마카르는 지갑 속에 있던 사진 한 장을 꺼내 내게 보여준다. 사진 속에는 스무 살이 채 안 되어 보이는 어린 소녀가 꽃밭에 앉아 수줍게 웃고 있다. 그의 아내이다. 그는 예전에도 같은 사진을 나에게 보여주며 아내에 대한 그리움을 쏟아냈었다. 여전히 변함없는 모습에 마음이 뭉클해진다. 아내의 사진을 매만지며 미소를 짓고 있는 그에게 나중에 꼭 두 분이 함께 웃고 있는 모습을 사진으로 남겨주고 싶다는 생각이 든다.

마카르와 수다 삼매경에 빠졌던 나는 얼떨떨하게 취해 텐트로 돌아왔다. 포터들은 카르카 한편에 불을 피워 놓고 둘러앉아 럭시를 데워 마시고 있는 가운데 오늘의 주방 보조인 딥은 랜턴도 없이 강가로 물을 뜨러 간다. 나는 타오가 지어준 '참견 버이니'라는 별명답게 재빨리 랜턴을 들고 그를 따라간다. 그러자 딥은 불을 비춰주는 내가 고마웠는지 물을 뜨다 말고 "룸바 삼바 서펄! 셰르파니 콜 서펄!" 하고 외치며 엄지손가락을 치켜든다. 그것은 룸바 삼바를 성공했으니 셰르파니 콜도 성공하길 바란다는 뜻이었다.

그에게서 생각지도 못한 응원의 말을 듣자 마음에 불꽃이 인다. 요 며칠 나를 짓눌렀던 죄책감과 앞으로 갈 길에 대한 부담감이 눈 녹듯 사라지는 것 같았다. 힘든 와중에도 늘 나에게 따뜻한 미소를 던져주는 이들에게 새삼 고마운 마음이 느껴진다. 일방적인 짝사랑인 줄 알았는데, 이들 역시 나를 애정 어린 마음으로 대하고 있었다. 딥의 한마디에 갑자기 부자가 된 기분이다.

22일차. 투담 - 카르카 캠프

[이동거리: 12.2km / 고도 556m↓ 300m↑ 630m↓]

| 오지 트레킹의 정점을 찍다

이른 아침 투담의 풍경은 시간이 멈춰버린 세계처럼 보인다. 마을 어디에서도 인기척을 느낄 수가 없고, 굴뚝에서는 연기가 피어오르지도 않는다. 깊은 계곡 한 자락에 자리 잡은 이곳은 과연 지구상에 존재하는 마을인지 의심이 들 정도로 오지의 풍경을 고스란히 담고 있다.

출발 전 양말을 빨기 위해 강물에 손을 담근 나는 소스라치게 놀라 뒤로 자빠졌다. 빙하가 녹아 내려온 물은 손가락이 아리다 못해 떨어져 나갈 것처럼 차다. 비눗물이 밴 양말을 제대로 주무르지도 못한 채 흐르는 강물에 설렁설렁 헹궈 배낭에 매달았다. 딥은 이렇게 차가운 물을 처음 만져봤다며 난리법석을 떠는 내게 따뜻한 물을 부어주며 어젯밤에 이어 나를 또 한 번 마음 부자로 만들어준다.

올랑춘 골라에서부터 우리를 안내해줬던 체덴은 이틀에 걸쳐 왔던 길을 되돌아간다. 우리는 이곳까지 나흘에 걸쳐 왔지만 자신의 걸음으로는 이틀이면 충분하다고 한다.

"정말 고마웠어요. 체덴이 없었으면 우린 룸바 삼바를 넘지 못했을 거예

요. 그리고 다음에 한국인이 오면 그때도 잘 부탁해요."

나는 그에게 넉넉한 팁과 간식거리를 쥐어 주며 오지랖 넓은 부탁도 빼놓지 않는다.

"네. 여름에 오면 눈도 없고, 바람도 안 불어서 룸바 삼바는 쉽게 넘을 수 있어요. 그러니 꼭 다시 오세요."

후한 팁을 받아든 그는 몇 번이고 고맙다는 인사를 하고는 우리보다 먼저 투담을 떠난다.

트레킹을 하다 보면 만남과 헤어짐이 수없이 반복된다. 체덴이 돌아간 후 우리는 투담에서부터 참탕까지 길을 안내해줄 현지인을 만났다. 이곳에서 참탕으로 가는 길은 정글이 우거져 길을 잃을 위험이 있어 이 지역을 잘 아는 사람이 필요하다. 우리가 고용한 라쁘뚝은 올해 열여덟 살이 된 앳된 보테족 소년이다. 영어를 할 줄 모르는 그는 우리와 간단히 눈인사를 나눈 뒤 앞장서 길을 안내한다.

랍시 콜라(Rapsi Khola) 계곡을 따라 너도밤나무와 자작나무가 우거진 완

만한 숲길을 내려오자 산사태로 쓸려나간 휑한 계곡이 나타난다. 토석이 뒤엉킨 산사태 지역을 지나자 길은 급경사의 오르막 산길로 이어진다. 야크들이 만들어놓은 희미한 길을 따라 고목 사이로 무성히 자란 덤불을 헤집으며 산을 오르다 보니 어느새 몸은 땀범벅이다. 땀에 젖은 옷을 펄럭거리며 계곡 모퉁이를 돌자 길은 절벽을 가로지른다.

날렵하게 솟아오른 기암괴석이 병풍처럼 드리워진 벼랑 위에 만들어놓은 길. 그것은 중국 화산의 장공잔도를 생각나게 한다. 만약 발을 헛딛게 되면 수백 미터 아래의 계곡으로 떨어지게 되니 내딛는 발걸음이 조심스럽다. 절벽이 무너져 길이 끊긴 곳에는 가느다란 통나무 세 개를 이어 돌로 눌러놓은 엉성한 다리가 놓여 있다. 아슬아슬함에 보는 것만으로도 오금이 저려온다.

지도에는 표시되어 있지 않은 계춥 라(Gechup La, 3,330m) 정상은 안개가
자욱하게 끼어 아무것도 보이지 않는다. 라쁘뚝이 휴대폰을 꺼내들고 어
디론가 전화를 건다. 기지국이 있을 리 만무하니 그의 통화는 성공하지 못
했다. 나는 휴대폰을 들고 있는 그를 보고 마치 휴대폰을 처음 본 사람처럼
깜짝 놀랐다. 오지 중에 오지인 투담에 사는 이가 현대 문명의 결정판인 휴
대폰을 가지고 있다는 것이 너무도 충격이었기 때문이다.

계춥 라를 지나 고도가 낮은 곳으로 내려설 때까지 산허리를 감고 도는
낭떠러지 길은 한동안 이어진다. 끊임없이 반복되는 오르막 내리막은 기
운을 뺀다. 게다가 간밤에 내린 비로 진창이 된 길은 얼마나 미끄러운지 걷
는 것 자체가 고통이다.

질퍽한 진창을 빠져나오자 진한 향기를 머금은 우아한 목련과 가지마다
소복하게 핀 붉은 랄리구라스가 지친 몸을 달래준다. 잠시 쉬어가던 중 라
쁘뚝이 내 옷에서 뭔가를 떼어낸다.

"어머. 저거 뭐야! 어디 다른데도 붙어 있는 거 아니야?"

진드기였다. 나는 화들짝 놀라 옷을 털며 소란을 떤다. 하지만 라쁘뚝은
이게 뭐 대수냐는 듯 수박씨만한 진드기를 스스럼없이 손톱으로 눌러 '딱'
하는 소리와 함께 터뜨려 죽이니 온몸에 소름이 돋는다.

"어어! 어어!"

어둡고 습한 대숲을 지나는 중 뒤쪽에서 타오의 비명소리가 들려온다.
질척한 내리막을 내려오던 중 미끄러진 것이다. 그는 엉덩방아를 찧은 것
도 모자라 한 바퀴를 구르고 나서야 멈춰 선다. 한 덩치 하는 그가 구르니
소리가 요란할 뿐 아니라 시간도 오래 걸려 마치 슬로비디오를 보고 있는

것 같다. 그가 미끄러지는 장면이 어찌나 우스꽝스러웠던지 웃음보가 터질 것 같았다. 하지만 여기서 웃었다간 분명 그의 마음이 상할 것 같아 억지로 심각한 표정을 지으며 그에게 다가갔다.

"괜찮아? 많이 안 다쳤어?"

"응. 엉덩이가 좀 아픈 것 빼고는 괜찮은 것 같아."

크게 다치지 않아 다행이었다. 하지만 나는 자꾸만 그가 미끄러지던 장면이 생각나 웃음이 새어나오는 바람에 그의 눈을 피해 혼자 키득거렸다.

카르카에 가까워질수록 수염처럼 이끼를 늘어뜨린 수목과 무성한 잡초로 인해 길은 더욱 험해진다. 특히 카르카로 올라서기 직전에는 제대로 서서 걸을 수 없을 만큼 대나무가 우거져 오리걸음으로 지나야 하니 유격훈련을 방불케 한다.

"여기는 정말 히말라야 오지 트레킹의 정점을 찍는구나!"

타오는 이마에 흥건한 땀을 닦으며 혀를 내두른다.

카르카 캠프(Kharka, 2,700m)는 언덕배기에 있는 대숲을 일부 개간해 만든 곳이었다. 원래 카르카는 '초원'이라는 뜻으로 보통 소들을 방목하여 키우는데, 넓고 평편하여 캠프지로도 많이 이용된다. 하지만 이곳은 사방이 대나무로 막혀있고, 바닥은 마르지 않은 소똥 천지라 벌레가 들끓고 있다. 캠프지 뒤쪽에 있는 샘터 역시 모기 유충이 가득하고, 풀밭은 진드기 천지다. 찜찜한 기분에 더해 부슬부슬 비까지 내리기 시작하니 이곳에서 한시도 머물고 싶지 않다. 마카르 역시 이렇게 지저분한 곳에서 어떻게 캠핑을 하겠냐며 고개를 내젓는다. 하지만 다른 숙영지를 찾아가기에는 이미 시간이 늦어 이곳에서 머물 수밖에 없다.

카르카 한편에는 대나무 살을 엮어 만든 허름한 집 한 채뿐이다. 집 바로 옆 헛간에는 얼마 전 태어난 송아지와 새끼 염소가 번갈아 어미를 찾으며 울어 재낀다. 아이들은 낯선 이들의 방문에 신이 난 듯 맨발로 쇠오줌과 똥이 뒤섞인 진창을 거리낌 없이 뛰어다닌다. 한 아이는 개를 껴안고 카르카 이곳저곳을 뒹군다. 코를 흘리며 천진난만하게 웃고 있는 아이들의 미소는 언제 보아도 예쁘지만, 아이들이 살기에는 너무도 불결한 환경이라는 생각이 든다.

그간 오지를 다니며 위생이라는 개념을 내려놓은 지 오래지만 이곳의 아이들은 여태껏 내가 봐왔던 것들을 초월하는 행색이다. 네 살쯤 되어 보이는 여자아이는 일부러 개구멍바지를 만들어 놓은 건지는 몰라도 바지 밑이 다 터져 있어 안이 훤히 들여다보인다. 또 다른 아이 둘은 비슷한 차림으로 갓난아기를 업고 있으니 애가 애를 업은 격이다.

녹록치 않은 오지의 삶을 마주한 나는 이들에게 뭔가 도움을 주고 싶었

다. 히말라야 횡단 트레일이 개발된 목적 중 하나는 이런 오지의 사람들에게 경제적 혜택을 주기 위함이다. 우리처럼 현지 가이드를 고용하거나 현지의 농축산물을 구입하는 것은 이들에게 도움이 된다. 우리는 이곳에서 추르피(말린 야크 치즈)를 구입했다.

저녁 메뉴로는 내가 좋아하는 셰르파 스튜(고기를 넣어 만든 셰르파 수제비)가 나왔다. 하지만 벌레가 움실대는 물로 만들었다고 생각하니 아무리 식성이 좋은 나일지라도 좀처럼 넘어가지 않는다.

파키스탄 라카포시 베이스캠프 트레킹을 갔을 때는 지금보다 상황이 심각했다. 소들의 방목지인 그곳에서는 빙하가 녹은 물이 실개천처럼 숙영지를 가로지르고 있었다. 소들은 그곳에 발을 담그고 지나가거나 오줌을 싸기도 했다. 우리는 분뇨가 섞여 녹조가 진행 중이다 못해 허연 거품이 일고 있는 물로 밥을 해 먹어야 했다. 그곳에 온 사람들은 그 물로 설거지도 하고, 세수도 하고, 취사도 하니 기가 막힐 노릇이었다. 하지만 나는 소가 발을 담근 사골물이라며 그 물로 끓인 라면을 맛있게 먹었다.

그런 경험을 비추어 봤을 때 모기 유충이 들어간 물로 지은 밥을 먹는다고 해서 탈이 날 확률은 적었다. 내키진 않지만 내일 또 움직이려면 조금이라도 먹어야 한다. 넘어가지 않는 음식을 억지로 욱여넣고는 타오에게 "내일 아침이 되면 내 뱃속에서 에일리언이 나올 것 같아."라며 농담을 했다.

타오는 낮에 엉덩방아를 찧은 곳이 불편한지 엉덩이를 까집는다.

"여기 좀 봐봐. 혹시 피났어?"

"푸! 하하하! 아이고. 배야! 아니 도대체 어떻게 미끄러졌기에 이렇게 시퍼렇게 멍이 든 거야?!"

"거기다 엉덩이는 왜 이렇게 커!"

곤장을 맞은 듯 보랏빛으로 물든 그의 엉덩이를 보자마자 나는 좁은 텐트 안을 데굴데굴 구르며 폭소했다. 약을 발라 달라며 심각한 표정으로 엉덩이를 까집고 있는 그와는 달리 자꾸만 웃음이 터져 나왔다. 한참을 눈물이 날 만큼 웃던 나는 결국 눈을 질끈 감고 그의 큰 엉덩이에 약을 발라주었다.

잠자리에 들기 전 행여 벌레가 들어올까 싶어 텐트 지퍼를 단단히 여민다. 하지만 언제 들어왔는지 텐트 안에는 진드기 한 마리가 기어 다니고 있다. 잽싸게 진드기를 잡아 밖으로 던진 나는 침낭 입구를 단단히 조여 맨다. 하지만 자꾸만 다리에 뭔가 스멀스멀 기어 다니는 느낌이 들어 몇 번이고 침낭 안을 살핀다.

"아이고. 내가 너 대신 진드기한테 물릴 테니 걱정 말고 자."

타오는 나를 안심시키려 하지만 정작 그는 바늘 하나 들어갈 틈도 없이 침낭을 단단히 조여 매고 있다.

"그러려면 다리 한쪽이라도 내놓고 자야 진드기가 나한테 안 달라붙지!"

내가 그의 침낭 지퍼를 확 열어젖히자 그는 화들짝 놀라며 질색을 한다. 그 모습에 나는 또다시 파안대소한다.

23일차. 카르카 캠프 - 참탕

[이동거리: 6.5km / 고도 900m↓ 387m↑]

| 망각이 필요해

　정글 속에 제멋대로 뻗어 엉켜있는 나뭇가지는 커다란 짐을 이고 가는 포터들에는 성가신 존재다. 머리에 인 짐이 나뭇가지에 걸리기도 여러 차례. 포터들은 길을 막고 쓰러져 있는 나무 아래를 기어서 지난다. 그런데 뒤에서 지켜보니 가네쉬의 걸음걸이가 어제보다 더 불편해 보인다. 아무래도 어제 지나온 길이 오르내림이 심해 무릎에 부담이 많이 간 것 같다. 오늘도 평소처럼 그에게 무릎 테이핑과 함께 진통제를 먹였지만, 별 차도가 없다. 하기야 진통제로 버티는 것도 하루 이틀이지. 걷지 말아야 낫는 병인데 무거운 짐을 지고 하루 여덟 시간 이상 걷고 있으니 상태가 좋아질 리 없다. 한 걸음 옮길 때마다 절뚝거리는 가네쉬를 보니 가시방석 위에 앉아 있는 것처럼 마음이 불편하다.

　숲을 빠져나와 신선한 봄바람이 산들대는 산비탈에 서서 지나온 계곡을 돌아보니 불과 이틀 전에 지나온 길인데도 아득하게 느껴진다. 북쪽에는 시간이 멈춰버린 중세의 마을처럼 보이는 리닥(Ridak, 2,800m)이, 서쪽으로는 아룬 나디 건너 참탕(Chyamtang, 2,187m)이 내다보인다. 참탕은 이곳

에서 직선거리로는 꽤 가깝다. 하지만 현재 우리가 있는 곳에서 아룬 나디(Arun Nadi)가 흐르는 계곡 바닥까지 내려간 뒤 그곳에서 다리를 건너 오르막을 올라야 참탕에 닿을 수 있다.

티베트에서 발원한 아룬 나디(Arun Nadi)는 길이가 약 250km로 네팔에서 가장 큰 강 중 하나이다. 이곳에서 강을 따라 북쪽으로 거슬러 올라가면 티베트와의 국경 마을인 키마탕카(Kimathangka, 2,765m)에 닿는다. 이 지역의 사람들은 키마탕카를 통해 중국제 생필품을 구입한다.

원시림은 고도가 낮아질수록 점차 대숲으로 바뀌더니 곧 벌목으로 맨둥맨둥 속살을 드러내고 있는 산등성이가 나온다. 작은 돌이 많은 흙길은 미끄럽고 경사가 급해 걷기가 힘이 든다. 게다가 길은 계곡으로 내려설 때까지 5m마다 방향을 바꿔 지그재그로 나 있어 멀미가 날 것 같다.

스태프들은 아룬 강을 건너는 다리 옆에서 점심식사를 준비한다. 그런데 그들 곁에 머리가 훌렁 벗어진 사람이 함께 있다.

'누구지? 우리 스태프 중에 저런 사람이 있었나?'

의아한 생각이 들어 유심히 살펴보니 그는 우리 팀의 보조 가이드 크리슈나였다. 그러고 보니 지금까지 그는 낮이나 밤이나 항상 모자를 쓰고 있었다. 때문에 나는 그가 민머리라는 사실을 오늘에야 알게 된 것이다. 그가 꽃미남이라는 환상이 깨짐과 동시에 그동안 크리슈나에게 속았다는 생각에 배신감마저 느낀 나는 들고 있던 스틱을 바닥에 패대기쳤다. 물론 그가 민머리든 아니든 그는 우리에게 있어 늘 책임감 강하고 성실한 가이드이다. 하지만 그가 멋진 헤어스타일을 갖고 있을 거라 철석 같이 믿고 있었던 내게 조금 전 크리슈나의 모습은 잊고 싶은 기억이다.

참탕은 목가적인 풍경이 펼쳐지는 마을이다. 추수가 끝난 꼬도 밭에는 소와 염소가 어울려 한가로이 풀을 뜯고 있다. 푸른 감자밭 사이에 옹기종기 자리한 집들은 소박하고 아늑하다. 참탕은 오지에서는 드물게 100여 가구가 넘는 큰 마을로 감자와 벼, 보리농사를 짓고 살아간다. 주민들은 대부분 보티아족과 셰르파족이다.

마을로 들어서자 대나무로 지붕을 이은 집들 사이로 정겨운 시골 풍경이 펼쳐진다. 봄의 싱그러움을 가득 담고, 온통 초록으로 물들어 있는 마을은 동화 속에나 존재하는 마을 같다.

쭈레는 마을 끝에 위치한 교회 앞에서 우리를 기다리고 있었다. 히말라야 트레킹을 하며 교회를 본 건 처음이다. 과거 참탕은 대부분 티베트 불교를 믿는 마을이었지만, 이곳에서 오랜 기간 동안 의료 클리닉을 운영한 오스트리아인들의 노력으로 주민 절반이 기독교로 개종했다고 한다.

교회 앞 비어있는 밭을 숙영지로 정했다. 배낭을 내려놓자마자 교회 건물 아래층에 있는 작은 상점으로 향했다. 국경 마을인 키마탕카와 멀지 않

은 마을이라 그런지 상점 안을 채우고 있는 물건들은 대부분 중국제이다. 이곳에서 스태프들에게 콜라를 안겼다. 낮아진 고도만큼 더워진 날씨에 땀을 뻘뻘 흘리며 도착한 포터들의 얼굴이 금세 밝아진다.

포터들은 이곳까지 오면서 닳아버린 신발을 대신할 새 신발을 구입한다. 그들은 대부분 칸첸중가의 군사마을을 떠나올 때 새 신발을 구입해서 신고 왔지만 길이 워낙 험하다 보니 신발이 다 망가졌다. 하기야 우리의 튼튼한 등산화도 밑창이 다 닳았을 정도이니 중국제 운동화를 신고 온 그들의 신발이 멀쩡할 리 없었다.

상점 앞에는 할머니 한 분이 지나가는 사람들에게 침을 퉤퉤 뱉으며 욕을 퍼붓고 있다. 포터들도 예외는 아니다. 포터들은 영문도 모른 채 할머니한테 욕을 바가지로 먹고 황당해한다. 그때 곁에 있던 마을 주민이 나를 보며 자신의 머리를 향해 손가락을 돌린다. 할머니의 정신이 오락가락한다는 뜻이다. 욕쟁이 할머니는 내가 마음에 들었는지 볶은 옥수수를 두 손 가득 퍼주신다. 할머니의 손톱에는 새까만 때가 잔뜩 끼여 있고, 손등 역시 얼룩덜룩하다. 챙겨주는 마음이야 고맙지만 이것을 먹어야 할지, 말아야 할지 고민이 된다. 결국 할머니가 잠시 딴눈을 파는 사이 마당을 돌아다니는 닭에게 옥수수를 던져주었다.

참탕의 화장실

옷을 갈아입던 타오는 무릎에 붙어있던 진드기 한 마리를 발견했다. 진드기를 떼어내자 피부가 붉게 부풀어 오른다. 벌레에 물린 귀는 진물이 나고, 엄지발가락에는 물집이 생겼다. 어제는 미끄러져 엉덩이에 피멍이 들더니 온몸이 부상병동이다. 나는 그에게 다들 멀쩡한데 왜 자꾸만 혼자 아픈지 모르겠다며 타박을 하지만, 속으로는 그의 몸이 상하지 않을까 걱정이 된다.

늦은 오후부터 내리기 시작한 비는 밤이 되자 더욱 거세지며 천둥번개까지 친다. 잠들기 전 화장실을 가기 위해 헤드랜턴을 챙겨 밖으로 나왔다. 보통 마을이 없는 곳에서는 땅을 30cm 정도 파고 그 위에 샤워 텐트를 쳐서 화장실로 사용한다. 하지만 그간 우리는 따로 화장실 텐트를 치지 않고, 자연을 벗 삼아 생리 현상을 해결했다. 오늘처럼 마을이 있는 곳에서는 마을의 화장실을 사용한다. 하지만 오늘 밭을 빌려준 상점 주인은 우리에게 밭 한편에 화장실 텐트를 치도록 했다.

화장실 텐트 문을 열자 번갯불이 번쩍한다. 순간 화장실 안이 환하게 밝아지며 앞서 화장실을 다녀간 타오의 흔적이 적나라하게 드러났다.

그의 덩치와는 어울리지 않는 동글동글한 덩어리 세 개!

구덩이 속에 덩그러니 놓인 그 덩어리들의 냄새는 얼마나 고약한지 코를 들기가 어렵다. 그는 부끄럽지도 않은지 그것을 흙으로 덮어놓지도 않고 나왔다. 나와 단둘이 사용하는 화장실에 테러에 버금가는 만행을 저지르고 나온 것이다.

그 광경을 본 나는 웃음보가 터졌다. 천둥번개와 함께 억수같이 쏟아지는 비를 쫄딱 맞으면서도 한번 시작된 웃음은 멈추지가 않았다. 그렇게 실성한 사람처럼 한참을 웃던 나는 물에 빠진 생쥐 꼴을 하고 텐트로 돌아왔다. 그리고 타오의 얼굴을 마주한 나는 방금 전 일이 떠올라 또다시 폭소했다.

24일차. 참탕 - 홍곤

[이동거리: 19.2km / 고도 136m↑]

| 깊은 산중에서 게걸음으로

참탕 어귀에서부터는 세월의 흔적을 고스란히 담고 있는 수많은 룽다와 초르텐을 만나게 된다. 바람에 깎이고 퇴색된 초르텐은 세월을 가늠할 수 없을 만큼 두꺼운 이끼가 뒤덮여 있고, 나무까지 자라고 있다. 초르텐 위에는 누군가 얌전히 올려놓은 야생화가 있다.

'사람들은 이 꽃을 바치며 어떤 염원을 담았을까?'

아마도 자신의 가족은 물론 이곳을 지나는 사람들의 안녕과 세상 만물의 행복을 빌었을 터. 새삼 고마움이 느껴진다.

홍곤으로 가는 길은 아룬 계곡의 산등성이로 난 한적한 시골길을 따라 이어진다. 언덕 끝까지 이어지는 푸른 밀밭은 살랑살랑 불어오는 바람에 일렁이고, 아침햇살은 여느 때보다 따사롭다.

참탕에서 한 시간 남짓 걸리는 링감(Linggam)은 참탕보다 규모가 작지만, 형편은 더 나아 보인다. 집들은 대부분 파란색 양철지붕이 씌워져 있고, 규모가 큰 학교도 있다. 링감과 그 경계가 모호할 정도로 가까운 체푸와(Chepuwa, 2,040m)는 약 120채의 가옥이 있는 큰 규모의 마을로 가로등과

수력 발전소가 있다. 체푸와는 집집마다 긴 장대 위에 여러 개의 대나무를 묶어 하늘을 찌를 듯 독특한 모양의 초따르가 세워져 있다. 집의 한쪽 벽면은 돌을 쌓아 올리고, 다른 한쪽은 장작으로 가득 쌓아올린 특이한 창고를 가진 집도 보인다. 마을을 구경하며 걷는 것은 히말라야 트레킹의 또 다른 즐거움이다.

체푸와 마을 끝 언덕에 있는 초우따라에서 마을을 내려다보니 작물에 따라 링감과 체푸와의 경계가 뚜렷하게 갈린다. 추수가 끝난 링감의 꼬도 밭은 아침햇살에 금빛으로 물들어 반짝이고, 체푸와의 초록빛 밀밭은 싱싱한 봄기운으로 물들고 있다. 커다란 꼴지게를 지고 가던 노인은 우리가 홍곤으로 가는 걸 어떻게 알았는지 묻기도 전에 홍곤까지는 세 시간이 걸린다고 알려준다. 낯선 이에게 경계는커녕 무거운 짐을 지고도 친절함을 베풀어주니 마음이 훈훈해진다.

발아래 천 길 낭떠러지를 두고 절벽 위에 서서 바라보는 깊은 계곡의 풍경은 짜릿한 전율과 쾌감을 안겨준다. 나는 절벽 끝에 걸터앉아 허공에 발을 띄운 채 달콤한 휴식을 즐긴다. 옷 속으로 상연히 기어드는 바람에 마음

이 날아갈 듯 가볍다.

이곳부터는 아슬아슬한 절벽 위로 난 길을 따라간다. 두 명이 서면 꽉 찰 정도로 좁은 절벽 아래로는 천야만야한 까마득한 계곡이다. 계곡이 얼마나 깊은지 쳐다보려고 해도 현기증이 나서 도저히 바로 볼 수가 없다. 하지만 소들은 까막눈이라도 된 건지 위험천만한 절벽은 아랑곳 않은 채 길을 막고 풀 뜯기에 열중이다.

절벽을 돌자 바위산 허리에 가느다란 실처럼 이어지는 길이 보인다. 길 너머 산등성이에는 오늘의 목적지인 홍곤이 보이지만, 그보다는 '어떻게 이런 곳에 길을 뚫었을까?'라는 생각에 기가 막힌다.

길은 조금 전보다 더 좁아졌다. 아찔한 절벽에 바싹 붙어 게걸음으로 걷고 있자니 다리가 후들후들 떨리고, 심장이 쪼그라드는 것 같다. 이 와중에 타오가 돌을 잘못 밟아 돌계단이 무너졌다. 부상병동인 것도 모자라 이제

는 남의 동네 길까지 무너뜨리고 있다고 생각하니 갈수록 가관이다.

가슴을 졸이며 걷다 보니 얼마 가지 않아 스태프들이 길 위에서 점심식사를 준비하고 있다. 그들이 있는 곳은 폭이 1m 남짓한 좁은 절벽 길 위다. 강심장이 따로 없다. 더군다나 그곳은 그늘 하나 없는 땡볕이다. 물을 구할 수 있는 곳이 이곳뿐이라 어쩔 수 없는 선택이었을 것이다. 하지만 기막히게 위험한 길 위에서 식사를 해야 한다는 것이 어이가 없어 헛웃음이 나온다. 한낮 땡볕 아래 프라이팬처럼 달궈진 길 위에 앉았다. 곧 식사가 나오고 땀을 뻘뻘 흘리며 밥을 먹다 보니 낯가죽이 다 익는 것 같다.

홍곤(Hongon, 2,323m) 어귀에 있는 방앗간에 다다르자 마침 밀을 갈고 있던 어린 남매가 수줍게 고개를 내민다. 카메라를 보여주며 남자아이를 향해 손짓하자 아이는 부끄러운지 몸을 숨긴다. 반면 아이의 누나는 거리낌 없이 나에게 다가와 사진을 찍어 달라고 한다. 그러자 먼발치서 그 모습을 지켜보던 남동생도 사진을 찍어달라며 달려온다. 얼굴에 온통 하얗게 밀가루 칠을 하고 있는 아이들의 모습을 사진에 담았다. 아이들은 자신들의 모습이 우스운지 한참을 들여다본다. 순수하고 예쁜 아이들의 모습이 사랑스러워 헤어지기 전 남매를 꼭 안아주었다.

트레커의 발길이 닿지 않는 곳에서는 보통 추수가 끝난 밭이나 마을에 있는 학교 운동장에서 캠핑을 한다. 마을을 관통하는 길을 따라 마을 꼭대기에 위치한 홍곤 초등학교에 다다르니 학교는 얼마 전 일어난 산사태로 건물 절반이 무너져 한창 공사가 진행 중이다. 마음씨 좋아 보이는 교장 선생님께 허락을 받아 하룻밤 신세를 지기로 한다.

우리가 도착하자마자 마을의 아이들이 몰려든다. 또다시 동물원 원숭이가 됐다. 홍곤은 로미, 셰르파, 보티아족이 섞여 사는 마을이다. 아이들 중에는 화려한 전통의상을 입은 보티아족 아이들이 있었는데, 한복과 비슷한 차림이면서도 매우 화려해 눈길을 끈다. 선뜻 다가오지 못하고 있는 아이들에게 사진을 찍어주겠다며 불러 모으자 차렷 자세로 나란히 줄을 선다. 조금 전까지 웃고 떠들던 모습은 간데없고, 카메라를 향해 잔뜩 긴장한 표정을 지으니 여간 귀여운 게 아니다.

먹구름이 잔뜩 끼었던 하늘은 한두 방울씩 빗방울을 떨어뜨리더니 이윽고 세차게 소나기를 퍼붓는다. 퍼붓는 빗속에 생고생을 하며 오고 있을 포터들 걱정에 조바심이 난다. 아니나 다를까 포터들은 꽁지가 빠진 수탉처럼 비를 쫄딱 맞고 나타났다.

약 30분 동안 미친 듯 퍼붓던 소나기는 얼마 지나지 않아 그쳤다. 하지만 학교 운동장은 물이 고여 엉망이 돼버렸다. 쭈레는 진창이 된 운동장에 텐트를 칠 수 있을지 난감해 한다. 교장 선생님은 우리의 사정을 눈치를 채시고는 교실 하나를 내주신다. 교실 안에는 먼지가 가득히 쌓여 있었지만, 한 번 쓸어내니 금세 말끔해진다.

쭈레는 내일부터 마칼루 베이스캠프로 가는 길목에 있는 양리 카르카까

지 닷새 동안 길 안내를 해줄 현지 가이드를 데리고 왔다. 올해 열여덟 살인 파상 셰르파는 이전에 홍곤에서 양리 카르카까지 서양인들을 안내한 경험이 있다고 한다. 앳된 그를 보니 길 안내를 잘 할 수 있을지 걱정이 앞선다.

봄철 홍곤에서 마칼루의 양리 카르카로 가는 길은 많은 적설량으로 인해 눈사태의 위험이 있고, 안개가 자주 끼어 길을 잃기 쉽다. 그렇기에 반드시 길을 잘 아는 가이드와 동행해야 한다. 이 구간은 비교적 낮은 고도에도 불구하고, 히말라야 횡단 트레일 중 어렵고 위험한 구간 중 하나이다.

쭈레는 어디서 한 잔 걸쭉하게 걸치고 왔는지 술 냄새를 풀풀 풍긴다. 그는 마을이 있는 곳에 도착할 때마다 술을 마셨다. 사람을 좋아하고, 돈 욕심이 없는 그에게 술은 산중에서 유일한 낙이었다. 하지만 그는 다음날 일정에 지장을 주지 않을 정도로만 마셨고, 주정을 하지도 않았다. 물론 술을 마시면 평소보다 말이 많아지기는 했다. 그런 모습이 오히려 인간적으로 느껴져 좋았다.

나는 스태프들이 술과 담배를 하는 것에 대해 문제 삼지 않았다. 하루 일정이 끝나고 난 뒤 마시는 술에 대해서는 내가 상관할 바가 아니었다. 점심때 한두 잔 정도 마시는 술은 오히려 내가 권하고 나섰다. 우리네 시골에서도 새참과 곁들여 막걸리 한 잔씩을 하며 힘든 노동을 이겨내니 스태프들에게 도움이 될 거라 생각했다.

"문 버이니, 이거 먹어봐."

"어머. 이거 옥수수잖아요"

"요 앞집에서 럭시 한 잔 하다가 버이니 주려고 가져왔어."

방금 볶아온 옥수수는 아직 온기가 남아 있었다.

"와. 이거 정말 맛있네요! 이거 2kg 정도 더 살 수 있나요?"

"응. 금방 가져다줄게."

출출하던 차에 옥수수를 먹으니 고소하다 못해 달기까지 했다. 나는 포터들이 오가며 먹을 수 있도록 그들이 오가는 곳에 자루를 내려놓았다. 포터들 역시 출출했었는지 오갈 때마다 한 줌씩 집어 입에 털어 넣으니 우리의 소박한 주전부리는 순식간에 동이 난다.

25일차. 홍곤 - 바킴 카르카

[이동거리: 6km / 고도 697m↑]

| 한국 남자와 결혼한 네팔 여자

홍곤을 떠나기 전 교장 선생님께 약간의 기부금을 전달했다. 기부금이라고 하기엔 민망할 만큼 적은 금액이지만, 교장 선생님은 실망한 기색 없이 기쁘게 받아주신다.

파상 셰르파는 일찌감치 와서 우리를 기다리고 있다. 그는 학교 뒤편의 푸르른 밀밭이 펼쳐진 언덕을 올라 길을 안내한다. 마을 아이들은 이른 아침부터 산비탈에 수북이 쌓아놓은 장작을 나르고 있다. 대부분 초등학생이나 중학생 또래들로 아이들 중에는 여자아이들도 여럿 있다. 네팔에서는 집안일부터 농사일까지 고된 노동은 거의 여자들의 몫이다. 여자아이들의 얼굴은 하나같이 햇볕에 검게 그을려 있다. 무거운 장작을 옮기고 있는 아이들 곁을 지나려니 미안함과 함께 안타까움이 밀려온다.

마을이 내려다보이는 가파른 언덕 끝에 오르니 포터들은 땀을 비 오듯 흘린다. 그도 그럴 것이 그들의 짐에는 닷새 분의 식량이 가득 실려 있다. 내가 나설 시간이었다.

"파상! 우리 집이 어딘지 들었어?"

"한국인 아니에요?"

"아니야. 나는 셰르파니. 남편이 한국인이지. 그래서 네팔로 같이 트레킹 온 거야."

"정말요? 그럼 누나네 집은 어딘데요?"

"솔루 쿰부 루클라."

"에이, 거짓말."

그는 믿을 수 없다는 표정으로 가재눈을 뜨고 포터들의 눈치를 살핀다.

"진짜야. 버이니 네팔 사람이야."

곁에서 지켜보던 포터들이 나와 장단을 맞춘다.

"정말인가보네. 그럼 몇 살이에요?

"서른!"

나는 나이까지 줄여가며 천연덕스럽게 답했다. 그러자 파상은 당황한 것 같으면서도 내 말을 믿는 눈치다. 포터들은 순진한 파상을 보며 키득거리기 시작했고, 우리는 큰소리로 깔깔대며 웃었다.

"출발!"

나는 배낭에 달아놓은 호루라기를 힘차게 불며 외쳤다. 그러자 포터들은 "루클라에 사는 셰르파니 여경"이라며 또 한 번 배꼽이 빠져라 웃는다.

| 그림 같은 정경의 태곳적 원시림

녹음이 우거진 숲 사이로 바닥을 좁고 깊게 파놓은 길은 마치 다른 세계로 연결되는 통로 같다.

아니나 다를까. 길의 끝에는 조금 전과는 전혀 다른 풍경이 우리를 맞이한다. 저 멀리 깊은 산속은 희뿌연 안개가 드리워져 신비스런 분위기를 자아낸다. 이끼를 뒤집어쓴 각양각색의 원시림은 그림 같은 정경을 그려내고 있다.

봄의 정령이 다녀간 숲에는 랄리구라스와 목련, 야생 앵초가 아침이슬을 머금고 태곳적 원시림과 어우러져 싱그러움을 더한다. 산새들은 햇살이 내려오는 나무들 사이로 배쫑배쫑 지저귀며 천상의 하모니를 펼친다. 발아래 두툽게 쌓여 있는 낙엽을 밟을 때면 바스락바스락 기분 좋은 소리가 들려온다. 원시림이 터널처럼 우거진 길은 올라갈수록 험해진다. 가지가 길게 늘어진 랄리구라스 아래의 바위들은 파르스름한 이끼로 뒤덮여 있다. 바위는 사람의 발이 닿았던 곳만 이끼가 벗겨져 지나간 사람들의 흔적을 보여준다.

꽃으로 피어나는 계절을 지나 점차 고도를 높여 올라가니 설산이 보이기 시작한다.

오후가 되면서 흐려지기 시작한 날씨는 갑작스레 험악해지며 비바람이 몰아친다. 왜 이 동네 날씨는 마을만 벗어나면 심술을 부리는지 모를 일이다. 빗줄기는 더 이상의 운행이 불가능할 정도로 굵어진다. 하지만 마땅한 숙영지를 찾지 못한 우리는 계속해서 위로 올라갈 수밖에 없다.

퍼붓는 빗속에 가파르고 미끄러운 산길을 올라 바킴 카르카(Bakim Kharka, 3,020m)에 도착했다. '바킴'은 티베트에서 특정 종류의 대나무를 의미하는데, 그 때문인지 주변에는 대나무가 많다. 땅은 바위가 많은지 여기저기 툭툭 불거져 있다. 거기다 물까지 머금고 있어 밟을 때마다 물에 담가 놓은 스펀지처럼 물이 새어 나온다. 숙영지로는 적당하지 않은 곳이다. 억수같이 쏟아지는 비에 더는 운행을 할 수 없다. 우리는 주변에 있는 대나무 밭을 바닥에 깔고 텐트를 치기로 한다.

텐트를 치는 동안 포터들은 바닥이 옴폭 패어있는 바위 아래에 쪼그려 앉아 비를 피한다. 그 모습이 처량하면서도 자꾸만 웃음이 난다. 그들 역시 자신들의 모습이 기가 찬지 다들 서로의 얼굴을 보며 웃음을 터뜨린다.

　원래의 숙영지는 바킴 카르카 위쪽의 모룬 포카리였다. 하지만 비로 인해 일정을 변경했으니 내일은 긴 거리를 이동해야 한다.

　'저 너머에는 또 어떤 일이 우리를 기다리고 있을까?'

　짙은 안개가 내려앉은 설산을 보니 설렘보다는 무거운 부담감이 마음을 짓누른다.

26일차. 바킴 카르카 - 모룬 포카리 - 둥게 카르카

[이동거리: 12km / 고도 934m↑ 410m↓]

| 눈 덮인 '여자의 호수'

손끝이 아려오는 추위에 다시금 고지대로 올라왔음을 실감한다. 포터들은 꺼져가는 불씨 앞에서 발을 동동 구르며 몸을 덥힌다. 고산에서 맞는 아침은 포터들에게 참 지독하다.

모룬 포카리로 오르는 길은 눈에 덮여 길의 흔적을 찾을 수가 없다. 얼어붙은 길은 위로 갈수록 가파르고 미끄러워 제대로 서있기가 힘들다. 아래로는 거의 수직으로 깎아지른 절벽이 계곡 바닥까지 이어져있다. 자칫 미끄러지기라도 한다면 저승 나들이를 하게 될 터. 내려다보는 것조차 무섭다.

포터들은 편하게 앉아 쉴 수 있는 작은 공간조차 없는 급경사 산비탈에서 장대에 기대 선 채로 휴식을 취한다. 바위 계곡에서 쏟아져 내려 얼어붙은 눈은 무거운 짐을 진 포터들에게는 큰 시련이다. 포터들은 갈수록 험해지는 길 위에서 장대만으로는 불안했는지 다들 한쪽 손을 바닥에 딛고 구부정한 자세로 급경사지를 오른다.

선두에서는 파상의 안내를 받은 쭈레가 피켈을 이용해 눈을 파내 길을

내고 있다. 하지만 얼어붙은 눈이 잘 깎이지 않는지 속도가 느려 좀처럼 앞으로 나아가지 못한다. 체인젠을 차고 쭈레가 있는 곳으로 올라가니 그는 느린 손놀림으로 발을 디딜 수 있는 계단을 아주 정성껏 만들고 있다. 뒤따라오는 스태프들의 안전을 생각해 꼼꼼하게 길을 만드는 그의 마음을 모를 리 없지만, 이대로 가다가는 오늘의 목적지는커녕 모룬 포카리에도 도착하지 못할 것 같다.

쭈레를 뒤로 물리고 피켈 대신 체인젠을 찬 발로 얼어붙은 눈을 긁어 길을 내기 시작한다. 그것은 피켈보다 더 수월하고 속도도 빨랐다. 열심히 길을 내며 앞으로 나아가고 있던 중 내 뒤에 있던 마카르가 키득거리며 웃는다.

"마카르 다이, 왜 웃어요?"

"버이니. 꾸꾸라."

'꾸꾸라'는 네팔어로 '닭'이다. 그의 눈에는 내가 발로 눈을 긁어내는 모습이 마치 닭이 땅을 파헤치는 것처럼 보였던 모양이다. 그 말을 듣고 보니 나조차도 부정할 수 없는 내 모습에 그와 함께 웃음을 터트린다.

잠시 후 길이 만들어지기를 기다리던 포터들은 다시 이동하기 시작한다. 하지만 가파르고 미끄러운 길 탓에 모두들 기다시피 하여 올라온다. 특히 딥은 아찔한 경사에 겁이 났던지 다리가 떨리는 것이 눈에 보여 안타까움을 더한다. 포터들은 서로의 상황을 누구보다 잘 알기에 가까이 붙어 걸으며 침착하게 움직인다. 어려운 상황에서도 서로를 의지하며 챙기는 모습을 보니 대견하다.

가파른 눈길을 오르자 눈 평원이 나타났다. 그 뒤로는 모룬 포카리로 올라서는 야트막한 언덕이 있다. 이곳에서 색을 구별할 수 있는 것은 눈 위에

살짝 드러난 검은 바위뿐이다. 모룬 포카리로 올라서는 길 바로 옆으로는 엄청난 눈사태가 지나간 흔적이 남아 있다. 다행히 신설이 쌓여있지 않은 데다 단단하게 굳어있어 멈추지 않고 계속 올라간다.

그 사이 맑았던 하늘 위로 뭉게구름 하나가 생기더니 하늘은 삽시간에 먹구름으로 뒤덮인다. 바람은 더욱 거세진다. 또다시 변덕스러운 히말라야의 날씨가 찾아온 것이다.

모룬 포카리(Molun Pokhari, 3,954m)에는 크고 작은 돌탑이 여러 개 쌓여 있다. 호수는 보이지 않고, 온통 눈밭이다. 파상에게 호수가 어디에 있는지 묻자 그는 내가 보고 있는 곳을 가리킨다. 겨우내 내린 눈이 호수를 삼켜버린 것이다.

티베트어로 '여자의 호수'를 의미하는 모룬 포카리는 티베트와의 국경인 펩티 라(Pepti La, 4,203m)와 3km 정도밖에 떨어져 있지 않다. 이곳부터 국경 사이에는 크고 작은 빙하 호수가 스무 개 이상 있다. 또 5,6월 야사굼바(동충하초) 철이 되면 현지인들은 이곳에 머물며 야사굼바 채취에 나선다. 이들은 야사굼바를 티베트와의 국경에 가서 중개상에게 판매하는데, 가격은 개당 4달러로 이곳에서는 고수익이다.

아직 11시밖에 되지 않았는데 하늘을 뒤덮은 구름은 화이트아웃을 몰고 오더니 설상가상으로 눈까지 내리기 시작한다. 궂은 날씨가 더욱 악화될까 싶어 걸음을 재촉한다. 둥게 카르카로 가기 위해서는 모룬 포카리를 돌아 서쪽으로 가야 한다. 호수로 내려가는 길에는 눈이 1미터 이상 쌓여 있다. 허리까지 빠지는 눈 속에서 버둥거리며 호수로 내려서자 호수를 삼킨 눈으로 인해 호수와 길의 경계가 보이지 않는다. 최대한 호수 바깥쪽으로 붙어 호수를 돌자 파상의 발자국은 호수 우측의 추르피 산(Chhurpi, 4,375m) 아래로 이어진다. 그런데 산 이름이 무척 재미있다. 추르피는 네팔 고산족의 주전부리로 야크 치즈를 말린 것이다. 딱딱하게 말린 추르피를 입안에 놓고 오물거리면 고소한 향이 입안에 퍼져 내가 트레킹을 할 때 즐겨먹는 것 중 하나다. 하지만 어떤 사람은 썩은 냄새가 난다며 기겁을 하기도 한다.

추르피 산 아래의 계곡으로 들어서자 쌓인 눈의 양은 더 많아졌다. 이제까지 몇 번의 히말라야 트레킹을 해봤지만 봄철 4천 미터가 채 되지 않은 곳에서 무릎까지 쌓여있는 눈은 처음이라 당황스럽다. 쭈레 역시 이렇게 낮은 고도에서 고산 등반용 삼중화를 신고 러셀을 하는 것은 가이드 생활 20년 만에 처음이라며 혀를 내두른다.

능선 위로 올라서자 우박과 눈이 뒤섞여 내리더니 급기야 강풍으로 인한 스노우 샤워까지 하게 만든다. 눈을 뜨고 있기조차 어려운 상황이다. 급속도로 추워지는 날씨에 손과 발끝에 동상 기운마저 느껴진다. 서둘러 에너지 겔과 초코바를 꺼내 스태프들과 나눠 먹는다.

급변한 날씨에 되돌아 내려갈까도 생각했다. 하지만 되돌아 내려가는 길역시 위험한 데다, 파상은 조금만 더 가면 둥게 카르카가 나온다며 성큼성 큰 앞서 간다. 파상의 안내에 따라 아무것도 보이지 않는 상황 속에서 눈 덮인 급경사지를 미끄러지듯 내려간다. 간간이 걷히는 안개 사이로 주변의 지형을 파악하려 애를 써보지만 도통 어디가 어딘지 알 수가 없다.

계곡으로 이어지는 급경사의 산비탈에는 가늠할 수 없을 만큼 많은 양의 눈이 쌓여있다. 작은 충격에도 눈사태가 날 것처럼 위태로워 보여 지나는 내내 식은땀이 흐른다. 지도상에는 이곳에 현지인들이 왕가바 카르카(Wangaba Kharka)라고 부르는 틴 포카리(Tin Pokhari, 4,100m)가 있다. 이는 '세 개의 호수'라는 뜻이다. 날씨가 맑은 날이면 이곳에서 마칼루를 볼 수 있다고 하는데 짙은 화이트아웃으로 멋진 풍경을 감상하기는커녕 두려움만 잔뜩 안고 지나간다.

| 서로 다름을 인정하기

우여곡절 끝에 위험구간을 빠져나오자 거대한 스키장을 연상케 하는 눈평원이 나타났다. 우리는 끝이 보이지 않는 눈평원을 가로질러 저 너머 어딘가에 있을 계곡을 향해 내려간다. 그때 영화 「얼라이브」가 떠올랐다. 안데스산맥에 추락한 비행기의 조난자들을 대표해 구조를 요청하러 가던 두 명의 남자. 그들은 100km 가까이 걸어 눈이 없는 산을 발견했고, 생명이 숨 쉬는 곳에 닿기 위해 안데스를 넘었다. 이윽고 그들은 강이 흐르는 숲에 다다랐고, 기적적으로 한 농부를 발견해 구조요청을 할 수 있었다.

'생명이 숨 쉬는 숲에 다다랐을 때 그들의 기분은 어땠을까?'

곤두박질치듯 한참을 쉼 없이 계곡을 향해 내려가자 멀리 푸른빛이 보이

기 시작했다. 온종일 눈밭을 헤매다 초록빛 산을 보니 안도의 한숨과 함께 반가운 마음이 들었다. 그제야 영화 주인공들의 마음을 이해할 수 있었다.

둥게 카르카(Dhunge Kharka)에 도착한 나는 땔감을 구하기 위해 다시 산을 오른다. 사실 트레킹 초반에만 해도 산에서 불을 피우는 것이 마음에 걸렸다. 하지만 지금은 온종일 추위에 떨었을 나의 동료들을 위해 불을 피우는 게 우선이었기에 자연보호는 우리나라에 가서 하기로 한다. 물론 내가 땔감을 구하지 않아도, 포터들이 도착하면 그들이 알아서 불을 피울 것이다. 그러나 오늘만큼은 내가 그들을 위해 뭔가 해주고 싶었다. 나 역시 하루 종일 눈을 헤치고 온 터라 녹초가 되어 있었지만, 포터들이 언 몸을 녹일 수 있다고 생각하니 땔감을 구하는 일은 즐거웠다.

반면 타오는 나와 쭈레가 몇 차례 산을 오르내리는 동안 바위에 앉아 물끄러미 쳐다만 보고 있다. 그가 도와주기를 바랐지만 도움을 청하지는 않앉다. 그를 인정머리 없는 인간으로 볼 수도 있다. 하지만 그도 그 나름대로 사람을 아끼는 방법이 있고, 그 또한 많이 지쳐있다. 그에게 내 방식을 강요하고 싶지 않았다. 내가 포터들을 배려하는 것처럼 그의 성격을 존중해주는 것 또한 내가 사랑하는 사람에 대한 배려라고 생각했다.

오늘도 포터들은 하나같이 초췌한 몰골이다. 람은 신발이 많이 젖었는지 양말을 벗은 발이 퉁퉁 불어있다. 가네쉬는 무릎이 더 안 좋아진 건지 다리를 절룩거린다. 인드라는 감기가 도졌는지 연신 기침을 해댄다. 생각해보니 포터들은 이삼일에 한번 꼴로 고된 일정을 소화해내고 있다. 춥고 눈 덮인 고개를 넘어야 했고, 눈이 없는 곳에서는 험한 정글을 헤치고 나와야 했다. 그렇기에 그들의 몸 상태는 정상일 리 없었다.

해가 진 후 우리는 모닥불 앞에 모여 앉았다. 뜨겁게 타오르는 불앞에서 너 나 할 것 없이 모두 젖은 양말과 신발을 말린다. 행여 불에 타기라도 할까봐 조심스레 양말과 신발을 뒤집어가며 말리는 모습은 오늘따라 마음을 아프게 후벼 판다.

밤이 늦도록 꺼져가는 모닥불 앞에 앉아 포터들과 담소를 나눈다. 특별히 재밌는 이야기도, 가슴을 울리는 감동적인 이야기도 아닌 평범한 이야기 속에 편안함이 느껴진다. 깊고 깊은 적막한 계곡 위로 별빛과 달빛이 흐르는 가운데 우리들의 추억이 깊어간다.

27일차. 둥게 카르카 - 케이브 캠프

[이동거리: 9km / 고도 470m↓]

▎생존을 위한 트레킹

어제 무리한 스태프들을 위해 출발시간을 늦춰 여유 있게 길을 나선다.

대나무가 우거진 둥게 콜라를 따라 내려가다 콜라카르카(KholaKharka Khola) 계곡으로 내려서니 강 건너에 있는 크리슈나가 건너오라 손짓한다. 급류가 흐르는 계곡을 건너는 다리는 가느다란 나무 서너 개를 얼기설키 엮어 만들어 놓은 것이다. 다리 중간 중간에는 발이 빠질 만큼 커다란 틈이 있다. 선뜻 떼어지지 않는 발을 내디며 다리 위로 올라서자 긴장하여 다리가 덜덜 떨린다. 어설픈 다리는 내 발의 진동으로 인해 요동친다. 이에 잔뜩 겁을 집어먹은 나는 차라리 맨몸으로 강을 건너겠다며 다리에서 내려왔다.

체면이 말이 아니었다. 돌이 떨어지는 거친 산비탈, 눈보라가 몰아치는 설산, 사방이 크레바스인 빙하지대를 거침없이 누비던 내가 고작 다리 위에서 진땀을 빼고 있는 꼴이라니. 내가 생각해도 우스운 일이었다.

다리 하나를 두고 쩔쩔 매고 있자니 크리슈나가 날렵한 몸놀림으로 다리를 건너와 손을 내민다. 여전히 다리를 건너는 것이 무서웠지만, 그의 성의

를 모른 척할 수는 없었다. 그의 손을 잡고 움직이자 쭈레와 파상은 재빨리 나무가 흔들리지 않도록 지탱해준다. 한 손으로는 크리슈나의 손을 잡고, 허리는 구부린 어정쩡한 자세로 다리를 건너와 옷매무새를 다듬다 보니 짧은 순간 얼마나 긴장을 했던지 손에 땀이 흥건하다.

뒤따라오던 포터들 역시 허술한 다리를 보고는 난감한 표정을 짓는다. 그들은 잠시 멈칫하더니 한 발 한 발 조심스레 다리를 건너기 시작한다. 크리슈나는 나에게 했던 것처럼 포터들의 손을 잡아 다리를 안전하게 건널 수 있도록 한다. 쭈레는 다리를 건너온 포터들이 무너진 비탈길을 잘 올라올 수 있도록 위쪽에서 손을 뻗어 끌어올린다. 짧은 순간이지만 서로 힘을 합쳐 어려운 길을 헤쳐 가는 모습에서 진한 동료애가 느껴진다.

길은 원시의 숲속으로 이어진다. 나무들은 온통 이끼로 뒤덮여 늘어져 있고, 짙은 초록빛 숲에 사람의 흔적은 없다. 새색시 뺨처럼 고운 연분홍

랄리구라스가 시선을 사로잡는다. 오전에 지나온 길은 붉은 랄리구라스가 계곡을 물들이더니 이곳은 온통 분홍색이다.

숲에는 현지인들이 '망가네'라고 부르는 나물이 지천에 널려 있다. 마카르는 민가가 없는 이곳에서 나물은 훌륭한 채소가 된다며 손을 바삐 움직인다. 그 말을 들은 나는 배낭 가득 나물을 담아갈 심산으로 나물 뜯기에 동참한다. 한참을 쪼그려 앉아 나물을 뜯다 보니 생존을 위한 트레킹이 따로 없다는 생각에 웃음이 나면서도 선뜻 일어서기가 쉽지 않다. 결국 나는 타오의 잔소리를 듣고서야 자리를 털고 일어났다.

살딤 콜라 근처에는 멧돼지가 진흙 목욕을 한 흔적이 많다. 이럴 때 어디선가 멧돼지 한 마리라도 나타나준다면, 온몸을 던져서라도 사냥에 성공해 스태프들의 몸보신을 시켜주고 싶다. 하지만 멧돼지는 끝내 나타나지 않았다. 운이 좋은 녀석이다.

살딤 콜라를 건너는 곳에는 큼지막한 통나무가 놓여있다. 이번에도 나는 선뜻 다리를 건너지 못하고 쭈뼛거린다. 아까는 듬성듬성한 다리가 문제였다면, 이번에는 통나무가 너무 동그란 것이 문제다. 결국 이번에도 다리

를 건너갔던 쭈레가 되돌아와 자신의 허리춤을 내어주니, 그의 허리를 잡고 가까스로 다리를 건넌다.

살딤 콜라 계곡을 거슬러 올라간 숲속의 나무들은 산발을 한 여자처럼 이끼를 늘어뜨리고 있다. 때마침 추적추적 비까지 내리기 시작하니 으스스한 기분이 든다. 크리슈나와 파상은 우리보다 앞서 야영을 할 공간이 협소한 케이브 캠프의 상태를 파악하고 왔다. 그곳에는 눈이 허리까지 쌓여 있다고 한다. 우리는 케이브 캠프와 약 20분 거리에 있는 숲에서 야영을 하기로 한다.

케이브 캠프에 눈이 쌓여 있다면, 그보다 천 미터가 높은 곳을 지나야 하는 내일은 눈과의 전쟁이 될 것이 불 보듯 뻔하다. 하지만 지금 우리는 민가가 없는 야생의 한가운데 있어 돌아가는 것은 의미가 없다. 무조건 앞으로 나아갈 수밖에 없는 상황이다.

잔뜩 흐린 하늘만큼이나 마음이 무겁지만, '우리'를 믿어보기로 한다.

28일차. 케이브 캠프 - 깔로 포카리

[이동거리: 6.5 km / 고도 1,007m↑]

| 크레이지 히말라야 트레일

"아악! 저거 뭐야? 지금 눈사태 통로(Avalanche chute)로 가야 되는 거야?"

나는 또렷이 남아 있는 눈사태의 흔적을 따라 오르고 있는 포터들을 보며 비명을 질렀다. 어제 우리의 목적지였던 케이브 캠프(Cave Camp, 3,115m)는 겨우내 얼어붙은 폭포 위로 눈이 쌓이면서 수시로 눈사태가 나는 곳과 인접해 있었다. 현지인들은 케이브 캠프를 '죽은 티베트인의 동굴'이라는 뜻의 나바 오달(Nava Odar)로 부르는데, 실제로 그곳은 동굴이 아닌 큰 바위 절벽 아래 텐트 두어 개 정도를 칠 수 있는 곳이었다. 케이브 캠프는 각도 상 눈사태로부터 안전한 곳이지만, 지금은 눈사태로 막혀 있어 접근할 수가 없다.

조심스레 눈사태 통로를 지나 좌측 계곡으로 방향을 틀자 이전보다 더 험한 길이 우리를 맞이한다. 위로는 수직에 가까운 눈 쌓인 오르막, 그 옆으로는 선명한 눈사태의 흔적이 있다. 그것은 보는 사람으로 하여금 두려움을 갖게 하기에 충분하다.

계곡 안쪽으로 오를수록 경사는 점점 가팔라져 마치 스키장의 슬로프를

거꾸로 오르고 있는 모양새다. 계속되는 눈길 오르막에 지치다 못해 질린 기색이 또렷한 포터들은 가파른 설벽에 기대선 채로 가쁜 숨을 몰아쉰다.

아래로 내려다보이는 아찔한 길을 뒤로하고, 엉거주춤한 자세로 설벽을 짚어가며 조심스레 위로 향한다. 앞선 포터들은 지그재그 길을 내며 올라가더니 곧 내 머리 위쪽을 지나간다. 행여 그들이 미끄러진다면 밑에 있는 사람은 덩달아 몇 백 미터 아래로 추락하게 되니 한순간도 긴장의 끈을 놓을 수가 없다.

정오가 가까워지자 짙은 안개가 드리우며 눈보라가 몰아친다. 나무 한 그루 없는 황량한 능선 위에서 어쩔 도리 없이 거친 눈보라를 온몸으로 맞으며 걷는다. 그런데 어찌된 일인지 파상은 절벽이나 다름없는 곳으로 길을 안내한다.

"파상. 이 길이 맞아?"

"네. 맞아요. 걱정 말고 따라오세요."

그는 걱정스러운 내 마음을 아는지 모르는지 천진난만하게 웃더니 성큼성큼 앞서간다.

강풍에 실려 온 강냉이만한 싸락눈은 쉼 없이 얼굴로 달려들며 혼을 빼놓는다. 포터들은 몰아치는 눈보라에 시계가 흐려지자 키 작은 관목 틈에 비집고 들어가 바람을 피한다. 그들의 얼굴은 살을 에는 추위에 벌겋게 얼다 못해 잿빛으로 변해있다. 지독하게 고생하는 그들을 보며 이곳에 온 것을 후회했다. 체력의 한계나 예상치 못했던 위험, 그로 인한 두려움은 견딜 만했다. 하지만 나의 예상을 훌쩍 뛰어넘는 극한의 환경에 무방비로 노출되어 있는 스태프들을 보니 후회막급이다.

막다른 계곡의 끝에 다다르자 조금 전까지 앞서 걷던 파상이 보이지 않는다. 불안한 마음에 큰소리로 파상을 불렀다.

"파상! 파상! 어디 있어?"

"여기야. 누나! 이쪽으로 올라와요."

파상은 절벽 위쪽의 큰 바위에서 모습을 드러내며 손짓한다. 그는 눈이 퍼붓고 있는 와중에도 원숭이처럼 바위 절벽을 손쉽게 오르내리며 장난을 치고 있다. 열여덟 살. 철없는 나이라고 하지만 너무나 해맑은 모습에 두려움이 느껴진다.

그가 있는 곳은 절벽 위쪽의 좁은 오버행 바위 아래로, 그곳으로 가기 위해서는 눈이 얼어붙은 절벽을 지나가야 한다. 화이트아웃으로 절벽 아래가 보이지 않지만 계곡의 생김으로 봐서는 계곡 바닥과의 거리가 상당한 것 같다. 태어나 처음으로 '이러다 죽을 수도 있겠구나.'라는 생각이 들었

다. 발끝을 덜덜 떨며 무사히 파상이 있는 곳에 도착한 나는 바위 아래에서 눈을 피하며 포터들을 기다린다.

"크리슈나. 이 길은 포터들이 오기에는 너무 위험한 것 같은데, 다른 길을 찾아보는 게 어떨까요?"

"저기 코니스만 올라가면 위험한 길은 끝날 거야. 그리고 여긴 다른 길도 없어."

코니스(comice)는 벼랑 끝에 바람에 날린 눈이 쌓여 지붕의 처마처럼 얼어붙어 튀어나온 설층이다. 때마침 포터들이 아슬아슬한 절벽을 건너오기 시작한다. 그들은 정말로 겁이 없는 건지, 아니면 없는 척하는 건지 그들의 대담함에 입이 떡 벌어진다.

내 키와 맞먹는 코니스를 오르기 위해서는 피켈이 필요하다. 그런데 나의 피켈은 카고백 안에 고이 모셔둔 상황. 아쉬운 대로 스틱을 피켈처럼 찍어 기어 올라가 마카르를 끌어올리기로 한다. 코니스는 허공에 떠 있는 눈

처마라 언제 무너질지 모른다. 만약을 대비해 엎드린 자세로 마카르를 힘껏 잡아당긴다. 코니스에 올라선 마카르는 나와 인간 띠를 만들어 다른 한 손으로 타오를 끌어올리고, 같은 방법으로 연이어 올라오는 포터들을 끌어올린다. 눈이 억수같이 퍼붓고 있었지만, 우리는 찰떡 호흡이었다.

"다다 다다다."

요란한 소리를 내며 쏟아지는 싸락눈이 포터들의 몸과 짐을 뒤덮는 가운데 절벽을 돌자 마치 우리가 오길 기다렸다는 듯 매서운 눈보라가 덮친다. 작정을 하고 얼굴을 후려치며 불어오는 강풍은 뺨에서 피가 나는 것 같은 고통을 안겨 저절로 몸이 곱아든다. 하늘에서는 쉴 새 없이 눈 폭탄이 떨어지고, 부드러운 능선 아래에는 거대한 눈 평원이 펼쳐져 있다. 우리는 깔로 포카리가 있는 계곡 안부를 향해 허리춤까지 쌓인 눈을 헤치며 내려간다.

오후 3시. 케이브 캠프를 떠나온 지 10시간 30분 만에 깔로 포카리에 도착했다.

깔로 포카리(Kalo Pokhari, 4,192m)는 네팔어로 '검은 호수'라는 뜻이다. 호수를 포함해 주변은 온통 눈으로 덮여 있다. 호수의 크기와 모양만을 어림짐작할 수 있을 뿐 그 속에 어떤 빛깔을 숨기고 있는지 알 수가 없다.

"어휴, 그레이트 히말라야 트레일은 아주 그레이트 하구먼. 에베레스트 등반보다 더 어려운 것 같아. 이건 그레이트 히말라야 트레일이 아니라 크레이지 히말라야 트레일이야."

베테랑 가이드인 쭈레는 연이틀 이어진 강행군에 눈살을 찌푸리며 혀를 찼다.

"나는 원정대 요리사로 일하면서도 이런 경우는 없었어. 다시는 여기 안 올 거야."

히말라야에서 잔뼈가 굵은 마카르 역시 쭈레의 말에 맞장구를 치며 진저리를 쳤다.

"맞아요. 많이 힘드네요. 나도 이렇게 어려운 트레킹은 처음이자 마지막이에요."

나 역시 그들의 말에 장단을 맞췄지만, 솔직히 장담할 수는 없었다.

트레킹을 시작한 이후 처음으로 눈 위에 텐트를 쳤다. 보통 캠핑장비가 열악한 포터들을 위해 눈 위에서는 숙영을 하지 않는다. 하지만 사방이 눈에 덮여 있으니 선택의 여지가 없다. 포터들은 힘들고 위험한 길을 지나오느라 맥이 풀렸는지 도착하자마자 드러누워 숙영지가 조용하다.

휴식을 취하고 있는 포터 딥을 불러 두툼한 울 양말 하나를 건넸다. 스패츠가 없는 그의 양말이 다 젖었을 것 같았기 때문이다. 그는 자신에게 필요한 것이 양말이라는 것을 어떻게 알았냐는 듯 놀란 표정을 짓는다.

저녁식사 전 마카르가 텐트를 찾아왔다.

"문 버이니, 버너 연료가 다 떨어졌어. 그래서 내일 양리 카르카까지 가야 될 것 같아."

"그래요? 전 괜찮은데 다들 괜찮겠어요?"

"눈이 많아서 나무를 구할 수 없으니 가야지."

"알았어요. 그렇게 하죠."

원래 내일의 숙영지는 카르카 캠프로 짧은 거리였지만, 연료가 바닥난 우리에게는 선택의 여지가 없다. 게다가 스태프들의 컨디션이 좋지 않은 상황에서 내일도 긴 거리를 이동해야 한다는 것은 큰 부담이다. 하지만 양리 카르카에는 우리가 간절히 원하는 술과 고기, 그리고 사람들이 있으니 나쁘지 않은 선택이다.

29일차. 깔로 포카리 - 양리 카르카

[이동거리: 21km / 고도 95m↓ 540m↑]

| 젖과 꿀이 흐르는 양리 카르카(Yangri Kharka, Yangla Kharka, Yangle Kharka, 3,557m)

　홍콩을 떠나온 이후 나흘 동안 야생의 황무지를 지나왔다. 무슨 심산인지 사람들 속에 섞여 있을 때에는 인적 없는 산속이 그립고, 인적 없는 산속에서는 사람이 그립다. 한시라도 빨리 출발하고 싶은 마음과 달리 오늘따라 왜 이리도 추운 건지 온몸이 아르르하여 잘 움직여지지 않는다. 포터들 역시 누적된 피로와 추위 탓인지 다들 쉽게 일어나지 못한다.

　오전 7시, 모든 것이 얼어붙은 추위 속에 굼뜬 몸을 겨우 움직여 길을 나선다. 희뿌연 안개 사이로 동이 터 오지만 곧 해가 질 것만 같은 날씨다. 나무들은 눈 위로 가까스로 가지를 내밀어 숨을 쉬고 있을 뿐 모든 것은 눈 속에 파묻혀 있다.

　순백의 능선에 올라 발자국을 남긴다. 아침 햇살에 크리스털처럼 빛나는 눈 위를 걷는 일은 설레다 못해 짜릿하기까지 하다.

　'지금 여기! 같은 곳을 바라보는 사람과 함께 있다면 이보다 더 완벽하고 환상적인 날이 있을까?!'

　하지만 그것도 잠시, 먼 산에 걸쳐있던 먹구름은 깔로 포카리를 삼켜버

린 후 우리 쪽으로 빠르게 다가온다. 걸음을 재촉해 크고 작은 몇 개의 능선을 오르내려 툴로 순다리 라(Thulo Sundari La, 4,325m)에 도착했다. 이곳은 지도상에 나와 있지 않아 오늘 이런 고개를 넘는다는 사실도 몰랐는데, 고개 이름을 들은 난 실소를 터뜨렸다. '툴로 순다리'는 '크게 예쁘다' 즉, '아주 예쁘다'라는 뜻으로, 평범한 고개와는 전혀 어울리지 않는 이름이다.

람은 고개 정상에 눈 속에 파묻힌 룽다를 들어 올려 다시금 바람에 날리도록 고정시킨다. 아마도 아찔한 경사의 내리막을 내려가야 하는 우리에게 신의 가호가 필요하다고 느꼈던 것 같다. 툴로 순다리 라에서 내려가는 길은 절벽과도 같은 걸리(gully) 지형이다. 걸리는 산의 사면이 패어 험하고 가파르게 드리워져 돌이나 낙석, 눈사태의 통로가 되기 때문에 과연 사람이 다닐 수 있는가에 대한 의문이 든다. 실제로 홍곤에서 양리 카르카에 이

르는 이 길은 사냥이나 약초를 채취하는 사람들만이 종종 오가는 길로 교역로나 야크 방목을 위해 이용되는 길이 아니다.

　크게 심호흡을 한 후 아래로 발을 내딛는다. 그런데 아니나 다를까. 몇 걸음 내려오자 내려서야 할 길이 보이지 않을 만큼 경사가 가팔라 다리가 후들거린다. 떨리는 다리를 겨우 진정시켜 고개 정상에서 약 20분 정도 내려와 위를 올려다보니 포터들은 여느 때보다 신중하고 침착하게 걸음을 옮기고 있다. 초초한 마음으로 포터들을 바라보는 중 딥이 짐을 떨어뜨렸다. 떨어진 짐은 요란한 소리와 함께 이백여 미터 계곡 바닥으로 내동댕이쳐지며 사방으로 흩어진다.

　딥이 짐을 줍는 동안 하늘은 또다시 눈을 흩뿌리더니 화이트아웃을 몰고왔다. 주변을 제대로 볼 수 없는 상황에서 우리는 파상의 안내에 따라 두 시간을 걸어 두 번째 고개인 사노 순다리 라(Shano Sundari La, 4,380m)에 도착했다. '사노 순다리'는 '조금 예쁘다'는 뜻이다.

사노 순다리 라 아래 카르카 캠프(Kharka Camp, 4,097m)는 현지인들이 코르룽게 카르카(Khorlungay Kharka)라고 부른다. 사방이 숲으로 둘러싸여 있어 아늑한 분위기를 자아내는 곳이다. 이곳의 찌말나무는 쑥과 인삼이 버무려진 것 같은 향기를 풍기며 폐부 깊숙이 파고들어와 정신을 맑게 만든다. 연료 문제만 아니라면 하루쯤 묵고 싶은 곳이다.

여기서부터는 가문비나무숲 사이로 난 좁은 산길을 따라 바룬 강이 흐르는 계곡까지 내려가야 한다. 카르카에서 잠시 그쳤던 눈이 다시 내리기 시작하면서 초록의 숲은 금세 하얀 옷으로 갈아입는다.

타오는 사노 순다리 라에서 눈구덩이에 빠져 삐끗한 골반이 점점 아파오는지 제대로 걷지를 못한다. 엎친 데 덮친 격으로 체인젠 한쪽을 잃어버려 얼어붙은 내리막을 내려오느라 더 애를 먹는다. 나는 한시라도 빨리 양리 카르카에 도착해 스태프들을 배불리 먹이고, 편안하게 휴식을 취하고 싶었다. 그런데 뜻하지 않게 그가 다치는 바람에 걷는 속도가 느려져 속이 상한다. 그런 나의 마음을 아는지 모르는지 그는 가파른 산비탈에서 몇 번씩 미끄러지기를 반복하면서도 내가 권한 체인젠을 쓰지 않겠다며 거절한다. 똥고집을 부리는 그에게 화가 치밀어 오르지만, 그렇다고 의리 없게 그를 두고 혼자 갈 수도 없다. 우리와 함께 걷고 있는 쭈레도 마찬가지다. 그는 먼저 가 쉬고 있으라는 나의 권유에도 불구하고 끝까지 타오를 부축하며 함께 한다. 누구보다 책임감이 강한 쭈레가 우리의 가이드라는 것은 큰 행운이다.

카르카 캠프에서 숲을 지나 3시간 정도 내려오자 바룬 강(Barun River)이

흐르는 소리가 들려온다. 강 건너편에는 길의 흔적이 뚜렷한 마칼루 트랙이 있다. 1년 6개월 전 마칼루 트레킹을 왔을 때 지금 내가 걷고 있는 이 길은 어디에서 오는 길일까? 라는 궁금증이 생겨 지도를 찾아봤었다. 그때는 히말라야 트레킹 경험이 많지 않았던 터라 이 길은 사람이 다닐 수 없는 곳이라 생각했다. 설령 가능하다고 해도 나와는 상관없다고 여겼다. 그런데 지금 내가 이 길을 걷고 있으니 삶이란 참 묘하다.

무엇이 나를 다시 이곳으로 이끌었는지 알 수 없지만, 여전히 감탄을 자아내는 에메랄드빛 바룬 강과 내가 잠시 쉬어가던 강가의 큰 바위, 갈증을 달래주던 작은 폭포를 본 순간 행복했던 길 위의 시간들이 떠올라 가슴이 벅차오른다.

뿌연 안개와 함께 희끗희끗 내리던 눈은 싸락눈이 되어 퍼붓는 가운데 곧 희뿌연 안개 사이로 익숙한 풍경이 보이기 시작한다. 젖과 꿀이 흐르는

양리 카르카(Yangri Kharka, 3,557m)이다. 깔로 포카리에서 이곳까지 10시간 30분이 걸렸지만, 서너 채의 집이 전부인 이 작은 마을이 주는 풍요는 우리의 피로를 날려주기에 충분하다.

로지 안으로 들어서니 건물 옆쪽으로 새로이 주방을 만든 것을 빼고는 모든 것이 그대로이다. 지난 추억이 새록새록 떠오른다. 스태프들과 밤새 술을 마시고 춤을 추던 일, 어미를 잃은 새끼 야크에게 소금을 먹여주던 마음씨 좋은 로지의 주인, 로지 뒤편에 짓고 있던 곰파는 다 완성이 됐는지까지. 마음 따스했던 그날의 기억들이 생생히 살아난다.

가끔씩 이곳을 떠올리며 언제고 다시 오겠노라고 생각했었는데, 이렇게 짧은 시간 안에 다시 오게 될 줄은 몰랐다. 집에 돌아온 듯 너무도 익숙한 느낌이다. 로지에는 이전에는 없었던 예쁘장한 사우니가 갓난아이를 업은 채 우리를 반겨준다. 그간 사우지가 결혼을 하고 아이까지 얻은 모양이다.

배낭을 내려놓기도 전에 마카르에게 달려갔다.

"마카르 다이! 오늘 스태프들한테 줄 고기 좀 사려고 하는데, 얼마나 사면 좋을까요?"

"2천 루피 정도면 충분해."

그 말을 들은 여주인은 칼을 집어 들더니 눈짐작으로 로지 내부에 걸어놓은 야크 고기를 싹둑 잘라준다. 내가 봐서는 우리 일행 열두 명이 먹기에는 부족해 보인다. 나는 2천 루피를 더 보태 충분한 양의 고기와 함께 술을 구입했다. 술을 마시지 않는 스태프들을 위해 탄산음료를 사는 것도 잊지 않았다. 이것만으로는 그간 생고생을 한 스태프들을 위로하기에는 턱없이 부족할 것이다. 하지만 이렇게라도 그들에게 감사한 마음을 갖고 있다는 내 마음을 전하고 싶었다.

그리고는 오늘 할 일이 끝났다는 안도감에 따뜻하게 데운 럭시 한 잔을 쭉 들이켰다. 오랜만에 마시는 술이라 그런지 럭시의 진한 향이 목구멍을 타고 내려가는 느낌이 좋다. 곧 알알한 술기운이 퍼지며 얼어붙었던 몸이 노곤해진다. 세상에 이런 천국이 또 있나 싶을 정도로 기분이 몽롱하다. 행복은 멀지 않은 곳에 있다는 것을 새삼 깨닫게 되는 순간이다.

30일차. 양리 카르카 휴식일

| 물 만난 가이드 쭈레

양리 카르카에서의 휴식일이다.

하루가 멀다 하고 눈 덮인 산길을 오르내린 스태프들에게도 휴식이 필요하기 때문이다. 이른 아침 파상이 집으로 돌아간다고 한다. 그는 지나온 길이 아닌 남쪽의 마칼루 트렉의 눔(Num, 1,560m)으로 내려가 하티야(Hatiya, 1,560m)를 거쳐 홍곤으로 돌아간다. 현지인의 걸음으로도 일주일이 걸리는 그 길은 한참을 돌아서 가는 길이지만, 그는 멀더라도 안전한 길로 가는 것이 좋다고 판단한 것 같다.

타오는 오랜만에 면도를 한다. 산적을 연상시킬 정도로 덥수룩하게 자란 수염을 잘라내자 이제야 내가 알던 남자의 얼굴이 보인다. 한편 나는 추운 날씨에 머리를 감아야 하나 고민이 된다. 오늘 머리를 감지 못하면 앞으로 열흘 후쯤이나 감을 수 있다. 결국 350루피(한화 3,500원)를 주고 미지근한 물 한 주전자를 들고는 눈 쌓인 마당 한편으로 향한다. 머리를 감고 있는 동안 다른 팀의 여자 포터들이 내 주위로 몰려든다. 그녀들은 추운 날씨에 머리를 감고 있는 나를 신기한 듯 바라보며 웃는다. 하기야 나도 이런 내가 유별나다 느끼는데, 그녀들의 눈에는 오죽할까?!

하루만 못 씻어도 안달이 나는 여자. 그런 여자가 한 달 동안 머리를 감은 횟수가 손에 꼽을 정도이니…. 산중 생활이 불편한 건 사실이지만 머리에서 이가 나올지언정 히말라야가 좋으니 어쩌겠는가!

해질 무렵 5, 60대로 구성된 이탈리아 트레커들이 도착하면서 조용했던 로지가 북적이기 시작한다. 그들 중에는 성성한 백발과 얼굴에 깊게 팬 주름이 무색할 정도로 추운 날씨에 한여름 차림으로 노익장을 과시하는 사람도 있었는데, 이 팀 역시 셰르파니 콜(Sherpani Col)을 넘어 에베레스트로 간다고 한다. 쭈레는 이들과 셰르파니 콜을 함께 넘으면 좀 더 수월할 거라며 나를 안심시킨다.

양리 카르카에는 세계적인 모험가 마이크 호른(Mike Horn)과 함께 셰르파 없이 무산소로 마칼루를 등반하러 온 프레드 루(Fred roux)가 있었다. 그는 에베레스트를 비롯해 8천 미터가 넘는 여러 고봉을 등정한 화려한 이력을 가졌음에도 불구하고 매우 겸손하고 친절하다. 그는 작년에 K2를 등반하던 도중 브로드피크를 등반하던 이란 팀의 조난 소식을 듣고, 그들을 구조하기 위해 등반을 포기한 진정한 알피니스트다. 우리 역시 작년에 그곳으로 트레킹을 다녀왔기에 그의 이야기는 아주 흥미로웠다.

산속의 밤은 일찍 찾아온다. 하지만 오후부터 물 만난 고기 마냥 술을 마시기 시작한 쭈레의 밤은 이제부터 시작이었다. 그는 이탈리아 팀의 가이드들과 함께 양리 카르카의 술을 모조리 마셔 없앨 생각인지 거하게 술판을 벌였다. 나무로 지은 로지는 전혀 방음이 되지 않아 그들의 술주정 같은 잡담과 지루한 돌림노래가 생생하게 들려온다. 게다가 이 집의 갓난아기는 그들과 함께 술을 마시고 있는 엄마를 찾느라 쉼 없이 울어대니 도통 잠을 이룰 수가 없다. 얇은 합판 하나를 사이에 두고 옆방에서 자고 있던 다른 트레커들도 마찬가지였다. 피곤함에 일찍 잠을 청했던 그들 역시 음주가무에 심취한 가이드들을 향해 짜증 섞인 한숨을 내쉰다.

다행히 밤을 새울 것 같던 그들의 흥은 밤 12시가 되어 가라앉았고, 그제야 고요한 밤이 찾아왔다.

31일차. 양리 카르카 - 마칼루 베이스캠프

[이동거리: 22.2km / 고도 1313m↑]

| 화해

짐을 싸고 밖으로 나오니 쭈레는 이제야 일어났는지 부스스한 몰골로 앉아있다. 한눈에 봐도 어제의 과음으로 피곤이 겹겹이 쌓여있다. 나는 지난밤 일로 화가 나있는 터라 그와 눈도 마주치지도 않고 로지를 휙 나와 버렸다.

"무슨 일 있어?"

인상을 구기며 로지를 나서니 마카르가 조심스레 내 표정을 살피며 묻는다.

"어제 쭈레가 밤늦도록 술 마시고 떠드는 통에 잠을 못 잤어요. 적당히 좀 마시지."

"그러게. 어제 쭈레가 좀 많이 마시더라고."

나는 더 이상 쭈레에 대해 말하지 않았지만, 마카르는 내 마음을 알고 있는 것 같았다.

양리카르카에서 마칼루를 향해 가는 길은 절경이다. 수북한 눈 속에 몸을 묻고 있던 설산은 아침햇살에 고운 자태를 뽐낸다. 리폭 카르카(Ripock

Kharka)의 작은 돌집은 마치 동화의 한 장면 같다. 서리꽃이 활짝 핀 거목들
이 도열해 있는 숲에는 짙푸른 향기가 진동을 한다. 오색 룽다는 상고대가
그린 설경과 어우러져 마치 크리스마스트리를 연상케 한다. 백색의 향연
이 펼쳐지는 숲에서 때 아닌 겨울을 만끽하다 보니 어느새 언짢았던 기분

이 스르르 풀린다.

깊은 계곡의 풍광은 환상처럼 이어진다. 숲을 빠져나오니 키 큰 나무들은 없어지고, 탁 트인 바룬 계곡(Barun Valley)에는 만년설을 이고 있는 피크 4를 시작으로 투체, 참랑, 홍쿠 출리가 모습을 드러내며 설산의 파노라마가 펼쳐진다.

사다사(Sadasa, 3,900m)의 작은 찻집은 예전 그대로이다. 쭈레는 처마 아래까지 수북이 쌓인 눈을 젖히고 들어가더니 뚝바(네팔 국수)를 주문한다. 지난밤 술을 그렇게 마셔댔으니 해장이 필요할 것이다. 쭈레가 뚝바를 먹는 동안 나는 별다른 눈치를 주지 않고 앞서 출발한다.

포터들은 하늘을 찌를 듯 날카롭게 솟아있는 투체를 바라보며, 휴식을 취한다. 가까이 다가가니 어제 쉬어서 그런지 모두들 밝은 표정이다. 람은 하나같이 새까맣게 그을린 포터들의 얼굴을 향해 질문을 던진다.

"Where are you from?"

"I'm from Africa."

"I'm from Tibet."

포터들은 너도 나도 재치 있게 답하며 웃느라 난리다. 특히 선크림을 가장 열심히 발랐음에도 불구하고 유난히 검게 탄 라메쉬가 자신과 내 얼굴을 가리키며 "Black&White"라고 하자 모두들 배꼽을 잡고 널브러진다.

랑말레 카르카(Langmale Kharka, 4,400m)에는 단 하나의 로지가 있다. 지난번 왔을 때 만난 주인 할아버지가 아직도 계시는지 궁금하다. 팔순이 가까운 치링 할아버지는 타시가온이 집이지만 겨울을 빼고는 이곳에서 지내며 야크와 염소를 키운다. 타시가온은 셰르파의 마을로 히말라야 고산 등반에서 이름을 떨치는 등반 셰르파의 상당수가 그곳 출신이다. 할아버

지의 세 딸 역시 명성에 걸맞게 모두 에베레스트 정상에 섰다. 할아버지는
내복 차림으로 밖에 나와 계셨다. 이전보다 허리가 더 굽은 것 같기는 하지
만 여전히 건강하신 모습이다.

할아버지에게 다가가 인사를 하고 혹시 나를 기억하는지 묻지만 오가는
사람이 많다 보니 나를 기억하실 리 만무하다. 할아버지가 나를 알아보셨
다면 더욱 반갑고 좋았겠지만, 이렇듯 건강하게 이곳을 지켜주고 계신 것
만으로도 그저 고마울 따름이다.

랑말레 카르카부터는 바룬 빙하에서 떠밀려 온 빙퇴석 지대를 지난다.
길은 위쪽으로 올라갈수록 더욱 거칠어지고, 짙은 안개로 아무것도 보이
지 않는다. 바짝 웅크린 관목과 고산 식물들만이 엉기성기 자라고 있는 황
량한 길을 따라 똑같은 풍경 속을 걷다 보니 지구가 아닌 오지 행성을 헤매
고 있는 기분이다.

마칼루 베이스캠프(Makalu Base Camp, 4,870m)에 두 번을 오게 될 줄은 생각하지 못했다. 다시 만난 마칼루를 보니 솟구치는 감동을 추스르기 어려울 정도로 감회가 남다르다. 베이스캠프에 들어서자 아침에 봤던 프레드루가 인사를 하며 다가온다. 그는 함께 사진을 찍어도 되겠냐는 나의 요청에 흔쾌히 응해준다. 타오 앞에서 헤벌쭉한 얼굴로 그와 사진을 찍는 게 조금은 미안했지만 그와의 만남을 기념하고 싶었다. 그는 2014년 5월 17일 마칼루 등정에 성공했다.

마칼루 베이스캠프에 있는 허름한 티 하우스에 들어가 포터들을 기다린다. 이곳은 지난번에도 이용했던 곳으로 예쁘장한 어린 여주인은 그 모습 그대로 이곳을 지키고 있다. 돌을 쌓아 만든 작은 티 하우스 안에는 이런 걸 어떻게 다 짊어지고 왔을까 하는 의구심이 들 정도로 쌀과 라면을 비롯해 에너지 음료와 양주, 담배, 빨랫비누까지 없는 게 없다.

한편 이곳까지 오는 내내 쭈레와 나 사이에는 냉랭한 기류가 흘렀다. 우리는 길 위에서 앞서거니 뒤서거니 걸을 때에도 평소와 같은 농담 대신 상투적인 인사만을 주고받았다. 사실 나는 사람을 오래 미워하는 끈기가 없는 사람이다. 아침에 잠깐 삐쳤을 뿐 속상한 감정이 사라진 지 오래였다. 그렇기에 그에게 화를 낸 것이 내내 마음에 걸려 그와 마주칠 때마다 불편했다.

잠시 후 쭈레가 멋쩍은 표정을 지으며 티 하우스 안으로 들어왔다.

"버이니. 우리 경비가 다 떨어져서 에이전시에서 모레 아침에 여기로 오는 헬기편으로 돈을 전해주기로 했거든. 그래서 말인데 내일 여기서 하루 더 쉬는 게 어떨까?"

"돈이 필요하면 우리가 빌려줄게요."

"아니야. 괜찮아."

그는 손을 내저으며 극구 사양한다. 그런데 그의 말을 듣고 보니 뭔가 이상하다. 마칼루 베이스캠프를 떠나면 닷새 동안 마을이 없는 곳을 지나기 때문에 돈을 쓸 일이 없다. 그런데 그는 왜 돈이 필요한 걸까? 아마도 그는 우리 팀만 6천 미터가 넘는 셰르파니 콜을 넘는 것이 부담스러워 내일 이곳에 도착하는 이탈리아 팀과 함께 가는 것이 좋다고 판단한 것 같았다. 원래 내일 일정은 이곳에서 스위스 베이스캠프(Swiss Base Camp, 5,150m)로 이동한 후 그곳에서 하루를 쉬는 것이었다. 그러나 인적 없는 그곳보다는 이곳에서 쉬는 것이 더 좋을 것 같아 그의 제안을 받아들이기로 한다.

"알았어요. 그럼 내일 여기서 쉬죠."

"고마워, 버이니. 그리고 어제 양리 카르카에서는 미안했어."

내가 흔쾌히 그의 제안을 받아들이자 긴장했던 쭈레는 금세 얼굴이 풀리며 능글맞게 웃어댄다.

"쭈레 다이! 오늘은 술을 조금만 마셔요!"

"오케이! 버이니! 걱정 마세요!"

내가 웃는 얼굴로 눈을 흘기며 잔소리를 하자 그는 손가락으로 오케이를 만들며 어깨를 들썩인다. 그러자 내내 서먹했던 분위기가 사라지고 다시금 우리는 편한 사이로 돌아왔다.

** 2017년 4월 20일 오후 1시경

랑말레 카르카 북부의 빙하 호수인 세또 포카리(Seto Pokhari=White Lake)가 터지며 바룬 계곡이 범람했다. 이 빙하 호수의 폭발은 그 위력이 얼마나 대단했던지 바룬 계곡의 모든 교량을 휩쓸고, 잠시 동안 거대한 아룬 강의 흐름을 막았다. 이로 인해 랑말레 카르카에 있던 약 40마리의 야크가 죽었고, 양리 카르카는 새로 지은 곰파를 제외하고 모든 집과 로지가 사라졌다. 다행스럽게도 인명피해는 없었다.

32일차. 마칼루 베이스캠프 휴식일

| '검은 신' 마칼루와의 재회

드디어 구름에 쌓여 있던 마칼루 남벽이 모습을 드러냈다.

마칼루는 티베트어로 '캄마룽(Kama-lung)'이며, 산스크리트어로 '마카 하라'라고 불린다. 이는 힌두교에서 파괴와 재생을 관장하는 시바신의 화신인 '마카 하라'에서 비롯된 명칭으로 '검은 신(神)'이라는 뜻이다. 제트기류에 휩싸인 마칼루는 끊임없이 설연을 뿜어내며 무시무시한 위용을 과시한다.

나는 티 없이 맑고 깨끗한 하늘로 솟아 오른 마칼루를 바라보다 조금 더 가까이서 마칼루를 마주하기로 한다. '탕마르(Tangmar) 베이스캠프'로 불리는 마칼루 베이스캠프에는 바룬 호수를 볼 수 있는 작은 언덕이 두 개 있다. 그곳에서 마주하는 마칼루는 온몸이 전율할 정도로 경이롭다. 따로 길이 없는 언덕을 지그재그로 올라서니 '검은 신' 마칼루가 서슬 퍼런 빙하를 드러내며 우리를 압도한다. 완벽한 피라미드 모양의 마칼루 남서벽은 연봉 없이 수직고도 약 3,700m의 높이로 아찔하게 솟아 칼날 능선을 가지고 있다. 홀로 당당하게 솟아오른 그 위용은 실로 놀랍다. 그리고 마칼루의

눈물! 빙하가 녹아 만들어진 에메랄드 빛 바룬 포카리는 하류 쪽으로 내려
가면서 여러 계곡의 물과 합쳐져 거대한 바룬 강이 되어 흐른다.

1년 6개월 만에 재회하게 된 마칼루를 하염없이 올려다봤다.

이렇게 빨리 올 줄은 몰랐다. 그리고 또 이렇게 빨리 떠나가야 하는 것이
아쉬웠다.

'또 언제 올 수 있을까?'

갑자기 서러움이 복받치며 눈물이 두 뺨을 타고 하염없이 흘렀다.

나는 장엄한 마칼루와 마주 서서 또 다른 어느 날의 재회를 약속하며, 마
지막을 향해 달려가는 우리의 여정이 무사 무탈하게 끝날 수 있기를 기도
했다.

33일차. 마칼루 베이스캠프 - 스위스 베이스캠프

[이동거리: 3km / 고도 280m↑]

┃ 꿈의 문턱을 넘어

마칼루를 지척에 두고 거칠고 메마른 바룬 빙하를 거슬러 오르는 길.

바룬 빙하의 잿빛 파도는 희뿌연 먼지를 일으키며 산을 가른다. 황량한 모레인 지대 위로 떠밀린 크고 작은 바위는 금방이라도 길을 덮칠 기세로 뒤엉켜 있다. 오늘부터 에베레스트 지역의 추쿵에 도착할 때까지 닷새 동안 마을은 없다. 해발고도는 6천 미터가 넘는다. 고립, 추위, 고도. 모든 것이 지금껏 걸어온 길과는 차원이 다르다.

'과연 우리는 그 모든 어려움을 잘 헤쳐 나갈 수 있을까?'

선명한 두려움이 가슴을 짓누른다.

하지만 나는 돌아서지 않는다. 삶은 도전의 연속이다. 엄마 뱃속을 나오는 것부터 걸음마를 배우고, 입학을 하고, 취업 전선에 뛰어들고, 결혼을 하고…. 모든 것에는 처음이 존재하고, 그것은 도전이다. 도전에는 두려움이 따른다. 하지만 막상 해보면 별것이 아닌 일도 있고, 하다 보면 두려움이 줄어드는 경우도 있다. 두려움의 반대말은 용기다. 용기는 사용할수록 강해지며, 용기를 낼 수 있게 하는 것은 '할 수 있다'는 믿음이다. 나는 용기를 가지고 두려움에서 도망치지 않는 사람만이 더 멀리 나아갈 수 있다고 믿는다.

바룬 빙하에 들어서기까지 1년 6개월이라는 시간이 걸렸다. 이전에 마칼루 베이스캠프에서 셰르파니 콜을 넘어 메라 피크(Mera Peak, 6,654m)를 등반하고자 했었다. 셰르파니 콜은 눈이 많이 오면 길을 내기가 쉽지 않다. 소규모 팀의 경우 그것은 고립으로 이어져 죽음에 이를 수도 있다. 당시 나는 안전한 길로 우회했다. 그 선택에 후회를 하지는 않지만, 시도조차 해보지 않고 두려움으로부터 도망쳤다는 생각이 마음 한구석에 남았다.

막다른 계곡 끝 순백의 평원이 펼쳐지는, 내 심장을 요동치게 한 셰르파니 콜을 넘어보고 싶었다.

간절히 원했던 꿈의 길!

그 길을 걷기 위해 시간을 허투루 쓰지 않았다. 단계를 높여가며 히말라야 트레킹을 했고, 등산학교에서 암벽등반과 설상훈련을 받았다. 함께 할 파트너도 생겼으니 모든 준비가 끝났다. 나는 지금 내 꿈의 문턱을 넘어서고 있다.

그때였다. 기가 막힌 타이밍으로 저 멀리 에베레스트(Everest, 8,848m)와 눕체(Nuptse, 7,879m), 로체(Lhotse, 8,516m)와 로체 샤르(Lhotse Shar, 8,383m)가 구름을 젖히고 모습을 드러냈다.

"얼른 와서 저것 좀 봐요!"

"응…."

흥분을 감추지 못하고 탄성을 내지르는 나와는 달리 타오의 표정은 밝지 않다. 나는 그 이유에 대해서 잘 알고 있다. 그는 등반보다는 트레킹을 좋아하는 낭만적인 사람이다. 그런 그가 나처럼 모험심 많은 여자를 만나 이

런 고생을 하고 있으니 당연히 힘이 들 것이다. 그렇기에 한 번쯤은 화를
낼 법도 한데 인상 한 번 찌푸리지 않는다. 인내심 하나는 대단한 사람이
다. 하기야 이렇게 천방지축에 왈가닥인 나와 결혼을 결심한 그 순간부터
그의 인내심은 감복할 만했다.

쮸레는 수시로 뒤를 돌아보며 이탈리아 팀이 오고 있는지 확인한다. 그
러고 보니 오늘 아침 이탈리아 팀의 캠프가 이상하리만큼 조용했다. 만약
그들이 출발했다면 지금쯤 그 팀의 포터들이 보여야 한다. 그런데 어찌된
영문인지 우리 뒤로는 개미 새끼 한 마리도 보이지가 않는다. 그 팀에 문제
가 생긴 것이 분명하다.

길고 지루한 빙퇴석 지대를 지나자 거대한 바윗덩어리가 뒤엉켜있는 가
파른 너덜사면이 나타났다. 커다란 바위 위에는 이따금씩 앞서간 사람들

이 쌓아놓은 케언이 보인다. 온통 바위뿐인데도 불구하고 이 작은 돌탑이 눈에 띄어 길잡이가 된다는 것이 신기하고도 기특하다.

쭈레는 아래로 내려다보이는 황량한 바룬 빙하를 믿기지 않는 듯 바라본다. 그가 말하기를 불과 4~5년 전만 해도 우리가 딛고 서 있는 이곳 역시 빙하였다고 한다. 하지만 이렇게 빠른 시간 안에 사막처럼 변할 줄 몰랐다며 안타까움을 금치 못한다.

히말라야는 우리가 생각하고 있는 것 이상으로 빠르게 변해가고 있다. 지구 온난화로 인한 급격한 기후변화는 고산지대의 만년설을 녹아내리며, 기록적인 폭우와 폭설을 내리기도 한다. 이로 인해 생태계가 파괴되어 고산식물과 야생동물이 멸종되고, 히말라야를 삶의 터전으로 살아가는 많은 사람들에게 큰 위협이 되고 있다. 쭈레의 심각한 표정에서 새삼 지구 온난화로 신음하고 있는 히말라야가 느껴져 지구환경에 대해 다시금 생각하게 된다.

거대한 채석장을 연상시키는 너덜사면을 오르자 길은 미끄러운 급경사지를 가로지른다. 이따금씩 떨어지는 낙석을 피해 재빠르게 걸음을 옮겨 스태프들이 있는 곳에 다다랐다. 한참 전에 우리를 앞질러간 스태프들은 빙하 계곡이 내려다보이는 곳에 이미 텐트를 쳐 놓고 있었다. 이곳에서 스위스 베이스캠프(Swiss Base Camp, 5,150m)까지는 20분 정도 더 가야 한다. 하지만 그곳의 물은 모두 얼어 우리는 그곳보다 한 계곡 전에 있는 이곳에 숙영지를 마련했다.

이탈리아 팀은 늦은 오후가 되도록 나타나지 않는다. 혹여 무슨 사고가 난 건 아닌지 걱정이 되지만, 우리가 할 수 있는 건 기다리는 것뿐이다. 추측건대 그들은 고소적응에 실패한 것 같다.

　오직 우리 팀만이 있는 이곳의 오후는 너무도 조용하다. 무료함을 달래기 위해 포터들이 모여 있는 텐트를 기웃거려보지만 별다른 재미를 찾을 수 없다. 타오는 그동안의 험난한 여정을 보여주기라도 하듯 여기저기 긁히고 닳은 등산화를 햇볕에 말린다. 나는 고도가 높아진 만큼 추위에 대비하기 위해 고소 내의를 꺼내 입는다. 군사를 떠나온 이후 한 번도 샤워를 하지 못한 탓에 다리엔 허연 각질이 터실터실 일어난다. 물티슈로 각질을 닦아내며 이것이 정녕 여자의 다리가 맞나 싶어 허탈한 웃음이 나온다. 그러자 내 모습을 보고 있던 타오가 "밖에 눈이 오려고 하는 것 같던데, 네 다리에서 먼저 눈이 내리네."라며 나를 놀린다.

　늦은 오후가 되자 싸락눈이 내리는가 싶더니 다행히도 금세 눈이 그치고, 노을이 지기 시작한다. 석양에 물든 마칼루는 보는 이의 마음을 다 녹여버릴 정도로 눈부시다. 붉은 노을 속 아름다운 마칼루의 모습에 빠져 추위도 잊은 채 오래도록 밖에 머무른다.

34일차. 스위스 베이스캠프 - 셰르파니 콜 베이스캠프

[이동거리: 3.4km /고도 538m↑]

| 숨이 막혀도 좋아

쪽빛 하늘 아래 영롱한 모습으로 천상의 빛을 발하는 마칼루는 어제와는 또 다른 모습이다. 빙하가 녹으며 만들어낸 가파른 너덜지대 너머에는 사막 같은 풍경 속에 마치 하나의 산괴처럼 보이는 설산이 병풍처럼 드리워져 있다.

황량하고 메마른 바룬 빙하 너머 푸른 하늘과 조화를 이루며 솟아오른 거대한 히말라야!

나는 세계 최고봉 에베레스트(Everest, 8,848m)를 비롯하여 눕체와 로체, 샤르체 등 고봉들을 하나하나 손으로 짚어가며 탄성을 내지른다.

숙영지를 출발하여 바위가 산처럼 쌓인 너덜을 오르자 푸자 캠프(Puja Camp)라고도 불리는 스위스 베이스캠프(Swiss Base Camp, 5,150m)에 도착했다. 푸자(Puja)는 원정대가 산에 오르기 전 안전을 기원함과 동시에 산신께 산을 오르는 행위에 대하여 용서와 자비를 구하는 신성한 제사의식이다. 원정대는 라마로부터 축원을 받아와 룽다(기도 깃발)를 세운 뒤 향을 피우고 간단한 음식을 차려 산신께 제를 지낸다. 대부분이 불교 신자인 셰

르파들은 푸자를 지내지 않으면 절대로 베이스캠프 이상을 오르지 않는다.

셰르파니 콜 베이스캠프로 가는 계곡으로 진입하기 위해서는 쪼개진 바위가 얼어붙어 있는 급경사지를 내려가야 한다. 정오가 지나면서 태양의 열기에 얼음에 박혀있던 돌이 간간이 떨어지고 있다. 우리는 위태롭게 붙어 있는 바위들이 떨어질까 싶어 숨조차 크게 쉬지 못하고 조심스레 계곡으로 내려선다. 비교적 평탄한 모레인 지대를 따라 계곡 안쪽으로 거슬러 올라가다 보니 높이 300미터가 넘는 너덜사면이 우리를 가로막는다. 포터들은 닷새 분의 식량을 짊어지고도 지친 기색 없이 거친 바위산을 다람쥐처럼 오르지만, 나는 이곳이 고지대임을 증명이라도 하듯 가쁜 숨을 몰아쉬며 힘겹게 걸음을 옮긴다. 그런데 묘하게도 숨이 턱까지 차오르는 이런 고통이 좋다. 몸은 숨이 차 죽겠으니 그만 걸으라고 신호를 보내는데, 기분

은 걸을수록 좋아진다. 아마도 달리기 애호가들이 느낀다는 러너스 하이 (Runner's High)와 비슷한 도취감이 아닐까 싶다.

러너스 하이에 영향을 주는 물질은 엔도르핀(endorphin)이다. 이것은 산소를 이용하는 유산소 상황에서는 별 증가를 보이지 않다가 운동 강도가 높아져 산소가 줄어드는 무산소 상태가 되면 급증하게 된다. 무산소 상태라고 해서 무조건 러너스 하이를 느낄 수 있는 건 아니다. 몸 컨디션이 좋아야 하고 마음이 편안해야 그 느낌이 온다고 하는데, 지금 나의 몸 상태가 좋다는 신호인 것 같아 내심 기분이 좋다.

"저기가 버니가 궁금해 하던 셰르파니 콜 베이스캠프야."

쭈레가 빙하 끝자락을 가리키며 걸음을 재촉한다.

셰르파니 콜 베이스캠프(Sherpani Col Base Camp, 5,688m)에서 웨스트 콜 (West Col, 6,190m)로 가기 위해서는 같은 능선에 위치한 이스트 콜(East Col, 6,180m)과 셰르파니 콜(Sherpani Col, 6,146m). 이 둘 중 하나를 넘어야 한다. 과거에는 셰르파니 콜을 넘어 웨스트 콜에 접근했는데, 루트 접근이 어렵고 크레바스와 낙석이 많아 근래에는 대부분 이스트 콜을 넘는다. 현지인들은 이스트 콜과 셰르파니 콜을 구분 짓지 않고 통상 셰르파니 콜이라 부르며, 셰르파니 콜/이스트 콜, 웨스트 콜, 암푸랍차를 합쳐 3콜(3Cols)이라고 한다. 여기서 콜(Col)이란 산정과 산정 사이 능선 상의 움푹 들어간 산등성이(saddle)를 뜻한다. 우리는 내일 이스트 콜을 넘어 바룬체 남쪽의 눈 평원을 통과해 웨스트 콜을 넘어가야 한다.

맨밥에 김을 곁들여 점심을 먹다 갑자기 장난을 치고 싶어진 나는 앞니에 김을 붙인 채 스태프들이 있는 주방 텐트를 찾아갔다.

"오빠들, 나 좀 봐요."

　나는 그들을 향해 김이 붙은 이를 드러내며 바보 같은 표정을 지었다. 그
러자 쭈레는 봐서는 안 될 꼴을 본 듯 미간을 찌푸리며 고개를 내젓는다.
아무래도 이 개그는 네팔에서는 통하지 않는가 보다.

　쭈레는 내일 넘어야 할 이스트 콜에 미리 고정 로프를 깔아놓기 위해 크
리슈나와 라메쉬를 데리고 길을 나섰다. 나도 그들을 따라나서고 싶었지
만 오히려 짐이 될 것 같아 숙영지에 남기로 한다. 그들이 떠나고 얼마 지
나지 않아 하늘에 햇무리가 나타났다. 햇무리가 나타나면 비나 눈이 온다
는 설이 있는데, 내일 눈 폭풍이 오는 건 아닌지 걱정이 된다.

　타오는 고산증 예방을 위해 먹은 다이아목스 때문에 손과 발은 물론이고
얼굴까지 저려온다며 투덜댄다. 그는 이게 무슨 개고생인지 모르겠다며
탄식하면서도 좁은 텐트 안에 쪼그려 앉아 스태프들에게 줄 사탕을 세고
있다. 트레킹을 오기 전 나의 타박을 들으면서도 사탕을 3kg 이상 챙기더

니 결국 그것은 포터들을 위한 것이었다.

내가 아는 그는 철두철미한 개인주의자다. 박애주의로 똘똘 뭉친 나의 시선으로는 그의 냉정함을 이해할 수 없었다. 그 문제로 이번 트레킹에서 부딪히게 되지 않을까 염려를 하기도 했다. 하지만 지금 그는 세상 어느 누구보다 이타적인 사람의 모습을 하고 있으니, 이건 아마도 위대한 히말라야의 작품이 아닐까 싶다.

그때 이탈리아 팀의 보조 가이드가 나타났다. 그를 본 나는 이탈리아 팀이 마칼루 베이스캠프에서 하루 만에 이곳까지 온 줄 알고 깜짝 놀랐다. 얘기를 들어보니 팀원 중 상당수가 마칼루 베이스캠프에서 고산증 때문에 헬기로 후송되었다고 한다. 한겨울 날씨인 고산에서 민소매에 반바지 차림도 모자라 빠른 속도로 걸어 마칼루 베이스캠프에 도착했으니 당연한 결과였다. 그나저나 그들을 기다리고 있던 우리에게 그 소식을 전하기 위해 이곳까지 온 그 팀의 가이드는 정말로 놀라웠다. 더 믿기 어려운 것은 해가 기울고 있는 이 시간에 그는 마칼루 베이스캠프로 되돌아간다는 것이었다.

고정 로프를 깔기 위해 길을 나섰던 쭈레와 크리슈나, 라메쉬는 하나같이 때꾼한 얼굴이 되어 저녁 7시가 다 되어 돌아왔다.

35일차. 셰르파니 콜 베이스캠프 - 이스트 콜 - 웨스트 콜

[이동거리: 4.4km / 고도 502↑ 190m↓]

| 운수 좋은 날

별빛조차 보이지 않는 칠흑 같은 어둠에 휩싸인 셰르파니 콜 베이스캠프는 분주함 속에 깨어났다. 랜턴 불빛 사이로 보이는 포터들의 두툼한 옷차림과 신발 끈을 질끈 동여매는 모습에는 긴장이 감돈다.

새벽 3시 20분. 이스트 콜(East Col, 6,180m)을 향해 출발한다.

빙하 위로 떨어지는 불빛을 가르는 바람은 손과 발끝이 아려올 정도로 매섭다. 겹겹이 껴입은 옷 사이로 파고드는 추위는 잠시만 걸음을 멈춰도 몸서리가 쳐지고, 콧물이 줄줄 흐른다. 가쁘게 몰아쉬는 숨소리와 함께 어둠 속을 지나니 여명이 밝아온다. 환하게 밝아오는 새벽을 깨고, 웅대한 모습을 드러낸 마칼루와 저릿한 추위 속에 오색 빛으로 물든 하늘은 순식간에 세상이 완전히 바뀐 느낌이다.

이스트 콜의 거대한 장벽 앞에 다다르자 빙하에 뒤덮인 서슬 퍼런 봉우리가 보는 이를 압도한다. 천년 빙벽과 함께 기암괴석으로 만든 완벽한 성벽 같은 이스트 콜은 우리의 발길을 쉬이 허락하지 않을 것처럼 보인다.

쭈레가 미리 깔아놓은 로프를 잡고 이스트 콜을 오른다. 오르는 구간은

약 100여 미터 정도로 짧다. 하지만 수시로 돌이 떨어지는 데다 얼어붙은 눈으로 인해 굉장히 미끄러워 주의를 해야 한다. 포터들은 무거운 짐 탓에 가파른 사면을 기다시피하며 힘겹게 오른다. 나 역시 로프가 끝나는 지점이 가파르고 미끄러워 애를 먹지만, 지금껏 지나온 길에 비하면 수월한 길이다. 한편 조금 전까지 내 뒤에 있던 타오는 어찌된 일인지 처음 출발한 지점에서 다시 오르고 있다. 그의 표정은 잔뜩 일그러져 있다.

"왜 다시 내려갔다가 온 거야?"

"로프가 없는 구간에서 미끄러져서 몇 미터를 굴렀어."

"정말? 다친 곳은 없어?"

"응. 다행히 눈 위에 떨어졌지 뭐야."

"운이 좋았네! 다들 컨디션도 좋고, 날씨도 점점 좋아지는 것 같아. 저기가 정상이야. 빨리 가자!"

느낌이 좋았다. 모든 것이 순조롭게 진행되는 것 같아 자신감은 하늘을 찔렀다.

이스트 콜(East Col, 6,180m) 정상에 서자 사나운 추위가 얼굴을 할퀴고 든다. 바람은 몸이 휘청거릴 만큼 강하게 분다. 하지만 나는 추위도 잊은 채 앞으로 내다보이는 순백의 설원과 그 너머에 넘실거리며 솟아있는 히말라야의 영봉에 마음을 빼앗겼다. 참랑(Chamlang, 7,321m)과 홍쿠 출리(Honku Chuli, 6,833m)가 손에 잡힐 듯 가까이 보인다. 특히 7,000m가 넘는 일곱 개의 봉우리로 이루어져 '날개 치는 큰 새'라는 뜻을 가지고 있는 참랑은 백색 평원 끝에 은빛 날개를 펼치고 있어 이곳의 매력을 더한다. 이스트 콜 우측으로는 바룬체(Baruntse, 7,129m)를 가로막고 6,485봉과 '리틀 바룬체'로 불리는 6,752봉이 솟아 바룬 빙하(Lower Barun Glacier)를 품고 있다.

포터들은 살을 에는 추위 속에서도 함박웃음을 짓는다. 딥은 만세까지 부르며 기쁨을 만끽하고, 람은 새로 가져온 룽다를 이스트 콜 정상에 걸어 우리들의 소망이 바람을 타고 널리 퍼지게 한다.

쭈레를 도와 하강 준비를 하던 람과 라메쉬가 하강해도 좋다는 신호를 보낸다. 라메쉬는 위쪽에서 하강기에 로프가 제대로 끼워졌는지 다시 한 번 확인을 해주고, 람은 중간 확보 지점에서 유사시를 대비해 대기하고 있다. 하강 길이는 약 100m 정도이다.

쉴 새 없이 몰아치는 바람에 얇은 옷차림을 한 스태프들의 체온이 떨어지지 않도록 스태프들을 먼저 하강시킨다. 스태프들이 하강을 마친 후 우리도 하강을 시작한다. 암벽 위로 쪼개진 바위가 아슬아슬하게 걸쳐져 있다. 이곳은 2년 전 한 트레커가 낙석에 맞아 사망한 사고가 발생한 곳이다. 자칫 발을 잘못 디뎠다간 아래쪽에서 대기하고 있는 람이나 쭈레에게 돌이 떨어질 수 있어 한 발 한 발 내려설 때마다 바짝 긴장이 된다.

모든 인원이 하강을 끝낸 후 지금부터는 짐을 내려야 한다. 보통 짐의 무게가 50kg에 육박하다 보니 짐을 내리는 일은 사람이 하강하는 일보다 훨씬 더 어렵고, 많은 시간이 필요하다. 묵직한 짐이 쪼개진 바위를 잘못 건

들기라도 하면 소나기처럼 돌이 떨어진다. 그렇기에 아래쪽에서도 낙석에 대비하며 긴장의 끈을 놓지 말아야 한다. 포터들은 가파른 암벽 아래에서 고개를 젖혀 위를 살피며 짐이 내려오는 것을 기다린다. 그들은 자신의 짐이 내려올 때마다 재빠르게 달려가 짐을 주워 나른다.

짐을 내리는 동안 해가 완전히 떠올랐다. 해발고도 6천 미터가 넘는 고지대이다 보니 온기는 느낄 수 없다. 나는 매서운 날씨에 꽁꽁 얼다 못해 입술까지 검게 변해버린 촌년의 몰골을 하고 앉아 짐이 내려오길 기다린다. 그런데 어느 순간 햇빛에 반사된 강렬한 빛이 눈을 자극하기 시작한다. 재빨리 선글라스를 찾지만, 선글라스를 넣어둔 내 배낭은 아직 이스트 콜 정상에 있다. 이곳에서 눈을 보호할 수 있는 것은 아무것도 없다. 결국 배낭이 내려올 때까지 손으로 눈을 가리고 타오의 무릎에 얼굴을 파묻는다. 설맹에 걸리는 데 그리 오랜 시간이 걸리지 않기 때문이다.

팀원 12명이 하강을 하고, 짐을 내리는 데 3시간이 소요됐다. 어제 쭈레가 미리 로프를 깔아놨지만 시간이 없어 하강하는 곳에는 로프를 깔지 못했

기 때문이다.

웨스트 콜(West Col, 6,190m)까지는 2km가 채 되지 않아 잰 걸음으로 한 시간 남짓이면 충분하다. 하지만 웨스트 콜에서는 이스트 콜보다 더 긴 구간을 하강해야 하기 때문에 서둘러 걸음을 옮긴다. 쭈레와 크리슈나, 마카르가 안자일렌(Anseilen)을 하고 눈 덮인 빙하 위를 앞서 걸어간다. 안자일렌은 크레바스에 추락했을 때를 대비해 서로의 몸을 로프로 잡아매는 것이다. 그들은 설원 중앙의 크레바스를 피해 우측의 6,485봉과 6752봉 아래쪽으로 돌아 길을 내고, 포터들은 그 뒤를 따른다.

이스트 콜과 웨스트 콜 사이의 순백의 설원은 히말라야의 비경이라 부를 만큼 아름답고 신비로운 매력을 지닌 곳이다. 나는 숨 막힐 듯 광활하

게 펼쳐진 이곳을 언젠가 꼭 한 번은 걸어보겠노라고 다짐했었다. 히말라야의 심장에 위치한 이곳에서 맨몸으로 히말라야를 맞이한다는 것은 이루 설명할 수 없을 만큼 감동적이라 슬픔마저 느껴졌다. '너무 좋아 눈물이난다'는 말은 이럴 때 쓰는구나 싶었다. 하지만 웨스트 콜 너머에는 괴로운현실이 우리를 기다리고 있었다.

웨스트 콜에 가까워질수록 칼바람은 순간을 정지시켜 얼려버릴 만큼대단한 기세로 휘몰아친다. 마칼루 아래에 있던 솜털 같던 구름은 조금씩커지기 시작하더니 이윽고 하늘을 뒤덮기 시작한다. 아직 정오가 안 된시간이라 시간적 여유는 충분하지만 왠지 모를 불안감이 엄습해온다.

| 6천 미터에서의 환상방황

웨스트 콜을 넘어서면 훈쿠(Hunku) 지역이다. 훈쿠 계곡은 바룬체 (Baruntse, 7,129m), 암푸랍차(Amphu laptsa, 5,845m), 옴비가이첸(Ombigaichan, 6,340m), 훈쿠(Hunku, 6,119m)로 이어지는 거대한 산괴에 둘러싸여 분지를 이루고 있는 빙하 계곡이다.

웨스트 콜에서 하강하는 구간은 살짝만 내려다봐도 기가 질리고, 오금 이 저려올 만큼 급경사의 빙벽이다. 작은 울림에도 떨어지는 낙석은 매우 위협적이다. 그렇기에 이스트 콜과 웨스트 콜, 그리고 며칠 후 넘어야 하는 암푸랍차 라의 경우 6천 미터를 넘나드는 위험하고도 어려운 구간이기에 숙련된 셰르파가 필요하다.

우리는 에이전시와 계약할 때 노련한 셰르파 겸 가이드 두 명을 요구했 다. 그런데 어찌된 일인지 로프를 설치하는 사람은 쭈레뿐이다. 이제껏 크 리슈나가 등반 셰르파라고 생각했다. 하지만 지금껏 고정 로프 작업을 필 요로 하는 구간이 없었던 데다, 어제 이스트 콜에 고정 로프 작업을 할 때 에도 우리는 동행을 하지 않았기에 크리슈나의 역할을 확인하지 못했다. 조금 전 넘어온 이스트 콜에서조차 그를 눈여겨보지 않았던 우리는 그가 등반 셰르파가 아니라는 것을 지금에서야 알게 되었다.

쭈레는 홀로 200m 가까이 되는 아찔한 경사의 수직 벽을 오르내리며 고 정 로프 작업을 한다. 위쪽에서 람과 라메쉬가 로프를 풀어주며 그의 손을 덜어주지만, 그를 보조하기에는 역부족이다. 작업이 어느 정도 진행됐는 지 수시로 아래를 살피지만 진전이 없다. 한시라도 빨리 웨스트 콜을 넘어 바룬체 베이스캠프까지 이동해야 하는데 기다림의 시간은 길어진다. 크 리슈나는 타들어가는 내 마음을 아는지 모르는지 망부석이 된 것 마냥 바위 아래에 하염없이 앉아 있으니 그가 얄밉다는 생각마저 든다. 게다가 오늘은 날씨마저 호의적이지 않다. 잿빛으로 변한 하늘은 우리를 집어삼킬 듯 휘몰아친다. 퍼붓듯 쏟아지는 눈은 삽시간에 포터들의 짐 위에 수북하게 쌓인다.

조금 전 하강을 시작한 마카르는 빙벽에 매달려 한 시간째 움직이지 못하고 있다. 날카로운 암각에 로프가 훼손되어 끊어지기 직전이라 오도 가도 못하고 있었던 것이다. 결국 그는 아래에 있던 쭈레가 올라온 뒤에야 그 상황에서 벗어난다.

오후 4시가 넘어 포터들이 하강을 시작한다. 나는 가파른 빙벽을 내려가는 포터들을 내려다보다 눈을 의심케 하는 장면에 경악했다. 이 시간에 웨스트 콜을 올라오고 있는 서양인 세 명이 보였기 때문이다. 그들은 스태프들이 하강을 하며 밟은 돌이 떨어지자 벽에 붙어 벌벌 떨면서도 조금씩 올라오고 있다. 결국 우리는 그들의 안전을 위해 그들이 올라올 때까지 한 시간이 넘도록 하강을 멈춘다.

시간은 하염없이 흘러 마침내 그 팀의 선등자가 올라왔다. 그는 거세게 몰아치는 눈보라 속에서 코피까지 흘려가며 후등자를 끌어올린다. 그의 손은 로프의 마찰 때문에 피를 철철 흘리고 있다. 마치 공포영화의 한 장면을 보는 것만 같다.

한시가 바쁜 우리 입장에서는 반대 방향에서 올라온 이들이 반가울 리가 없었다. 물론 이들도 나름의 일정이 있었을 것이다. 하지만 먼저 도착한 우리가 하강을 하고 있으면 올라오지 말았어야 했다. 그럼에도 불구하고 이들은 기어코 올라와서 우리의 상황을 악화시켜 놓고는 고맙다는 말 한마디 없이 제 갈 길을 가버린다. 그들의 뒤통수에 대고 욕을 한 바가지 퍼부어 주고 싶었지만, 지금은 한가하게 싸움이나 하고 있을 때가 아니기에 꾹 참는다.

우여곡절 끝에 타오와 나도 하강을 시작한다. 웨스트 콜 반대쪽은 얼어붙은 빙사면 위에 그늘진 곳이 많다. 어찌나 추운지 하강을 시작하자마자 금방이라도 손가락이 떨어져 나갈 것만 같은 고통이 느껴진다. 한 피치를 내려갈 때마다 감각이 없어진 손을 입속에 넣어 녹인다.

다섯 피치 정도 하강한 뒤 바닥을 20여 미터 정도 남기고 멈춰 섰다. 로프의 길이가 짧은 탓이었다. 위쪽에서 우박처럼 떨어지는 돌을 피해 하강 지점 옆 스크리(scree-돌무더기) 지대로 몸을 숨기고, 스태프들이 내려오기를 기다린다. 이곳은 겨우 발을 디딜 수 있을 만큼의 좁은 바위틈이라 자칫 뒤쪽으로 발을 잘못 딛기라도 한다면 그대로 추락사하는 곳이다. 옴짝달싹하지 못한 채 몸을 최대한 바위에 밀착시켰다. 위쪽에서는 남은 스태프들과 짐이 번갈아가며 내려온다. 짐을 내리는 과정에서 빙벽에 위태롭게 매달려 있던 돌들은 제멋대로 튕겨져 떨어진다. 간신히 억누르고 있던 두려움이 엄습해온다. 나는 튕겨진 돌이 제발 우리 쪽으로 오지 않기를 간절히 바라며 마음을 졸인다.

한바탕 돌이 떨어지고 나면 우리는 서로의 안전을 확인하고는 겨우 숨을 내쉰다. 그때 주방도구가 담긴 바구니의 매듭이 풀렸다. 요란한 소리와 함께 주방집기들이 미친 듯이 굴러 떨어져 사방으로 흩어진다. 엎친 데 덮친 격으로 눈은 기세를 더해 계속해서 퍼붓고, 기온은 뚝뚝 떨어진다. 추위에 장시간 노출된 포터들은 사시나무 떨듯 떤다. 평소 담배를 피우지 않던 인드라는 담배를 피워서라도 추위를 이겨내려 한다.

천국과 지옥을 오가며 두 시간을 보냈다. 아직 짐을 모두 내리지 못했지만 어둠이 내려앉기 시작해 위쪽에 있던 람과 라메쉬를 포함해 바르카스, 딥, 가네쉬가 내려오기 시작한다.

"승영아! 저기 좀 봐!"

"뭐야? 지금 하강기도 없이 로프만 붙잡고 내려오는 거야?"

타오의 외침에 웨스트 콜을 내려오고 있는 포터들을 본 나는 경악했다.

우리는 포터들의 장비 값을 충분히 지불하며 안전장비를 갖추도록 누누이 강조했다. 그럼에도 불구하고 포터들은 제대로 된 장비를 갖추고 있지 않았다. 나중에 알고 보니 포터들은 에이전시로부터 장비 값을 지급받아도 장비를 구매하지 않는다고 한다. 이유인즉 위험을 감수하더라도 장비 값으로 받은 돈을 생계에 보태는 것이 낫다고 생각하기 때문이다.

기가 막힌 광경을 지켜볼 수밖에 없는 상황에서 포터들은 큰 사고 없이 하강을 마쳤다. 참담한 몰골이었다. 람은 룸바 삼바를 넘을 때 찢어진 바지를 대신해 타오가 준 방풍바지가 다 찢어졌다. 내가 바르카스에게 빌려준 새 장갑은 거의 걸레가 되었다. 형태를 알아볼 수 없을 만큼 너덜너덜해진 장갑을 보며 그가 얼마나 격렬히 발버둥 치며 내려왔는지 알 것 같았다. 그들의 찢어진 옷과 장갑처럼 내 마음도 갈기갈기 찢어졌다.

마음을 추스를 겨를도 없이 나머지 20m 구간을 하강해야 한다. 이곳 역시 위태한 경사의 길이라 고정 로프가 필요하다. 하지만 가져온 로프가 모자라는 바람에 이곳에 우리가 설치한 로프는 없다. 하는 수 없이 기존에 다른 팀이 깔아놓은 낡은 로프를 붙잡고 하강을 하기로 한다.

쭈레는 어지럽게 엉켜 있는 여러 가닥의 로프들 중 몇 개를 골라 우리에게 건넸다.

'이건 아닌데'라는 생각에 고개를 저으면서도 달리 선택의 여지가 없다.

그저 내가 잡고 있는 줄이 썩은 동아줄이 아니기를 바라는 수밖에….

그렇게 모두가 하강을 했고, 짐은 내리지 못했다. 오직 우리의 카고백만이 1차로 하강했던 지점 조금 아래까지 내려와 있었다. 시계를 보니 오후 7시다. 해는 졌고, 아직 달이 뜨지 않아 깜깜하다. 우리는 하강 지점 바로 옆 테라스에 모여 대책을 강구한다. 이미 해가 졌기 때문에 짐을 내리는 것은 무리다. 설령 짐을 내린다고 해도 사방이 크레바스인데다 텐트 한 동을 치기에도 비좁은 공간이라 이곳에 텐트를 칠 수는 없다.

쭈레는 너무 지쳤는지 쇳소리가 나는 목소리로 입을 열었다.

"문 버이니. 여기서 한 시간만 가면 바룬체 베이스캠프야. 거기에 작은 티하우스가 있는데, 지금은 등반 시즌이라 주인이 있을 거야. 오늘은 거기서 자고, 짐은 내일 와서 내리면 어떨까?"

추위와 배고픔에 지친 우리에게는 달콤한 제안이었다.

"알았어요. 그럼 얼른 가요."

우리는 망설임 없이 바룬체 베이스캠프로 향했다. 헤드랜턴 불빛에 의지해 빙하 위를 걷는 사이 귀청을 찢는 듯 몰아치던 강풍은 매서운 눈보라가 되어 우리를 혹한 속에 내팽개친다. 칼바람이 온몸을 파고들수록 김이 모락모락 나는 차 한 잔이 간절하다. 누더기 같은 이불이라도 좋으니 한시라도 빨리 눕고 싶다는 생각이 머릿속에서 떠나지 않는다.

얼어붙은 눈길을 헤치며 길을 안내하던 쭈레는 다리가 풀리는지 자꾸만 넘어진다. 아마도 하루 종일 그늘진 빙벽에 붙어 혼자서 고정 로프 작업을 하느라 체력을 다 소진한 탓일 것이다. 나는 그를 대신해 아까 반대쪽에서 올라왔던 서양인들이 남겨놓은 발자국을 따라 길을 낸다. 하지만 시간이 지날수록 그들의 흔적은 바람에 날린 눈에 덮여 보이지 않는다. 게다가 어

느 순간부터 쭈레는 길을 찾지 못하고, 어림짐작 방향만을 가리키며 횡설수설이다. 난감한 상황에 어찌할 바를 몰라 하고 있던 그 순간, 짙은 공포가 덮치며 온몸에 소름이 돋는다. 분명 쭈레가 일러주는 대로 계속해서 앞으로 나아갔음에도 불구하고 우리는 한참 전에 지나온 곳에 다시 서 있었기 때문이다.

링반데룽(Ringwanderung)이다!

'환상방황'으로 불리는 링반데룽은 악천후 속에 방향감각을 잃고 계속 같은 지점을 맴도는 것이다.

두 시간 가까이 어둠 속을 헤맨 쭈레의 모습은 모골이 송연하다. 눈 속에 주저앉은 그는 탈진 직전이고, 정신이 반쯤 나간 것처럼 보인다. 고소에서 탈진을 하면 환영에 시달리거나 헛소리를 한다고 하던데 딱 그 짝이다. 악순환이 반복되고 있는 막막한 상황에서 나는 마지막으로 한 번 더 쭈레에게 바룬체 베이스캠프의 방향을 물었다. 그러자 그는 힘겹게 손을 들어 어둠 속을 가리킨다. 그가 가리킨 곳은 사방이 크레바스로 둘러싸인 빙하 끝 낭떠러지였다.

포터들은 길을 찾지 못하는 쭈레를 보자 동요하기 시작했다. 우왕좌왕하던 그들은 급기야 빙하 건너편에서 불빛이 보였다며 그쪽을 향해 소리를 질러댄다. 정말 미치고 팔짝 뛸 지경이다. 암담한 상황 속에 우리의 목숨은 바람 앞에 촛불과도 같았다. 극단의 순간을 맞이한 우리는 결단을 내려야 했다.

그때 타오가 흥분한 포터들을 향해 소리쳤다.

"이렇게 계속 길을 찾다가는 모두 죽게 될 거야. 원래 하강을 했던 곳으로 돌아가서 비박을 하자!"

지금 서 있는 곳은 바람을 피할 곳조차 없는 설원 한가운데이다. 그의 말대로 바람을 피할 수 있는 곳은 그곳뿐이다. 포터들 역시 참담한 현실을 깨달았는지 더는 허공을 향해 소리치지 않는다.

세 시간 동안 암흑 속을 헤맨 우리는 웨스트 콜로 돌아왔다. 밤 11시였다.

쭈레는 체력이 바닥난 상황에서 다시금 웨스트 콜을 오른다. 영하 15도가 넘는 이곳에서 밤을 지새우려면 덮을 것이 필요하기 때문이다. 그가 짐을 내리는 동안 우리는 그의 안전을 위해 헤드랜턴 불빛을 모아 비췄고, 곧 그는 테라스에서 10여 미터 지점까지 내려와 있는 우리의 카고백 두 개와 키친 텐트를 우리 쪽으로 떨어뜨렸다.

우리는 날카로운 웨스트 콜 암벽 아래 좁은 테라스에 고립되었다. 아래로는 크고 작은 크레바스가 입을 벌리고 있는 곳이다. 스태프들은 열두 명이 겨우 쪼그려 앉을 수 있을 만큼의 비좁은 테라스에서 키친 텐트를 위쪽에 있는 바위에 걸쳐 커튼처럼 늘어뜨렸다. 그리고는 우리에게 침낭을 가지고 그곳에 들어가 잠을 자라며 자리를 양보한다.

'우리보다 얇은 옷차림을 하고, 이런 극한의 상황에서도 어떻게 우리를 먼저 생각할 수 있을까?'

미련하리만큼 순박한 그들의 모습에 눈물이 쏟아질 것 같았다. 우리가 그곳에서 잠을 잔다면 그들은 거적때기 하나 없이 맨몸으로 밤을 보내야 한다. 그들을 그렇게 둘 수는 없었다. 우리는 침낭이 있으니 밖에서 자기로 하고 스태프들을 키친 텐트 속에 들어가도록 했다. 그래봤자 겨우 바람만 막은 채 밤을 보내야 하는 처지였다.

모두들 지쳐있었지만, 특히 람의 상태가 좋지 않다. 그는 살을 에는 추위 속에서 양말을 벗어던진 채 초점 없는 눈으로 앉아있다. 흘러내리는 콧물을 닦아주는 나의 손짓에도 반응이 없다. 저체온증이다. 그의 체온을 올리기 위해 스태프들 안쪽으로 밀어 넣었다. 그러자 모두들 그를 부둥켜안는다.

나 역시 침낭을 덮고 얼어붙은 몸을 녹이려 애쓴다. 추위에 곱은 손가락은 움직이지 않고, 발가락은 아무리 옴죽거려도 감각이 느껴지지 않는다. 우리는 이곳에서 해가 뜰 때까지 배고픔과 추위, 암흑과 죽음에 대한 공포를 견뎌내야 한다. 아니, 우리의 목숨은 히말라야 신의 손에 달려 있다.

어느새 하늘에는 밝은 달빛 아래 하나둘 떠오른 별들이 예쁘게 수놓아져 있다. 밤하늘의 숱한 별들을 바라보자 울컥 설움이 복받치며 울음이 터져 나왔다. 불안함과 두려움, 죄책감. 알 수 없는 감정들이 한 데 뒤섞여 나를 짓눌렀다. 나는 어쩌다 이렇게 된 건지 앙탄하며 히말라야가 떠나가라 울기 시작했다. 스태프들은 내 마음을 이해하는 듯 아무도 말리지 않았다. 아마도 그들 역시 집에 있는 가족을 그리며 숨죽여 울고 있었을 것이다.

나는 히말라야가 좋아 이곳에 왔으니 여기서 죽어도 여한이 없다. 비록 신혼여행일지라도 말이다. 하지만 가족의 생계를 위해 집을 떠나온 스태프들은 꼭 살아서 돌아가야 한다. 매일 매일이 고되고 애달픈 날들이었지만, 그들은 가족을 생각하며 매 순간을 견뎠기 때문이다.

고된 길을 함께 걷고, 힘든 상황에서도 순박한 웃음을 잃지 않던 스태프들의 얼굴을 떠올렸다.

그저 보고만 있어도 가엽고, 안타까움을 자아내는 사람들….

이들에게 오늘 밤은 그 어떤 날보다 잔인하다.

왜 에이전시는 등반 셰르파를 한 명만 보낸 걸까? 계약한 대로 두 명의 셰르파가 있었다면 오늘 같은 일은 일어나지 않았을 것이다. 나는 복받쳐 오는 울분을 누르며 두 주먹을 불끈 쥐었다. 그리고 어떻게든 살아남아 오늘 흘린 눈물에 이자까지 보태어 갚아주겠다고 다짐했다.

밤이 깊어지자 하늘은 화려한 유성우를 뿌리며 빛의 축제를 연다.

'이제껏 이렇게 아름다운 히말라야의 밤하늘을 본 적이 있었나?'

하얗게 눈이 내린 설산 위로 쏟아져 내리는 별빛을 바라보니 하염없이 눈물이 흘렀다.

그렇게 얼마나 울었을까….

갑자기 몸의 긴장이 풀리며 스르르 눈이 감긴다.

36일차. 웨스트 콜 - 바룬체 베이스캠프

[이동거리: 5km / 고도 600m↓]

| 신이 나를 버리지 않은 이유

얼굴 위로 떨어지는 차가운 눈에 놀라 눈을 떴다.

외부와 단절된 세상에 갇혀 지옥 같은 밤을 보낸 우리에게 아침이 찾아오고 있었다.

"오빠… 오빠…."

"… 응…."

타오를 흔들어 깨우니 그는 짧게 대답을 하고는 웅크린 몸을 움직이지 않는다. 스태프들 역시 미동도 없다. 밤새 다리 한 번 제대로 펴기 어려울 정도로 비좁은 공간에서 밤을 보냈기에 모두들 일어날 만도 한데 뭔가 이상하다. 순간 불안한 생각이 뇌리를 스쳤다.

"쭈레 다이! 쭈레 다이!"

다급한 나의 외침에 키친 텐트를 뒤집어쓰고 있던 스태프들이 하나둘 얼굴을 내밀었다.

'아! 감사합니다!'

다행히 모두들 살아있었다. 히말라야의 신이 우리에게 자비를 베풀어 준

것이다.

추운 곳에서 밤을 보낸 스태프들은 모두 얼굴이 퉁퉁 부어 있다. 하지만 어제의 공포는 간 데 없고, 모두들 어이없는 이 상황을 즐기고 있는 듯 나를 보며 웃음을 짓는다. 그들의 표정은 밤새 추위와 사투를 벌인 사람들이라고는 믿기지 않을 만큼 해맑다.

새벽하늘에 어렴풋하게 반짝이던 별이 사라지자 히말라야의 장엄한 풍광이 펼쳐졌다. 신들이 깎아 놓은 설산의 봉우리에 하나 둘 불이 켜지기 시작하더니 아침햇살은 잠자던 설산에 생명을 불어 넣는다. 어떤 형용사로도 표현할 수 없는 눈부신 이 찰나의 순간, 가슴이 너무 벅차올라 비명을 지르고 싶을 정도다.

이곳에서는 쿰부 지역의 모든 봉우리들이 한눈에 들어온다. 히말라야의 미봉인 아마 다블람은 훈쿠 계곡을 호령하며 우뚝 솟아 있고, 6천 미터가 넘는 수많은 영봉들은 그것을 에워싸고 있다. 또 약 100km 정도 떨어진 티

베트의 시샤팡마(Shishapagma, 8,027m)와 멜룽체(Menlungtse, 7,181m)까지 내다보이니 혹독한 밤에 대한 보상으로는 차고 넘친다. 최악의 밤을 보낸 지난밤을 위로하듯 맑은 설산 향을 풍기며 하늘과 맞닿아 솟아오른 히말라야의 영봉들. 그 은빛 황홀경을 마주하니 자연에 대한 경외감과 함께 알 수 없는 복잡 미묘한 감정들이 솟구친다.

경이로운 풍광은 내 마음에 따스한 기운이 되어 스며들었다. 나는 불과 몇 시간 전만 해도 에이전시 사장에게 끔찍한 밤을 보내게 한 대가를 톡톡히 치르게 할 생각이었다. 그러나 지금 이 순간, 내 마음속에 원망이나 복수심은 남아있지 않다. 아무도 죽지 않고 살아있다는 것이 그저 감사했다.

문득 히말라야의 신이 우리에게 자비를 베풀어준 이유는 복수가 아닌 용서하는 법을 가르치기 위한 것이라는 생각이 들었다. 이해하기로 했다. 용서하기로 했다. 그러자 마음은 행복으로 가득 찼다.

그러나 상황은 여전히 낭만적이지 않다. 모두들 셰르파니 콜 베이스캠프를 떠나올 때부터 서른 시간 이상 아무것도 먹지도, 마시지도 못했다. 물통의 물은 모두 얼었고 약간의 행동식이 남아 있었지만 입이 말라 그마저도 먹고 싶지 않다.

우리가 머문 곳은 내가 생각했던 것보다 더 가관이다. 아래로는 크레바스가 있는 가파른 낭떠러지인데다 위쪽으로는 쪼개진 바위들이 매달려 있어 지난밤을 어떻게 보냈는지 아찔하다. 지금 우리가 신혼여행 중이라는 사실을 생각하니 더욱 기가 막힌다.

해가 완전히 떠오르자 자리를 털고 일어나 떠날 채비를 한다. 가네쉬는 몸에 로프를 묶고 내려가 크레바스 근처에 떨어진 주방도구를 줍는다. 쭈레와 라메쉬는 어제 미처 내리지 못한 짐을 내리기 위해 다시 웨스트 콜을 오른다. 포터들이 짐을 정리하는 동안 우리는 마카르, 람과 함께 바룬체 베이스캠프(Baruntse Base Camp, 5,400m)에 가서 음식을 만들어 놓기로 한다.

포터들을 웨스트 콜에 남겨둔 채 먼저 길을 나서려니 마음이 편치가 않아 발걸음이 무겁다. 지난밤 우리가 헤매던 발자국을 따라 갈팡질팡 걷던 나는 바지에 크램폰이 걸리는 바람에 눈 위에 그대로 처박혔다. 울고 싶은데 뺨 맞는 격이랄까. 눈보라가 휘몰아치는 빙하 한가운데에 주저앉아 오

열했다. 하지만 산소가 평지의 반밖에 안 되는 6천 미터의 고지대에서는 울음조차 쉬이 허락되지 않았다.

앞서가던 마카르가 나의 울음소리를 듣고는 돌아왔다.

"문 버이니, 울지 마. 여기서 조금만 더 가면 티 하우스가 있을 거야."

그는 걱정 어린 눈빛으로 나를 달래며 애써 덤덤한 표정을 지었지만, 그 역시 슬퍼 보였다.

시간이 지나자 극심한 갈증이 느껴지며 더욱 지쳐간다. 목구멍은 너무 말라 침조차 삼켜지지 않는다. 물통의 물은 꽝꽝 얼어있어 그림의 떡이다. 사방이 눈으로 덮여있지만 잘못 먹었다가는 저체온증과 탈수증상이 나타날 수 있기 때문에 섣불리 먹을 수 없다. 물통의 물이 녹을 때까지 조금만 더 버텨보기로 한다. 하지만 머릿속엔 온통 물을 벌컥 벌컥 들이켜고 싶다는 생각뿐이다.

머리 위에서는 뜨거운 태양이 내리쬐지만 매서운 바람은 몸을 가누지 못하게 만든다. 몸은 이미 그런 것에 익숙해졌는지 고통을 느끼지 못한다. 눈 앞으로는 여전히 히말라야의 고봉이 각각의 아름다운 모습을 뽐내며 솟아있다. 제아무리 세상에 단 하나뿐인 풍경일지라도, 타들어가는 갈증에 몸부림치고 있는 우리에게는 아무런 감동을 주지 못한다. 그저 머릿속을 가득 채우고 있는 것은 오직 물에 대한 열망뿐이다.

어제 쭈레는 웨스트 콜 기슭에서 바룬체 베이스캠프까지 한 시간이면 간다고 했다. 그런데 어찌된 영문인지 세 시간을 쉬지 않고 걸었는데도 베이스캠프의 코빼기도 보이지 않는다. 마치 시간이 정지된 광야를 헤매고 있는 기분이다. 만약 지난밤 웨스트 콜로 되돌아가지 않았다면 우리는 추위와 탈진으로 이곳에서 떼죽음을 당했을 것이다.

"승영아. 잠깐만."

뒤따라오던 타오의 부름에 걸음을 멈추니 다행히도 그의 수낭에 있던 물이 녹았다. 길 위에 털썩 주저앉아 얼음장같이 찬 물을 벌컥 벌컥 들이켰다. 그제야 조금 살 것 같았다.

웨스트 콜에서 3시간 30분을 쉼 없이 걸어서야 바룬체 베이스캠프에 도착했다. 나는 지칠 대로 지쳐 앉아 있는 마카르에게 다가갔다.

"티 하우스는 어디에 있어요?"

"여기서 조금만 더 내려가면 되는데, 포터들이 곧 올 테니 조금만 기다리자."

"포터들이 오기 전에 밥을 좀 해야 되지 않아요?"

"그러려고 했는데, 람이 쌀을 안 챙겼네. 그리고 어제 짐을 내릴 때 도꼬가 부서지는 바람에 그릇을 많이 잃어버렸어. 그래서 제대로 된 그릇에 밥을 못 줄 것 같아. 미안해."

그는 이 와중에도 내 밥그릇을 걱정하고 있었다.

"그나저나 어제부터 아무것도 못 먹었는데 배 안 고파?"

"괜찮아요. 아직까지는 견딜 만해요."

나는 씩씩한 척했지만 사실은 뱃가죽이 등가죽에 달라붙을 것 같았다.

"우선 이거라도 좀 먹어."

그는 재킷 주머니에 있던 강냉이를 한 줌 건넨다.

"이것도 먹는 건가요?"

내가 강냉이 사이에서 담배꽁초를 집어 들자 그는 멋쩍은 웃음을 지으며 재빨리 담배꽁초를 낚아챈다. 담배꽁초 덕분에 힘든 와중에 잠시 웃음꽃이 핀다.

나는 마카르 앞에서 의연해 보이기 위해서 애를 썼다. 지금 나보다 힘든 건 이들이라는 것을 알고 있기 때문이다. 특히 나 때문에 이번 여정을 따라 나선 타오와 마카르, 띠르떼와 람에게 미안함은 물론이고, 스태프들 모두에게 큰 죄를 지은 것만 같아 가시방석이 따로 없었다.

잠시 뒤 멀리 포터들의 모습이 보이기 시작한다. 그들은 한눈에 봐도 모두 지쳐 보인다.

'저들 역시 물 한 모금 마시지 못했을 텐데….'

나는 그들의 모습에 고개를 떨궜다.

"패잔병들이 따로 없네."

타오는 온몸에 기운이 다 빠진 포터들을 보며 나지막이 얘기했다. 우리의 처지가 너무도 서글프게 느껴졌다. 헤어 나올 수 없을 것 같던 그곳에서 타오의 현명한 판단 덕분에 살아서 나왔다. 하지만 살았다는 기쁨보다는 스태프들을 사지로 몰아넣었다는 생각에 죄책감이 밀려왔다. 터져 나오는 눈물을 애써 참으며 그들에게 다가가 한 명 한 명에게 고맙다는 인사를 전했다.

쭈레는 숙영지에 도착하자마자 기절하다시피 맨바닥에 드러누웠다. 포터들은 다들 말할 기운조차 남아있지 않은지 모두들 아무 말 없이 텐트를 친다. 그때 딥이 나에게 다가왔다.

"문 버이니. 혹시 눈에 넣는 약 있어? 나 눈이 너무 아파."

설맹이었다. 우리는 분명 스태프들 모두에게 선글라스를 지급했고, 착용하고 있는 것까지 확인을 했다. 그럼에도 불구하고 그가 설맹에 걸렸다는 것이 의아했다. 나중에 알고 보니 그는 이스트 콜에서 짐이 내려오는 동안 선글라스를 쓰고 있지 않았다. 나처럼 그의 선글라스도 이스트 콜 위에 있

었던 것이다. 당시 그를 조금 더 눈여겨봤더라면 눈을 가리고 있으라는 조
언을 해줬을 텐데, 그러지 못한 것이 후회스러웠다. 다행히 챙겨온 약 중에
설맹에 쓸 수 있는 안약이 있었다.

"곧 괜찮아질 거예요. 너무 걱정 말고, 수건으로 눈을 좀 가리고 누워 있
어요."

"응. 정말 고마워. 버이니."

그는 아픈 와중에도 고맙다는 인사를 잊지 않았다. 나는 그를 안심시키
기 위해 태연하게 행동했지만 안약이 떨어질 때마다 눈꺼풀을 떨며 고통
스러워하는 그의 아픔이 느껴져 가슴이 아려왔다.

따스한 햇볕이 내리쬐는 텐트 안에서 기절하듯 곯아떨어졌다 밖으로 나
오자 뉘엿뉘엿 해가 지고 있다. 베이스캠프는 쥐 죽은 듯 조용하다. 낮은
모레인 언덕 너머의 웨스트 콜을 바라보니 불과 몇 시간 전의 일인데도 그
곳에서의 지난밤이 꿈처럼 느껴진다.

37일차. 바룬체 베이스캠프 - 암푸랍차 베이스캠프

[이동거리: 5.5km / 127m↑]

| 내가 미쳤었나봐!

   어제 낮부터 충분한 휴식을 취했지만, 다들 몸 상태가 좋지 않다. 쭈레는 심한 몸살감기에 걸렸고, 크리슈나는 웨스트 콜에서 내려오며 낙석에 팔을 맞았다. 설맹에 걸린 딥의 눈은 여전히 좋지 않고, 가네쉬 역시 무릎 통증으로 다리를 절고 있다.

   약을 챙겨주기 위해 스태프들의 텐트를 찾아가니 낯선 남자가 있다. 그는 이틀 전 우리가 그렇게 찾아 헤매던 바룬체 베이스캠프의 티 하우스 주인이다. 훈쿠 계곡에는 메라 피크 쪽 마을에 사는 목동들이 여름에만 올라와 지내는 작은 움막 몇 개가 있다. 등반 시즌이 되면 목동들은 움막을 개조해 티 하우스를 운영한다.

   '그는 우리가 이곳에 있는 것을 어떻게 알았을까?'

   나는 그가 어떤 이유로 이곳에 왔는지 알지 못했지만, 인적 없는 히말라야의 깊은 설원을 동네 마실 다니듯 다니는 그가 너무도 신기하다. 이곳은 눈 표범이 출몰하는 지역이라는 람의 얘기를 떠올리니 더욱 그러했다.

   "어머! 내가 미쳤었나 봐! 미쳤어!"

짐을 싸던 중 내가 그간 가방을 잘못 꾸리고 있었다는 것을 깨달았다. 그동안 우리의 카고백 두 개 중 하나에는 침낭과 매트리스 등 부피가 크고 가벼운 것을, 다른 하나에는 옷과 등반 장비 등 무거운 것을 넣었다. 짐 정리를 용이하게 하기 위해서였다.

가네쉬는 우리의 카고백 두 개를 세로로 세워 묶은 후 짐을 졌다. 그러다 보니 무게 균형이 맞지 않아 무릎이 아플 수밖에 없었던 것이다. 그 사실을 이제야 알아차린 나는 머리를 쥐어박으며 부랴부랴 짐을 다시 싸기 시작했다. 내 배낭을 꾸릴 때에는 배낭의 위와 아래, 오른쪽과 왼쪽 무게 중심을 맞추면서 왜 그 무거운 짐을 나르는 포터들을 배려하지 못했을까? 나는 그동안 가네쉬가 아픈 무릎 때문에 얼마나 고생했는지를 고스란히 지켜봤기 때문에 미안함에 탄식했다.

다시금 전열을 가다듬은 우리는 숙영지를 떠나기 전 바룬체를 배경으로 모여 섰다.

"자, 셋에 찍는다."

"야크 치즈!"

우리는 이 여정이 비극으로 끝나지 않았다는 것을 기념이라도 하듯 타오의 카메라를 향해 시원스레 웃으며 입을 모아 외쳤다. 이제 이틀만 더 고생을 하면 마을이 있는 추쿵에 도착한다. 그 사실을 누구보다 잘 알고 있는 스태프들은 모두 밝은 표정이다. 하지만 나는 추쿵으로 가기 전 넘어야 하는 고개인 암푸랍차에서 웨스트 콜에서의 악몽이 재현될까 봐 마음이 무겁다.

훈쿠 빙하를 가로질러 암푸랍차 베이스캠프로 가는 길에서는 어제 웨스트 콜에서 본 산들이 손에 잡힐 듯 가까이 보인다. 옴비가이첸(Ombigaichan,

6,340m)과 어깨를 나란히 하며 차례대로 솟아오른 아마 다블람(Ama Dablam, 6,856m)과 페마 다블람(Pema dablam, 6,340m). 그 옆으로는 암푸랍차가 있다. 장쾌한 능선을 뻗어 솟아있는 설산들은 그 위용이 대단하다. 특히 검은 암석에 순백의 빙하로 화려하게 치장을 한 페마 다블람은 남성적이면서도 아름다워 마음을 잡아끈다.

훈쿠 빙하는 규모가 크지 않지만 곳곳에 속이 들여다보이지 않을 정도의 깊은 크레바스가 존재한다. 우리는 빙하를 건너기 수월한 곳에 돌을 쌓아 만들어놓은 케언을 길잡이 삼아 얼어붙은 빙하 사면을 조심스럽게 내려간다.

빙하 계곡 아래로 내려서자 거대한 모레인 지대가 금방이라도 쏟아져 내릴 것처럼 위태롭게 서 있다. 하지만 포터들은 이제는 두려울 것이 없다는 듯 거대한 채석장을 연상시키는 모레인을 거침없이 올라간다.

　거친 모레인을 오르자 얼어붙은 판치 포카리(Panch Pokhari) 우측에 암푸
1(Amphu1, 6,840m)에서 흘러 내려온 거대한 아이스폴 지대가 시선을 사로
잡는다. 암푸1봉 아래에 있는 직경 500m는 족히 되어 보이는 판치 포카리
는 원형 스케이트장처럼 단단하게 얼어있다. '다섯 개의 호수'를 뜻하는
판치 포카리는 꼭 다섯 개의 호수라기보다는 서너 개 이상 많을 때 붙인다.
네팔에는 판치 포카리라는 지명이 여러 곳 있는데, 이곳의 판치 포카리는
네팔에서 해발고도가 가장 높은 곳에 위치해 있다. 호수 주변에는 빙하나
눈이 녹아 만들어진 크고 작은 3개의 호수가 더 있다.

| 쭈레와 마카르

　아까부터 쭈레와 마카르 사이에는 어색한 기류가 흐른다. 둘은 다투기라
도 한 것인지 잔뜩 인상을 쓰고 있다. 나는 누구에게도 그 이유에 대해 묻

지 않았다. 내가 끼어봤자 상황이 나아질 거라 생각하지 않기 때문이다.

실제로 이 둘은 트레킹 내내 티격태격했다. 쭈레는 마카르가 나와의 친분을 내세워 자신의 말을 듣지 않는다고 했다. 그뿐만 아니라 손님인 우리에게는 살뜰하게 대하면서 포터들에게는 자주 신경질을 낸다며 그를 싫어했다. 마카르는 술을 마시고 이따금씩 실수를 하는 쭈레를 못마땅해 했다. 포터들은 자신들을 잘 챙겨주는 쭈레의 인간적인 모습에 그를 잘 따랐다. 하지만 마카르의 눈에는 그것이 눈에 가시였다.

그런 사실을 까맣게 모르고 있던 나는 이들에게 다음 트레킹도 함께 했으면 좋겠다며 눈치 없는 소리를 했다. 그러자 쭈레는 마카르 몰래 나를 찾아와 앞으로 마카르와는 절대로 트레킹을 하지 않겠다고 했다. 마카르 역시 나에게 같은 말을 했다. 하지만 이 둘은 이번 트레킹이 끝나고, 6개월 뒤 우리와 함께 다울라기리 트레킹을 함께 했다.

지루한 너덜사면을 걸어 암푸랍차 베이스캠프에 다다랐을 무렵 우리는 누군가 빙하 아래에 식량을 데포(depot, 등반하는 루트에 미리 일시적으로 장비나 식량 등을 보관하기 위하여 설치한 장소) 해 놓은 곳을 발견했다.

"웨스트 콜에서 도꼬가 떨어질 때 식량도 많이 잃어버렸어."

쭈레가 돌로 덮여 있는 뚜껑을 열고 먹을 것이 있는지 확인하는 사이 나는 주변을 살핀다. 분명 이것은 이곳에 머물렀던 팀이 우리처럼 배고픈 팀을 위해 남겨두고 간 것인데도 불구하고 도둑질을 하는 것처럼 가슴이 콩닥거린다. 쭈레는 드럼통 깊숙한 곳에서 파스타와 밀가루를 찾아냈고, 우리는 복권에 당첨된 것 마냥 기뻐했다.

암푸랍차 베이스캠프(Amphu Labsta Base Camp, 5,527m) 뒤로는 탑 모양으로 생긴 빙하인 세락(Serac)이 있다. 이곳에서 추쿵으로 가기 위해서는 저

거대한 세락을 올라 암푸랍차를 넘어가야 한다. 현지인들이 '아말랍차'라고 부르는 암푸랍차는 마칼루-바룬 국립공원(Makalu Barun National Park)과 사가르마타 국립공원(Sagarmatha National Park)의 경계가 된다. 에베레스트(솔루 쿰부) 지역에 위치한 사가르마타 국립공원은 세계 최고봉인 에베레스트(Everest, 8,848m)를 포함하여 로체, 초오유, 아마 다블람 등의 고봉이 있는 곳으로 트레킹과 등반의 메카가 되는 곳이다.

에베레스트는 다섯 개의 이름이 있다. 에베레스트의 원래 이름은 티베트어로 '세계의 어머니'라는 뜻의 초모룽마이며, 네팔에서는 산스크리트어로 '하늘 바다' 또는 '하늘의 이마'라는 뜻의 사가르마타로 부른다. 중국에서는 티베트 명칭을 차용해 주무랑마봉으로 부르는데, 19세기 초 영국의 인도 측량국은 에베레스트를 측량 기호인 K15로 부르다 1865년 측량 활동에 공이 컸던 측량 국장의 이름을 따서 에베레스트라는 이름을 붙였다.

| 바르카스의 발가락

설맹에 걸린 딥에게 약을 챙겨 먹이고 있는데 바르카스가 찾아왔다.

"동상에 걸렸어요."

"정말이야? 얼른 양말 좀 벗어봐."

그가 양말을 벗는 순간 코를 들기 어려울 정도로 시큼한 발냄새가 코를 찌른다. 그러나 지독한 냄새에 놀라는 것도 잠시, 그의 발을 본 나는 가슴이 철렁 내려앉았다. 엄지발가락이 엄청나게 부어있는데다 발톱 색깔마저 이상해 상태가 심각해 보였기 때문이다. 그런데 희한하게도 동상에 걸린 발가락치고 피부는 검게 변해 있지 않다.

"바르카스, 오른쪽 발은 괜찮아?"

"네. 괜찮은 것 같아요."

"오른쪽 발 좀 보여줘."

동상에 걸리지 않은 오른쪽 엄지발가락을 본 나는 실소를 금치 못했다. 그의 발가락은 동상으로 부풀어 오른 것이 아니라 원래 그렇게 생겼던 것이다. 불행 중 다행으로 그의 발은 경미한 동상으로 아주 작은 물집이 조금 생겼을 뿐 심각한 상태는 아니었다. 나는 아쉬운 대로 발을 소독하고 바람이 통하도록 거즈를 덧댄 뒤 항생제를 먹었다.

트레커는 자신의 몸을 잘 관리해야 하는 것은 물론이고, 함께 하는 스태프들의 건강 상태를 살피고 돌봐야 한다. 따라서 트레킹을 떠나기 전 만일의 사고에 대비해 그들을 위한 보험을 들어야 한다. 그것은 트레커의 선택

이 아닌 반드시 지켜야 할 의무이자 도리이다.

해가 질 때쯤 호수 너머로 다른 팀의 포터들이 이곳을 향해 오고 있다. 내일 암푸랍차를 어떻게 넘어야 할지 고민하며 마음을 졸이고 있던 차였다. 그들을 발견한 우리는 너나없이 환호하기 시작했다. 저 팀과 함께라면 부족한 장비로 인한 인명사고나 조난을 면하는 것은 물론이고, 수월하게 추쿵으로 갈 수 있기 때문이다.

서양인들로 구성된 그들은 메라 피크 등반 후 훈쿠 계곡을 거슬러 올라 이곳으로 왔다고 한다. 그들은 이곳까지 오며 우리만큼이나 고생을 했던 건지 아주 느린 속도로 기다시피해서 걸어오고 있다. 어떤 사람은 쓰러지기 직전인지 양옆으로 포터의 부축을 받아 겨우 걸음을 떼고 있다.

쭈레는 이제 막 도착한 서양 팀의 가이드를 만나 내일 함께 암푸랍차를 넘기로 했다며 전해준다. 우리에게는 반가운 소식이 아닐 수 없다. 그는 서양 팀의 가이드와 함께 미리 고정로프를 깔아놓기 위해 암푸랍차로 향했다. 내일 오전 중에 암푸랍차를 넘지 못하면 낙석의 위험이 크기 때문에 시간을 단축하기 위해서다. 감기에 걸려 연신 기침을 하면서도 우리를 위해 궂은일을 마다않고 고생하는 그를 보니 마음이 짠하다. 그리고 양리 카르카에서 밤새 술을 마시고 떠들었다고 타박을 했던 일이 미안해진다.

석양이 비껴 연노랑으로 물드는 훈쿠 계곡을 바라보며 생각에 잠긴다.

이제 마지막을 향해 치닫고 있는 우리의 여정.

고되지만 어느 한순간도 아름답지 않은 시간이 없었다. 그 길 위에서 히말라야의 보석 같은 사람들과 눈물겹도록 아름다운 하루하루를 보냈다. 그런 날들이 이제 얼마 남지 않았다고 생각하니 서운하다 못해 착잡하기까지 하다.

이런저런 생각에 잠이 오지 않아 뒤척이는 가운데 타오는 코까지 골며 잠에 빠져들었다. 그런데 오늘따라 그의 콧바람은 왜 이렇게 드센지, 웨스트 콜의 골바람은 저리 가라다. 결국 나는 콧바람을 피해 재킷을 뒤집어쓴 뒤에야 잠이 든다.

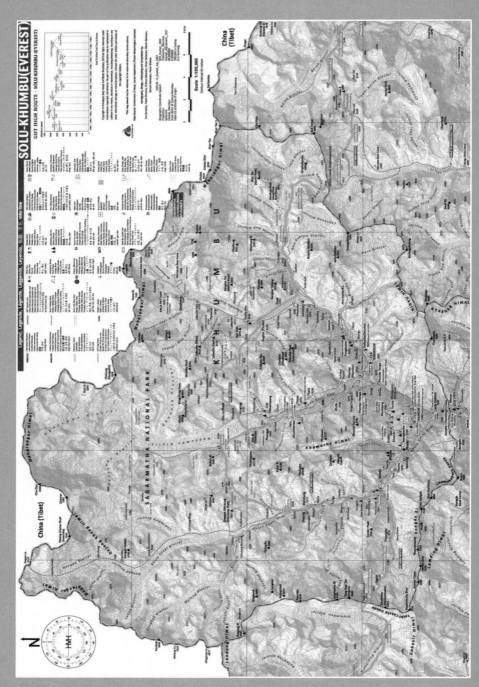

출처 : Himalayan map house

하늘 바다,
에베레스트 지역

38일차. 암푸랍차 베이스캠프 - 암푸랍차 - 추쿵

[이동거리: 11km / 고도 318m↑ 1,115↓]

▌꽃구름 한 송이

새벽 4시. 살을 에는 추위에도 불구하고 우리의 손놀림은 거침이 없다.

어제 쭈레가 암푸랍차를 오르는 곳에 고정 로프를 설치해 놓았지만, 하강은 빨리 오르는 팀이 먼저이기 때문이다. 포터들 역시 웨스트 콜에서의 악몽을 되풀이하고 싶지 않아서인지 여느 때보다 빠르게 움직인다. 그리고는 아직 텐트도 걷지 못한 서양 팀보다 한 발 먼저 출발을 한다. 우리 스태프들의 노련함이 빛을 발하는 순간이다.

암푸랍차(Amphu Labsta, 5,845m)는 고도가 6천 미터 가까이 되는 데다 정상 아래의 세락 지대, 그리고 그 반대 방향으로는 낙석이 많아 위험한 고개중 하나이다. 하지만 하루거리에 추쿵 마을이 있기 때문에 심리적 부담은 덜한 곳이다.

베이스캠프 뒤쪽의 세락으로 올라서는 길은 빙하에 깎여 날카로운 피부를 그대로 드러내고 있다. 가파른 너덜길은 조금만 움직여도 숨이 턱 끝까지 차오른다. 5천 미터가 넘는 고지대를 일주일 가까이 지나왔어도 이곳의 희박한 산소량은 무시할 수 없다.

너덜 끝에 다다르자 거대한 세락이 우리를 가로막는다. 암푸랍차를 넘기 위해 반드시 올라야 하는 세락의 위용은 가까이 갈수록 놀랍다 못해 경이롭다. 물결치듯 차곡차곡 쌓여 만들어진 세락은 마치 크리스털로 만든 그랜드 피아노처럼 보인다. 히말라야의 혼이 깃들어있는 하나의 예술작품이다. 억겁의 시간 동안 이곳을 지켰을 세락은 얼음왕국이다. 하늘로 뻗은 거대한 빙탑은 주눅이 들 만큼 압도적인 규모라 마치 내가 소인이 된 것 같은 착각에 빠진다.

세락을 중간쯤 오르자 서양 팀의 포터들보다 먼저 도착해 차례로 짐을 대기시켜 놓은 스태프들이 보인다. 서양 팀의 포터들이 젊은 패기와 강한 체력으로 이곳까지 왔다면, 우리의 포터들은 노련함과 성실함으로 이곳에 올랐다. 그런 그들이 너무도 자랑스럽다.

포터들은 앙다문 추위 속에서도 힘겨웠던 트레킹이 끝나 곧 집으로 돌아갈 수 있다는 생각에 모두 들떠있다. 요 며칠 그들의 얼굴에서 볼 수 없었

던 밝은 표정에 마음이 뭉클해진다. 타오도 그들과 함께하는 시간 동안 정이 들었는지 이제는 그들과 함께 있어도 어색함이 없다.

위쪽에서 고정 로프를 설치하고 있던 쭈레가 올라와도 좋다는 신호를 보낸다. 그러자 포터들은 행여 다른 팀 포터들이 새치기라도 할까 봐 일사불란하게 줄을 맞춰 올라간다.

암푸랍차 정상에 오르자 검게 그을린 쭈레의 얼굴이 밝은 태양 아래 눈부시게 빛나고 있다. 그는 어느 때보다 환한 얼굴로 나를 반겨준다.

"문 버이니! 올라오느라 고생했어. 여기가 암푸랍차 정상이야!"

"쭈레 다이! 정말 고생 많았어요. 얼른 이것 좀 마셔요."

나는 새벽부터 물도 마시지 못하고 고생했을 그에게 따뜻한 물을 건넸다. 물을 한 모금 마신 쭈레는 들뜬 표정으로 말을 이어간다.

"예전에는 여기까지 3시간이 걸렸어. 그런데 얼마 전에 새로운 길이 생겨서 우리는 2시간 만에 도착한 거야. 그러고 보면 버이니는 참 운이 좋은 것 같아."

"아니에요. 다이가 열심히 해준 덕분이에요. 정말 고마워요!"

쭈레는 우리가 이곳까지 올 수 있었던 것을 나의 운으로 돌렸지만, 모든 것은 그와 스태프들 덕분이었다.

포터들은 눈앞에 펼쳐진 설산의 파노라마를 보며 흥분을 감추지 못한다. 그들은 연방 웃음과 감탄사를 질러대며 콧노래까지 흥얼거린다.

룽다가 휘날리는 암푸랍차 정상에서는 에베레스트와 로체를 비롯해 우리가 지나온 마칼루와 웨스트 콜이 차례로 내다보였다.

'정말 우리가 저곳을 지나온 것이 맞나?'

보고도 믿기지 않는 풍경에 빠져있던 나는 절절한 눈물을 쏟아냈던 웨스

트 콜을 바라보았다. 그러자 가슴 벅찬 후련함에 눈시울이 붉어지더니 눈물이 터져 나왔다.

그때 로체 위로 꽃구름 한 송이가 피어올랐다. 여러 가지 빛깔을 띤 꽃구름은 우리와 닮았다. 생김도, 성격도 모두 제각각이었지만, 우리는 하나였다. 쉴 새 없이 몰아치던 눈보라도, 모질었던 추위도, 육신이 사그라질 것 같던 고통도 우리를 갈라놓지 못했다. 우리는 절망적인 상황일수록 더욱 똘똘 뭉쳐 아름답게 피어올랐다. 마치 꽃구름 한 송이처럼.

하강하는 곳에는 바위틈에 박아놓은 스노 바와 함께 여기저기 엄청나게 많은 확보물이 엉켜있다. 서양 팀의 어린 가이드는 수직에 가까운 가파른 바위벽에 매달려 장갑도 끼지 않은 채 하강을 도와주고 있다. 그 모습에 마음이 짠해진다.

80미터 정도의 짧은 하강을 마친 나는 눈 쌓인 내리막을 내려가기 시작한다. 하강을 완료한 지점부터 빙하 옆 안전한 지대까지 내려가는 길도 쉽지 않다. 급경사지에서 흘러내린 눈은 그 양이 상당하다. 얼어붙은 눈은 굉장히 미끄럽고, 눈이 없는 구간 역시 너덜 바위길이라 걷기가 만만치 않아 식은땀이 흐른다.

회색빛 로체 샤르 빙하를 내려다보며 내리꽂히듯 가파른 길을 내려와 안전한 지대에 내려섰다. 그곳에는 마카르가 맥이 풀린 표정으로 앉아 나를 기다리고 있었다.

| 괜찮아요, 마카르

"마카르 다이! 이제 우린 살았어요!"

농담을 던지며 그에게 다가가자 그는 자리에서 일어나 덥석 나를 끌어안았다. 그리고는 소리 내어 서럽게 울기 시작했다.

"어? 마카르 다이…."

　갑작스러운 그의 눈물이 당황스러웠지만, 곧 나도 그를 부둥켜안고 울음을 터뜨렸다.

　나를 위해 길고 위험했던 트레킹을 따라나선 그에 대한 고마움과 미안함이 교차했다. 험난했던 지난 여정이 주마등처럼 스쳐 지나갔다. 마을 사람들까지 데리고 와 함께 길을 나섰건만 목숨이 위태로울 정도로 위험한 길을 맞닥뜨렸을 때 그의 마음이 어땠을지 생각하니 눈물이 멈추지 않았다. 그런 순간이 닥칠 때마다 어쩌면 그는 나보다 더 마음을 졸였을 것이다. 25년간 히말라야에서 원정대의 요리사로 일하며 온갖 상황을 다 겪은 그에게도 분명 이번 여정은 너무나 힘들었던 것이다. 그럼에도 불구하고 그는 단 한 번도 싫은 기색도 없이 언제나 나를 믿고 지지해줬다.

　이젠 살았다는 안도감과 함께 그간의 마음고생을 눈물로 쏟아내던 마카르.

　그는 엄마 품에 안긴 아이처럼 어깨를 들썩이며 한참을 울었고, 우리는 눈물범벅이 된 서로의 얼굴을 닦아주며 두 손을 꼭 잡았다.

설연에 휩싸인 로체(Lhotse, 8,516m)를 바라보며 평탄한 길 위에 섰다.

'아! 내가 알고 있던 히말라야의 길은 이런 길이었는데!'

그때 발아래 눈에 익은 것이 보인다. 바로 야크 똥이다. 그러고 보니 이것도 참 오랜만이다.

'세상에, 야크 똥이 이리도 반가울 줄이야!'

야크 똥이 있다는 것은 주변에 마을이 있다는 뜻이다. 그곳이 추쿵이라는 것을 진즉에 알고 있지만, 길섶의 야크 똥을 보고 이렇게 웃음이 나는 걸 보니 그간 사람이 그리웠나 보다. 게다가 오늘 날씨는 왜 이렇게 좋은지. 나는 헤벌쭉이 웃음을 지으며 추쿵으로 향한다. 마카르 역시 마을로 가는 것이 그리도 좋은 걸까? 그는 거의 뛰다시피 내달려 금세 우리와 멀어진다.

추쿵으로 가는 길은 빙하 호수인 임자 초를 지나 임자 콜라 계곡을 따라

이어진다. 주변의 산들은 흰옷을 벗어던지고 잿빛 속살을 그대로 드러내고 있다. 황량하고 메마른 고산의 풍경 너머에는 다정한 형제처럼 보이는 타보체와 촐라체가 솟아있다. 네팔 히말라야의 미봉으로 꼽히는 아마 다블람의 북서능은 마치 여인의 주름치마처럼 화려하게 뻗어 있다. 아마 다블람은 네팔어로 '어머니의 목걸이'를 뜻하는데, 정상 바로 밑에 높이 달린 세락이 셰르파니(Sherpani)들이 목 주위에 하고 있는 보석과 닮았다고 해서 이름이 붙여졌다.

웅장하고 화려한 풍경을 즐기며 여유 있는 걸음을 옮기다 보니 추쿵에 다다랐다. 타오와 나는 누가 먼저랄 것도 없이 마카르가 그려놓은 화살표를 따라 한걸음에 로지로 달려간다. 마카르는 아마 다블람이 잘 조망되는 아늑한 분위기의 마칼루 로지에서 우리를 기다리고 있었다.

나는 배낭을 내려놓자마자 마카르의 손을 잡아끌고 상점으로 향했다.

"담배 한 갑 주세요."

어제 오후 담배가 떨어졌다며 속상해하던 그를 위로해주고 싶었다. 내가 담배를 사자 얼떨결에 내 손에 끌려온 마카르는 손을 내젓는다.

"괜찮아. 아까 추쿵에 오자마자 담배 샀어. 그리고 여기는 비싸."

"아이 참! 그건 그거고요. 이건 제가 드리는 선물이에요."

"고마워. 근데 사실 아까 뛰어서 온 이유가 바로 담배 때문이었거든."

담배를 받아든 그는 마치 사탕을 받은 아이처럼 좋아하며 입이 귀에 걸린다.

로지로 돌아온 나는 아직 도착하지 않은 포터들을 기다린다. 우리가 엄청나게 빠른 속도로 하산을 하기는 했지만, 한 시간이 지나도록 오지 않는 포터들이 걱정되어 초조하다. 그러나 걱정도 잠시. 곧 언덕 너머 하나 둘

포터들의 모습이 보이기 시작하더니 그들은 어느 때보다 씩씩한 모습으로 추쿵에 도착했다.

나는 점심식사도 하지 못한 포터들에게 미리 준비해 놓은 삶은 감자를 먹여 허기를 달래게 했다. 동상이 걸린 바르카스의 발을 소독하고, 거즈를 갈아주는 것도 잊지 않았다. 그렇게 포터들을 챙기고 방에 돌아와 거울을 보니 어디서 많이 본 촌년이 보인다. 참으로 오랜만에 거울 속에서 만난 꾀죄죄한 내 몰골은 정말 가관이라 나도 모르게 웃음이 터져 나온다.

39일차. 추쿵 - 팡보체 - 남체

[이동거리: 22km / 고도 1,290m↓]

| '우연'으로 만나 '인연'이 되어버린 소남 엥지

오늘은 남체(Namche, 3,440m)까지 긴 거리를 이동해야 한다.

'산악 마라톤도 아니고, 이틀에 걸쳐 가야 할 거리를 하루 만에 내려가야 하다니!'

쭈레는 여행사에서 40일에 일정을 끝내는 것으로 계약을 하고 왔기 때문에 오늘 꼭 남체까지 가야 한다고 했다. 지금이라도 에이전시에 전화를 걸어 일정을 조절할 수 있었다. 하지만 스태프들은 하루라도 빨리 집으로 가고 싶어 하는 눈치였기에 고집을 부리지 않기로 한다.

아마 다블람을 곁에 두고 딩보체로 가는 길은 넓고 평탄해 우리의 걸음에는 여유가 넘친다. 돌이켜 생각해 보니 트레킹 이후 이렇듯 평탄한 길을 걷는 것이 얼마만인지 모르겠다. 길뿐만이 아니다. 사람들로 북적이는 에베레스트 지역으로 들어오니 튼튼한 철제 다리가 떡하니 놓여 있다. 그동안은 아슬아슬한 외나무다리를 곡예하듯 건너왔는데, 이런 다리를 보니 호사를 누리는 기분이다.

우리와 앞서거니 뒤서거니 하며 걷던 포터들은 친구들을 만날 때마다 우

리의 지난 여정에 대해 얘기하며, 무용담을 늘어놓기에 바쁘다. 얘기를 들은 사람들은 믿기지 않는다는 듯 눈이 휘둥그레지다 못해 입을 떡 벌린다.

분홍빛 랄리구라스가 만개한 산비탈을 내려와 푼키텡가(Phunke Tenga, 3,250m)에 다다랐다. 이곳부터 나의 발걸음이 빨라지기 시작했다. 오늘 꼭 만나야 할 사람이 있기 때문이다.

2년 6개월 전(2011년 12월). 이곳에서 나는 아홉 살의 셰르파니 소녀, 소남 엥지를 만났다.

"머리에 이고 있는 게 뭐야? 가방 안에 뭐가 들었니?"

"부모님 심부름으로 닭을 사서 집으로 가는 길이에요."

"집이 어딘데?"

"사나사요."

"우리랑 같은 방향이네. 나랑 같이 가자."

내가 손을 내밀자 아이는 스스럼없이 내 손을 잡았다. 아이의 집까지 가는 동안 아이는 머리에 인 짐이 버거운지 자주 짐을 고쳐 메면서도 내 손을 놓지 않았다. 그 모습이 사랑스러웠다. 아이의 집에 다다랐을 때 나는 내내 콧물을 훌쩍거리던 아이에게 손수건을 선물했고, 아이와의 만남은 거기서 끝인 줄 알았다.

하지만 며칠 뒤 하행 트레킹을 하던 나는 아이와 재회했다. 아이는 내가 내려오는 날을 기다렸다는 듯 작은 창문으로 나의 모습을 확인하고는 달려 나왔다.

"어머! 내가 오기를 기다렸던 거야?"

아이는 양손으로 추위에 벌겋게 얼어버린 내 볼을 감싸주며 내게 안겼다. 작은 손에서 전해지는 따뜻한 기운이 마음 깊이 와 닿았다. 그때 창문 틈으로 나를 물끄러미 바라보는 아이의 엄마가 보였다. 그녀는 눈빛이 슬퍼 보였고, 어딘가 모르게 불편해 보였다.

이 짧은 만남은 한국에 돌아와서도 자꾸만 생각이 났다. 히말라야의 밤을 수놓는 별처럼 영롱하게 빛나는 눈을 가졌던 아이를 다시 만나고 싶었다. 이후에도 몇 차례 네팔을 찾았지만, 아이가 있는 곳과는 거리가 멀어 만날 수가 없었다. 그런데 때마침 오늘 아이의 집 앞을 지나게 되었으니, 아이의 집이 가까워질수록 설레고 긴장이 된다.

사나사(Sanasa, 3,780m)에 도착한 나는 기억을 더듬어 아이의 집을 찾아갔다. 그런데 어찌된 일인지 아이의 집은 흔적도 없이 사라지고, 그 자리에는 로지가 들어 서 있다. 나는 행여 구겨질까 40일간 배낭 속에 고이 넣어 가져왔던 아이의 사진을 꺼내 들고 아이의 행방에 대해 물었다.

"분명 여기에 집이 있었는데. 여기 살던 소남 엥지는 어디로 갔나요?"

로지 주인은 아이의 사진을 한참 들여다보더니 그제야 생각이 났다는 듯 입을 연다.

"애 엄마가 죽었어요. 지금 남체에 있다고 하던데, 어떻게 지내는지는 몰라요."

뜻밖의 소식에 나는 한동안 말을 잇지 못했다.

'무슨 일이 있었던 거니? 그리고 지금 어디에 있니?'

안타까움과 걱정이 밀려왔다. 그렇게 나는 아이와의 재회를 학수고대하며 간직했던 사진을 전하지 못한 채 사나사를 떠나왔다.

십 년 전쯤인가? 엄마와 함께 엄마의 고향에 다녀온 적이 있었다.

집으로 돌아오는 길. 해가 서산 너머로 뉘엿뉘엿 넘어가자 엄마가 나지막이 말씀하셨다.

"우리 엄마가 보고싶네…."

"할머니? 갑자기 왜?"

할머니는 내가 태어나기도 전에 돌아가셨기에 난 할머니를 추억할 수 있는 것이 없었다.

"내가 어릴 때 이렇게 해가 질 때면 밭에 나간 엄마를 마중 나갔거든. 그러다 엄마가 일 끝내고 오면 같이 논둑에 앉아서 얘기도 하고 그랬지. 그래서인지 노을이 지면 그때가 그리워져."

어느덧 엄마의 눈은 젖어있었고, 나는 엄마가 없는 나의 엄마가 가여웠다.

소남 엥지와 만나지 못하고 남체로 향하며 바라본 늦은 오후의 하늘은 그 시절 엄마가 하셨던 말씀을 떠올리게 했다.

"자식이 장성해 본인이 할머니가 되어도, 수십 년이 지나도 그리운 존재가 어머니"라고. 그럼에도 불구하고 소남 엥지는 부모의 손길이 한창 필요한 나이에 엄마를 잃고, 정든 집을 떠나야 했으니 얼마나 힘들었을까? 아마도 겪어보지 않은 사람은 모를 것이다. 나조차도 겪어보지 않은 큰일을

겪은 아이를 생각하면 감정이 북받쳐 올랐다.

한국에 돌아온 후 나는 소남 엥지를 찾기 위해 백방으로 수소문했다.

아이는 외국인의 후원을 받아 남체에서 학교를 다니고 있었다. 아이의 아버지는 재혼을 했고, 그는 단 한 번도 아이를 찾아오지 않는다고 했다. 누군가는 기거할 수 있는 곳이 있고, 학교를 다니고 있으니 최악의 상황은 면한 것이라고 말할 수 있다. 하지만 어린아이에게 엄마를 잃고, 아빠마저 잃은 것이나 다름없는 이런 상황보다 더 최악이 있을 수 있을까? 아이의 소식을 전해들은 나는 맑고 순수했던 소남 엥지에게 닥친 불행한 현실에 마음이 아려왔다.

그로부터 일 년이 지난 후 2015년 네팔 대지진이 일어나던 날, 우리는 재회했다. 소남 엥지는 몰라보리만큼 성장해 있었지만, 어릴 적 모습이 남아 있었다. 나는 아이에게 전하지 못했던 사진을 내밀었다.

"내가 누군지 알겠니? 우리 예전에 만난 적이 있는데."

"아니요. 모르겠어요."

"너무 어렸을 때라 기억하지 못할 거야. 그래도 괜찮아. 내가 널 기억하고 있으니까."

그렇게 소남 엥지와의 인연은 다시 시작되었다. 나는 기꺼이 아이의 보호자가 되기로 결심했고, 소남 엥지는 내 딸이 되었다.

우리가 만나는 날이면 아이는 내게 달려와 안긴다. 우리가 처음 만났던 그때처럼.

40일차. 남체 - 루클라

[이동거리: 18km/ 고도 600m↓]

| 처음이자 마지막 식사

"자! 여기 있는 이 분들이 40일 동안 히말라야의 동쪽 끝 칸첸중가부터 마칼루를 거쳐 에베레스트까지 왔다고 합니다. 그 어려운 셰르파니 콜을 넘어서 말이죠!"

아침식사를 하기 위해 로지의 식당으로 내려가자 주인은 마치 자신이 해 낸 일처럼 다른 트레커들에게 우리의 여정에 대해 자랑스럽게 얘기한다. 트레커들은 부러움과 존경의 눈빛으로 우리를 바라보고, 나는 그런 관심 이 쑥스러우면서도 어깨가 으쓱해진다.

루클라로 가는 길에 지나치는 크고 작은 마을의 길목에는 수없이 많은 마니차가 있다. 나는 마니차 옆을 지날 때마다 쉽지 않았던 여정을 무사히 마칠 수 있음에 감사하며 정성껏 마니차를 돌린다.

팍딩에 도착하니 스태프들은 수돗가에서 세수와 면도를 하며 몸단장에 한창이다. 마카르 역시 말끔한 차림으로 직접 점심을 내왔다. 메뉴는 전부 내가 좋아하는 것들이다.

"문 버이니, 이게 내가 만들어주는 마지막 식사야. 맛있게 먹어."

마지막이라는 말을 들으니 우리의 여정이 끝났다는 것이 실감이 나며 눈물이 핑 돈다. 마카르 역시 아쉬움이 남는지 오늘따라 더 오랜 시간 내가 식사하는 모습을 먼발치서 지켜본다.

오후 4시. 아찔했던 신혼여행의 종착지 루클라(Lukla, 2,800m)에 도착했다.

돌이켜 보니 오늘은 그간의 트레킹 중 가장 평범하고 그래서 가장 편안했고, 또 그래서 가장 재미없는 날이었다. 게다가 트레킹 마지막 날이니 아쉬움에 기분이 울적하다.

마지막 날이니만큼 스태프들에게 함께 저녁식사를 하자고 했다. 그간 함께 식사를 하고 싶었지만, 손님과 함께 하면 불편해서 제대로 먹지 못한다는 것을 알기에 꾹 참았다. 하지만 오늘만큼은 함께 하고 싶었다. 그간 히말라야를 걸으며 동고동락을 한 사이인데, 밥 한 끼 하지 않고 헤어지는 것이 못내 서운했기 때문이다.

포터들이 매일 먹는 것이 달밧이니만큼 오늘은 특별한 서양식을 먹었으

면 좋겠다고 생각했다. 하지만 이들에게는 뭐니 뭐니 해도 달밧이 최고인지 모두 치킨 달밧을 주문한다.

처음이자 마지막 식사.

한껏 기분이 들떠 있는 나와는 달리 스태프들은 다들 기가 죽어 있다. 트레커들만 이용하는 식당에서의 식사가 어색한 모양이다. 그 모습을 보니 내가 괜한 짓을 한 것 같아 미안한 마음이 든다. 그때 타오가 스태프들에게 감사의 마음을 전할 봉투를 꺼냈다. 그간의 고생에 비하면 적은 금액이지만, 힘들고 지친 그들에게 조금이나마 위로가 되었으면 하는 마음에서 준비한 것이다. 타오는 봉투 겉면에 한 자 한 자 정성 들여 눌러 적은 이름을 부르며 봉투를 전해준다. 스태프들 간에 서로 오해가 없도록 미리 금액을 알려준 터라 다들 너무도 좋아한다. 특히 포터 인드라는 박수까지 치며 기쁜 표정을 감추지 않는다.

41일차. 루클라 - 카트만두

| 히말라야가 안겨준 선물

이제 우리의 여정은 끝이 났고, 헤어짐만이 남았다.

이른 아침 우리는 마지막으로 다 함께 모여 사진을 찍기 위해 로지 마당에 모였다. 스태프들은 몰라보리만큼 살이 빠지고, 얼굴은 많이 그을렸다. 하지만 집으로 돌아가는 지금 이 순간만큼은 모두 행복한 표정이다.

지난번 마칼루 트레킹이 끝났을 때 나는 스태프들과의 헤어짐이 아쉬워 많이 울었다. 그러나 오늘은 울지 않기로 한다. 흔히들 헤어질 때 '인연이 닿으면 또 만나겠지'라는 말을 한다. 우리는 인연이 닿아 다시 만나게 되었고, 이번에도 함께 할 수 있었다. 그렇기에 오늘은 눈물을 흘릴 필요가 없다. 고된 여정을 무사히 끝내고, 의기양양한 모습으로 집으로 돌아가는 이들의 안녕과 행복을 빌어줄 뿐이다.

대견하고도 자랑스러운 스태프들의 모습을 한 사람씩 카메라에 담았다.

술을 좋아해 흐트러진 모습을 보이기는 했어도 일만큼은 프로다운 모습을 보여준 가이드 쭈레!

그는 마흔여덟이라는 나이가 무색할 정도로 강인하고, 책임감 강한 사람이었다. 또한 스태프들을 위해 자신을 낮추고 솔선수범하여 우리를 하나로 뭉치게 했다. 그의 훌륭한 리더십과 자신을 아끼지 않은 희생정신 덕분에 무사히 일정을 마칠 수 있었다.

다이(오빠)라고 부르지만, 나에게는 아빠 같은 존재인 요리사 마카르.

우리는 아빠와 딸처럼 속을 터놓고 가식 없는 얘기를 나누며 함께 했다. 나를 아껴준 그의 마음은 나의 여정을 더욱 풍성하게 만들어주었다. 그를 다시 만날 때까지 그가 만들어주는 맛있는 밥을 먹을 수 없다는 것이 아쉽지만, 집으로 돌아가 그리워하던 가족들과 함께 편히 쉴 그를 생각하며 웃음으로 떠나보낸다.

우리 팀의 꽃미남 보조 가이드 크리슈나.

웨스트 콜에서 망부석이 되어버린 그를 보며 그가 우리 팀에 아무 도움이 되지 못한다는 생각에 그를 미워했다. 그러나 돌이켜보니 그는 늘 팀의 후미에서 포터들과 함께 하며 그들이 뒤처지지 않고 안전하게 걸을 수 있도록 도움을 주었다. 또한 내가 셰르파니 콜 베이스캠프로 가던 중 돌 사이에 다리가 끼여 찰과상을 입었을 때에도 한달음에 달려와 나의 상태를 살펴주었다. 고마움은 잊어버린 채 잠시 동안 그를 미워했으니 그와의 마지막이 더욱 애잔하다. 부족함이 많은 나에게 마지막까지 미소를 보여준 크리슈나에게 다시 한 번 미안함과 함께 고마움을 전한다.

포터들 중 나이가 가장 많았지만 자신에게 주어진 일을 묵묵히, 그리고 완벽하게 해낸 띠르떼.

영어가 서툴러 많은 대화를 나누진 못했지만 나와 마주칠 때마다 "버이니(여동생)"라고 부르며 애틋한 마음을 보여주었다. 내가 사탕 두어 개를 건넬 때에도 그는 양손을 모아 받으며 고맙다는 말을 잊지 않았다. 그런 그를 보면서 나는 작은 것을 받아도 큰 것을 받는 것처럼 감사함을 잊지 않는 법을 배웠다. 그는 나의 훌륭한 스승이었다.

나의 무지 때문에 트레킹 내내 무릎이 아파 고생을 했던 포터 가네쉬.

가방 무게의 균형이 안 맞아 무릎이 아프다고 말이라도 하면 좋았으련만, 워낙 말수가 적고 침착한 성격이라 침묵으로 고통을 감내했다. 그리고 무릎이 아픈 와중에도 불평 한 번 하지 않고 주어진 일에 최선을 다해줬다. 내가 조금 더 살뜰하게 챙겼더라면 그가 생고생을 하지 않았을 텐데, 배려가 부족한 내 잘못이었다. 나는 헤어지기 전 그에게 약간의 팁을 따로 더 챙겨주었다.

포터 인더르바스. 아니 인드라.

처음부터 그의 이름을 잘못 알아듣는 바람에 여태껏 그를 '인더르바스'라고 불렀다. 오늘에야 비로소 그의 이름이 인드라인 것을 알았다. 인드라는 포터들 중 가장 체구가 작았다. 그래서인지 그가 짊어진 짐이 유난히 무거워 보여 그를 볼 때마다 안쓰러움이 컸다. 웨스트 콜에서 비박을 하게 되었을 때 사시나무 떨듯 떨며 추워하던 그를 챙겨주지 못한 것이 내내 마음에 걸렸다. 나는 그에게 나의 등산복 티셔츠와 슬리퍼를 선물했다. 그러자 그는 뛸 듯이 기뻐하며 내 볼에 서양식 인사를 했다. 기습적인 뽀뽀라 잠시 당황했지만, 그의 순수한 마음을 알기에 기분이 좋았다. 나는 그와 헤어질 때 그의 이름 "인드라"를 크게 외쳤다.

웨스트 콜에서 설맹에 걸려 고생을 했던 포터 딥.

다행히 눈의 상태가 많이 좋아졌다. 투담의 깜깜한 냇가에서 물을 뜨던 그에게 랜턴을 비춰주던 나에게 "서펄(성공하다)"이라고 네팔어로 응원 해주던 그는 미소가 아름다운 사람이다. 트레킹을 시작했을 때만 해도 통통했던 그는 40일간 얼마나 고생을 했으면 같은 사람이 맞는가 싶을 정도로 홀쭉이가 되어버렸다. 그렇기에 앞으로는 그가 우리와 트레킹을 하지 않을 거라 생각했다. 하지만 그는 나와 4년이라는 시간 동안 히말라야 횡단 트레일의 전 구간을 함께 걸었다. 딥에 대해 가장 놀라웠던 건 포터 일이 이번이 처음이었고, 그 처음이 히말라야 트레킹 중 가장 어려운 히말라야 횡단이었다는 것이다. 나는 이 사실을 3년 뒤 히말라야 횡단 트레일이 끝나는 서부 구간에 가서야 알게 되었다.

발가락에 동상이 걸린 포터 바르카스.

내성적인 성격의 그는 단 한 번도 나를 '디디(누나)'라고 부른 적이 없다. 그는 포터들 중 가장 속도가 느려 매번 숙영지에 늦게 도착했고, 그만큼 힘들어했다. 하지만 도중에 일을 포기하지 않고 동상에 걸린 와중에도 마지막까지 최선을 다해줬다. 그는 우리가 들어놓은 포터 보험 덕분에 헬리콥터를 타고 카트만두에 도착해 병원 치료를 받았다. 한국에 돌아오기 전 우연히 카트만두의 타멜 거리에서 그와 조우했다. 그의 쾌유를 빌어주며 그에게 콜라를 사주었는데, 콜라를 받아들고 복잡한 인파 속으로 사라지던 모습이 선하다. 그때도 바르카스는 나를 디디라고 부르지 않았다.

트레킹 중 나와 가장 많은 대화를 나눈 키친 보이 람.

매일 아침 람이 가져다주는 차를 마시며 하루를 시작했고, 저녁식사 후 굿나잇 인사도 그와 함께 나눴다. 눈을 뜨면서부터 감을 때까지 우리 곁에 가장 가까이 있었던 람과는 이번이 두 번째 트레킹이라 우리는 더욱 가까워졌다. 그는 이제 겨우 스무 살이지만, 어느 누구보다 의젓하고 책임감이 강해 트레킹 내내 다른 포터들의 귀감이 되었다.

우리 팀의 껄렁이 라메쉬.

람과 동갑인데도 노안에다 술도 잘 마시고, 담배도 잘 피웠다. 처음에 그는 다른 포터들과는 다르게 나와 어울리지 못하고 겉돌았다. 그런데 내가 다른 스태프 몰래 담배를 사주며 챙겨주자 어느새 "우리 누나가 최고!"라며 엄지손가락을 치켜들었다. 그는 아침내 보이지 않더니 이제야 일어난 건지 뻗친 머리를 하고 나타났다. 입가에 허연 침 자국을 그대로 묻힌 채 말이다. 그는 헤어짐이 아쉬워 눈물을 글썽거리는 나를 보며 눈물을 훔쳤다. 트레킹 내내 강인한 모습을 보여줬던 녀석인데, 이제 보니 마음이 아주 여린 친구다.

이들은 히말라야가 내게 안겨준 선물이다. 세상을 다 준대도 바꿀 수 없는 소중한 사람들이다. 이제는 이 선하고 고운 사람들과 함께 했던 시간을 뒤로하고, 집으로 돌아가야 할 시간이다.

혹독한 날씨 속 험한 길을 걷고, 부실한 식사에 차디찬 눈 위에서 잠을 자

며, 생사고락을 함께하며 걸었던 히말라야의 길!

가혹하리만큼 힘들었던 그 길 위에서 우리를 위해 희생을 감내한 그들이 없었더라면 히말라야 횡단이라는 꿈은 이루어지지 못했을 것이다. 우리는 강한 의지와 결속력으로 서로에게 용기를 불어넣었고, 크고 작은 시련 앞에서 서로를 믿고 의지하며 어려움을 극복했다. 그 결과 우리는 단 한 명의 낙오자 없이 긴 여정을 마칠 수 있었다.

나는 이것이 우리 모두가 흘린 땀과 눈물의 결과라는 것을 알고 있다. 그렇기에 이번 히말라야 횡단은 타오와 나의 성공이 아닌 우리 모두의 성공이다.

네팔 히말라야의 칸첸중가부터 마칼루를 거쳐 에베레스트 지역까지 장엄한 히말라야의 연봉을 돌아 걷는 히말라야 횡단 트레일 동부 구간!

내게 그 길이 아름다울 수 있었던 건 함께한 이들이 있었기 때문이다.

에필로그

비스타리, 비스타리

출국 준비를 위해 짐을 싸던 중 호텔의 전화벨이 울린다.

쭈레가 찾아온 것이다. 말끔하게 차려입고 이발까지 하고 온 그는 떠나는 이의 안녕과 함께 재회를 소망한다는 의미가 담긴 스카프인 카타를 걸어주며 작별인사를 한다.

"문 버이니, 정말 즐거운 트레킹이었어. 고마워. 다음에 또 만나!"

"정말 고마웠어요. 쭈레 다이! 너무 고생 많았고요. 그나저나 배가 홀쭉해졌네요. 트레킹 전이랑 너무 다른데요? 몸무게 좀 재어보세요."

나는 로비에 있는 저울을 가리켰다.

"엄멈멈멈머! 몸무게가 15kg나 빠졌어."

"어머! 그렇게 많이 빠져서 어떡해요?"

"이제 카트만두에 왔으니 다시 찔 거야. 너무 걱정하지 않아도 돼."

그는 특유의 익살스러운 웃음소리를 내며 환하게 웃는다.

"오빠도 몸무게 좀 재어 봐요."

쭈레 다음으로 저울에 올라간 타오는 10kg이 빠졌다.

'나는 얼마나 날씬해졌을까?'

다음 달에 웨딩드레스를 입어야 하는 나는 날씬해졌을 거라는 기대를 잔뜩 하고 저울에 올라섰다. 순간 내 눈을 의심하게 만드는 숫자에 나는 경악을 금치 못했다.

"이럴 수가! 트레킹 전과 몸무게가 똑같아!"

"아무래도 히말라야가 체질에 잘 맞는 것 같네. 한국 가지 말고 그냥 이곳에서 살아보는 건 어때?"

내 몸무게를 확인한 타오는 웃음이 멈추지 않는다.

얼마 후 우리를 태운 비행기가 이륙하자 창밖으로 네팔의 산하가 내려다보인다.

'지금쯤 저 산 어디쯤에서 열심히 집을 향해 가고 있겠지?'

그리운 가족과의 재회를 위해 걸음을 재촉하고 있을 스태프들을 생각하니 입가에 미소가 지어진다. 그때 머릿속에서 좋은 생각이 떠올랐다.

"오빠, 우리 결혼식 후에 진짜 신혼여행으로 히말라야 횡단 트레일 다음 구간을 가는 건 어때?"

"아휴, 이제 막 트레킹 끝났잖아. 비스타리, 비스타리(천천히, 천천히)."

타오는 고개를 절레절레 흔들며 손을 내젓는다.

하지만 이번 여정이 너무 힘이 들어 히말라야를 은퇴하겠다던 그는 얼마 지나지 않아 나보다 더한 히말라야 마니아가 되었다.

함께,
히말라야

초판1쇄 2019년 11월 15일 **초판2쇄** 2020년 7월 29일 **지은이** 문승영 **펴낸이** 한효정 **편집교정** 김정민 **기획** 박자연, 강문희 **디자인** 화목, 이선희 **마케팅** 유인철, 이산들 **펴낸곳** 도서출판 푸른향기 **출판등록** 2004년 9 월 16일 제 320-2004-54호 **주소** 서울 영등포구 선유로43가길 24 104-1002 (07210) **이메일** prunbook@naver.com **전화번호** 02-2671-5663 **팩스** 02-2671-5662 **홈페이지** prunbook.com | facebook.com/prunbook | instagram.com/prunbook

ISBN 978-89-6782-095-4 03910
ⓒ 문승영, 2019, Printed in Korea

값 16,000원